郭荣朝／著

区域发展前沿理论与水源区经济社会可持续发展

FRONTIER THEORIES OF
REGIONAL DEVELOPMENT
AND ECONOMIC
AND SOCIAL SUSTAINABLE DEVELOPMENT OF
WATER RESOURCE DISTRICT

社会科学文献出版社
SOCIAL SCIENCES ACADEMIC PRESS (CHINA)

国家社会科学基金项目（07BJL 055）资助

前　言

　　水是人类生产、生活的源泉，人类在历史发展中总是向有水的地方聚集，并开展经济活动。随着社会的发展、科技的进步，人类对水的依赖程度越来越大。然而，地球上水资源的分布却很不均匀。我国长江流域及其以南地区，水资源占全国的 82% 以上，耕地占 36%；长江以北地区，耕地占 64%，水资源却不足 18%。黄河流域年径流量约占全国年径流总量的 2%，为长江水量的 6% 左右；淮河、海滦河及辽河三流域的年径流量分别约占全国年径流总量的 2%、1% 及 0.6%。黄河、淮河、海滦河、辽河四流域的人均水量分别仅为全国人均值的 26%、15%、11.5%、21%。水地矛盾、水与经济社会发展的矛盾越来越突出，跨流域调水已成为历史的必然。水源区（主要为山区）经济社会可持续发展，在中国乃至全球的可持续发展中占据着越来越重要的地位。

　　我国著名生态经济学家石山提出"中国的希望在山区"的科学论断。其战略意义在于：①江河之水源于山，山区既是我国水源主要供给地，又是保障有力的生态屏障。切实保护森林植被，对山区经济建设和平原发展都有着极为重要的作用。没有良好的生态环境，经济发展就失去了坚实基础，其后果是难以想象的。②山区丘陵面积占全国国土总面积的 69%，山区人口占全国总人口的 56%。山区经济振兴和农村小康建设，关系到整个国家的经济腾飞以及农业现代化目标和可持续发展战略的实现。③要建设成为一个现代化强国，就必须从根本上扭转自然生态失衡的局面，实现山川秀美，这是经济发展的需要，也是时代发展的要求，更是关系到我们中华民族生存和发展的重大战略决策。

一　研究背景

　　20 世纪末以来，新经济引起的全球化正以不可逆转的趋势，推动世界经济、政治和社会发生重大变革，世界发展进入新的格局。在这一背景下，国际形势趋于缓和，国际交往越来越频繁；经济资源在全球范围内优化配置和高效流动；科学技术和文化创新空前活跃，国际共享程度增强；国家（地区）发展与竞争向纵深推进。

2001 年中国加入 WTO，使古老的中华民族真正步入全球化发展轨道。与此同时，中国在经历了以农村为重点的改革发展战略取得阶段性胜利和 30 多年持续、健康、快速发展之后，党的十六大以来又分别提出建设全面小康社会伟大战略，并以科学发展观统领"西部大开发"、"振兴东北老工业基地"和"中部崛起"，以及沿海地区的深化改革等，以"五个统筹"和建设社会主义新农村为突破口，促进水源区经济社会环境协调发展，最终构建和谐社会，实现人与自然和谐共处。这是历史的必然，也是不可逆转的潮流。

南水北调中线工程水源区位于豫（河南省）、鄂（湖北省）、陕（陕西省）省际边缘地区，交通不便、信息闭塞、经济落后，其中相当一部分地区仍为贫困地区，经济社会发展水平还很低下。这些地区往往是我国农业问题、农村问题、农民问题最为突出的地区，也是建设全面小康社会过程中难度最大的地区。我国经过"八七"扶贫攻坚计划以后，南水北调中线工程水源区贫困问题基本得到解决，但返贫现象仍时有发生，水土流失严重，乡镇企业布局分散，"三废"污染现象普遍，生态环境逐步恶化，生态系统极其脆弱。在水源区确保水质安全，使水源区经济社会环境可持续发展，不仅是推动南水北调中线工程顺利实施的需要，也是解决水源区"三农"问题的关键，是实现党的十七大提出的建设社会主义新农村的根本出路之一。

二 研究区域概况

南水北调中线工程水源区（以下简称水源区）包括河南省南阳市，湖北省襄樊市、十堰市、神农架林区（省直辖林区），陕西省汉中市、安康市、商洛市等七个行政辖区；水源区包括 6 个地级市、5 个县级市和 43 个县、1 个省直辖林区（见表 0 - 1、图 0 - 1）。截至 2008 年年底，水源区总面积 14.33 万平方公里，总人口 2919.57 万人，GDP3894.8 亿元，人均 GDP 13340 元，只有全国平均水平（22640 元）的 58.92%。尤其是一些山区县人均 GDP 水平更低。水源区北依秦岭，南靠大巴山，区内原有贫困

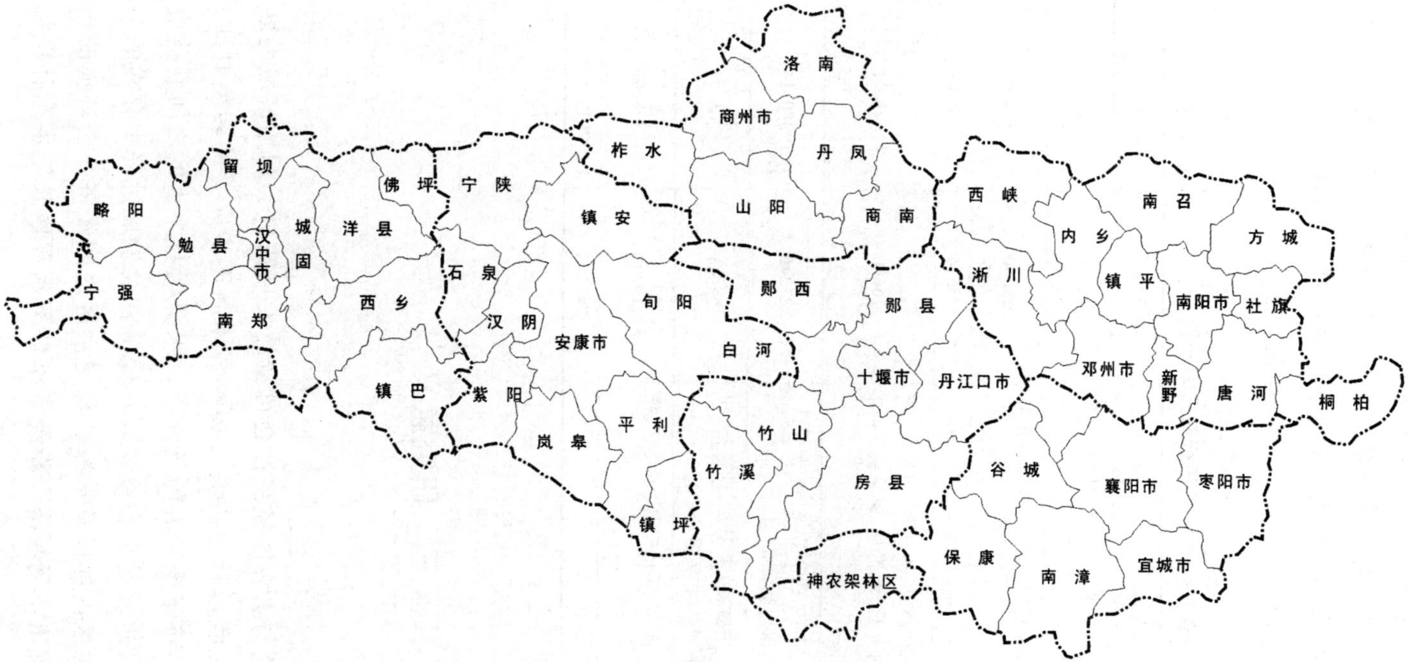

图 0-1　水源区行政区划

柏
桐
城
方
社旗
南阳市
唐河
枣阳市
南召
新野
镇平
宜城市
内乡
邓州市
南漳
谷城
西峡
淅川
丹江口市
保康
南阳
郧县
十堰市
房县
南召
丹凤
郧西
神农架林区
洛南
山阳
白河
竹山
商州市
旬阳
竹溪
柞水
镇安
平利
镇坪
安康市
岚皋
宁陕
汉阴
石泉
紫阳
佛坪
镇巴
洋县
西乡
城固
汉中市
留坝
南郑
勉县
略阳
宁强

县 25 个 (含神农架林区), 加之农村大量剩余劳动力的存在, 致使乱垦滥伐现象时有发生, 水土流失严重, 灾害频繁, 水环境污染, 水源区生态环境极其脆弱。如何使水源区水环境得到有效保护, 经济社会可持续发展, 人们尽快致富, 走上小康之路, 成为本课题研究的重要内容。

表 0-1 水源区行政区划一览

行政区	下辖县 (市)	面积 (平方公里)	人口 (万人)
襄樊市	南漳县、保康县、谷城县、枣阳市、宜城市、老河口市	19724	584.38
十堰市	郧县、郧西县、竹山县、竹溪县、房县、丹江口市	23680	351.03
神农架林区	—	3314	8.04
南阳市	南召县、方城县、社旗县、唐河县、桐柏县、新野县、镇平县、内乡县、淅川县、西峡县、邓州市	26600	1091.31
汉中市	南郑县、城固县、洋县、西乡县、勉县、宁强县、略阳县、镇巴县、留坝县、佛坪县	27246	380.14
安康市	汉阴县、石泉县、宁陕县、紫阳县、岚皋县、旬阳县、镇坪县、平利县、白河县	23391	265.71
商洛市	洛南县、丹凤县、商南县、山阳县、镇安县、柞水县	19293	238.96
合 计	5 个县级市和 43 个县	143248	2919.57

三 研究意义

(一) 理论意义

区域发展前沿理论与水源区经济社会可持续发展研究, 利用区域发展前沿理论系统地探讨在我国社会主义市场经济体制逐步完善的转型时期, 尤其是在当今世界新经济迅速发展的条件下, 水源区与受水区之间利益协调问题和水源区内部 (也就是生态脆弱区) 经济社会发展过程中存在的一系列问题, 并根据水源区内部以及水源区与受水区之间经济社会环境的相互作用趋势, 总结提炼出市场经济、新经济条件下水源区长效生态补偿机

制构建与经济社会可持续发展模式的相关理论以及解决实际问题的思路与
对策。

（二）　实践意义

区域发展前沿理论与水源区经济社会可持续发展研究具有典型的示范作
用，它有利于推动水源区与受水区经济社会的快速发展和生态环境的持续协
调，并使其进入良性互动发展状态；有利于将原来的被动式救济扶贫转向自
主开发式脱贫致富；有利于推动"中部崛起"和"西部大开发"战略的顺
利实施；有利于淡化行政区经济，形成统一开放的市场；有利于整合区域优
势，提高区域综合实力和区域综合竞争能力。

四　研究思路框架

研究思路框架见图 0-2。

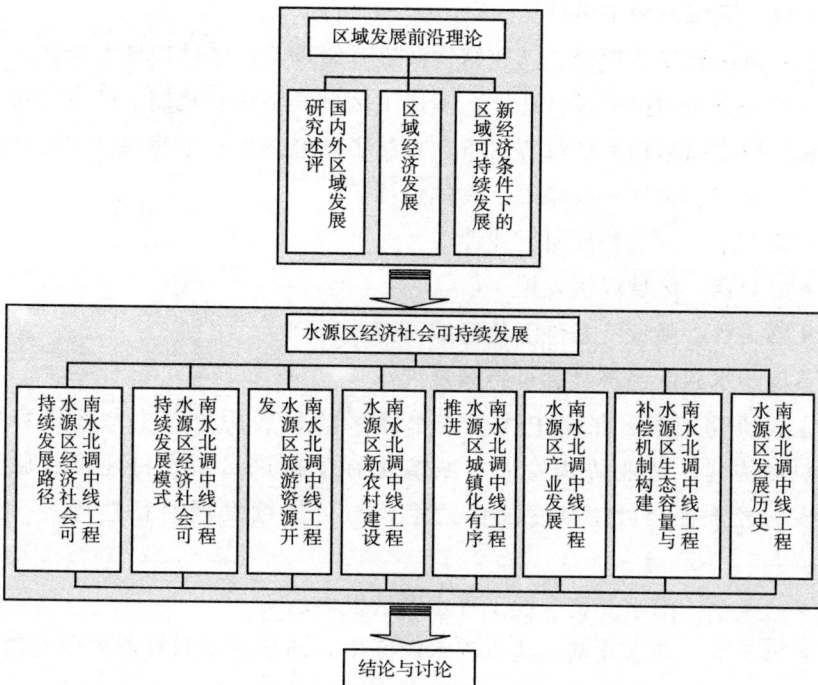

图 0-2　"区域发展前沿理论与水源区经济社会可持续发展"研究框架

5

五　研究方法

本课题研究主要采用定性分析与定量分析相结合，理论研究与实证分析相结合，历史回顾、现状分析和未来规划相结合，专项分析与综合分析相结合，典型分析与全面分析相结合，宏观决策分析与具体实施相结合等方法进行了综合分析；借助 RS、GIS 技术和数学方法对收集到的南水北调中线工程水源区资料（包括文字、遥感图片、图表等资料）矢量化，建立相应的基本经济模型等。以南水北调中线工程水源区为例，对其经济社会环境发展情况进行相关分析、评价、预测；最后提出水源区可持续的理论框架和对策建议。

六　研究内容

上篇　区域发展前沿理论

主要对区域发展理论、产业结构演进升级理论、经济地域综合体、区域生态环境等方面的研究进行述评，阐述了区域经济增长机制、区域经济发展阶段和区域空间结构演变过程，重点总结了新经济条件下我国区域可持续发展战略与区域协调发展战略等。具体包括：

- 第 1 章　区域发展研究述评
- 第 2 章　区域经济发展
- 第 3 章　新经济条件下的区域可持续发展

下篇　水源区经济社会可持续发展

主要研究了南水北调中线工程水源区的发展历史、生态环境容量与补偿机制构建、产业协调发展、城镇化有序推进、新农村建设、旅游资源开发、经济社会可持续发展模式培育与可持续发展路径选择等。具体包括：

- 第 4 章　南水北调中线工程水源区发展历史
- 第 5 章　南水北调中线工程水源区生态环境容量与补偿机制构建
- 第 6 章　南水北调中线工程水源区产业发展
- 第 7 章　南水北调中线工程水源区城镇化有序推进

- 第 8 章　南水北调中线工程水源区新农村建设
- 第 9 章　南水北调中线工程水源区旅游资源开发
- 第 10 章　南水北调中线工程水源区经济社会可持续发展模式
- 第 11 章　南水北调中线工程水源区经济社会可持续发展路径
- 第 12 章　结论与讨论

目　录

上篇　区域发展前沿理论

下篇　水源区经济社会可持续发展

Contents

Part Two   Economic and Social Sutainable Development of
Water Resource District

上 篇

区域发展前沿理论

第1章
区域发展研究述评

一　区域发展理论

（一）非均衡增长理论

1. "增长极"理论

法国经济学家弗朗索瓦·佩鲁（F. Perroux）于 20 世纪 50 年代提出增长极（growth pole）概念。佩鲁在当时提出了支配效应（domination effect），即"一个经济单元对另一个经济单元施加的不可逆或部分不可逆的影响。由于其规模、影响力和活动性质等原因，或者因其占据了优势区位，一个经济单元能够对其他经济单元产生支配效应。"据此，他又提出了推进单元（propulsive unit）概念。认为这些单元的增长和创新诱导其他经济单元的增长。进而，"如果把产生支配效应的经济空间看作力场，那么位于这个力场的经济单元就可以描述为增长极"。后来法国地理学家 J. 布德维尔（J. Boudeville）在 1957 年和其他许多学者一起将极的概念引入地理空间，1966 年给增长极进行了简单定义，增长极是指在城市区不断扩大的工业综合体，并在其影响范围内引导经济活动的进一步发展。这样增长极便具有"推动"与"空间集聚"意义上的增长意思。非均衡增长理论认为，"只要总的发展水平低，市场力量的自然作用在任何时候都将增加国内和国际不平等"，要促进落后地区发展，必须依赖于强有力的政府干预和周密的经济发展计划，如在落后地区建立增长极，培养自我发展能力，然后利用市场力量

3

实现这些地区的积累增长。

我国学术界对增长极的研究始于 20 世纪 80 年代，部分学者对西方增长极理论进行了介绍、描述与分析（于洪俊、宁越敏，1983）。

2. 点轴开发理论

20 世纪 80 年代后期，我国经济地理学家陆大道教授在总结吸收西方中心地理论、增长极理论和发展轴概念的基础上，结合我国的区域发展实践，创造性地提出了"点—轴"渐进式扩散的理论模式。点轴系统中的点是各级中心地，即各级中心城镇，轴是在一定的方向上联结若干不同级别的中心城镇而形成的相对密集的人口和产业带。随着轴线和点的延伸，整个区域布满发展轴和点，进而导致区域由不均衡向相对均衡发展。该理论的核心是，社会经济运行客体大都在点上聚集，并通过线状基础设施而联成一个有机的空间结构体系。他认为，由"点—轴"到"点—轴—集聚区"的发展是生产地域组织变化的客观规律，把点轴开发模式提高到新的高度；同时，提出了我国国土开发与建设的"T"形结构，即中国沿海与长江流域相交的"T"形空间发展战略（陆大道，1990，1998）。

3. 中心辐射理论

中心辐射理论 1997 年由厉以宁先生提出。他认为在中国用东、中、西三大地带研究区域问题过于简单，如果以专区或市为单位，按人均收入水平，把不同专区或市分为富裕的、中等的、贫穷的三类，会发现贫穷地区将集中分布在几省相接地区（省际边缘区），富裕地区集中分布于沿海地区的大中城市周边地区或中部地区沿大江大河的大中城市周边地区，中等地区处于富裕与贫穷地区之间，中等地区的交通状况、自然条件和工农商业发达程度也处于富裕与贫穷地区之间。根据这种方法，可以比较清楚地说明中国区域经济发展不平衡的状况。按照这种区域划分，可以很好地把梯度推移和中心辐射结合起来，即以中心辐射为主，把富裕地区作为中心，由此向周边辐射，由富裕地区扩散到中等地区、再到贫穷地区。同时，东部富裕地区多，中西部贫穷地区多，所以梯度推进可以作为区域经济发展战略的辅助方案。尽管厉以宁先生没有进行更深入的研究，但他提出了一种区域经济研究的新思路，为区域问题的解决提供了一种新途径（厉以宁，2000）。

4. 梯度——反梯度推移理论

1982 年，夏禹龙和冯之浚在《梯度理论和区域经济》一文中首先把梯度理论应用于我国区域发展差异研究中。该理论认为，由于历史、自然、社会等多方面原因，我国东、中、西三大地带间客观存在着经济技术水平的发展梯度，应当让高梯度的东部地带掌握先进技术，然后逐步向梯度较低的中西部推移。随着经济的发展，推移的速度加快，也就可以逐步缩小地区差距，实现经济分布的相对均衡。这为我国"优先发展东部地区"的区域政策提供了理论依据。但是中西部地区尽管经济技术总体水平低，有些大城市却具备了发展的条件，如果国家建设重点完全按由东及中及西的方向推移，就会使中西部地区丧失许多发展机会。梯度推移论提出后，在理论界引起较大争论。刘再兴、孙健、郭凡生等学者（1986）认为，技术空间转移无论是采取梯度推移还是反梯度推移的形式，都要遵从提高社会效益的原则进行，并称之为"国内技术转移的遵从效益规律"。由于这种观点是作为反对梯度推移理论而提出的，因而被学术界称为"反梯度理论"。反梯度理论强调了中西部地区发展的可能性，但并没有否定梯度转移，它只是对梯度理论的一个补充和完善。

（二）大推动理论①

1. 大推动理论内涵

大推动理论（the theory of the big-push）又称均衡发展理论，由英国发展经济学家罗森斯坦·罗丹（P. N. Rosenstein-rodan）于 1943 年在《东欧和东南欧国家工业化的若干问题》一文中提出来的。所谓大推动，就是在一定的空间范围内对国民经济中相互关联的基础部门同时进行大规模投资，打破落后地区贫困恶性循环以推动经济的良性发展。其核心思想是在发展中国家或地区对国民经济的各个部门同时进行大规模投资，以促进这些部门的平均增长，从而推动整个国民经济的高速增长和全面发展。

2. 大推动理论基础

大推动理论的论据和理论基础建立在生产函数、需求、储蓄供给的三个"不可分性"上面。一是生产函数的不可分性。按照哈罗德·多马模型，在一个经济系统中，资金系数 K 的值越小，则收益越大；罗森斯坦·罗丹认为，投入产出过程中的不可分性能够增加收益，并对提高资金产出比作用更

---

① 《大推进理论和不平衡发展理论》，《发展研究》1994 年第 4 期。

大。在基础设施的供给方面,"社会分摊资本"具有明显的过程上的不可分性和时序上的不可逆性。比如能源、交通、信息等基础设施建设周期长,且必须先于直接生产性投资;由于其资本形成的特点还具有相当程度的持久性,一旦形成规模和能力,要改变这种资本存量结构就比较困难。这是它促进外部经济产生的前提,也是发展中国家工业化过程中最为常见的"瓶颈"。二是需求的不可分性。一个国家或地区各产业是关联互补的,彼此都在为对方提供要素投入的能力和需求市场的容量,从而形成市场需求的不可分性,以共同突破市场瓶颈,降低市场风险。然而,要做到这一点,就必须使各产业的资源配置在空间上同时具有一定规模。三是储蓄供给的不可分性。发展中国家一方面面临着人均国民收入较低,居民储蓄相应低下的困境;另一方面即使最小临界投资规模也需要大量储蓄。在此种情况下,要打破"储蓄缺口",就必须在投资提高诱发的居民收入增长时,使边际储蓄率高于平均储蓄率,否则,储蓄的不充分将使投资规模受到限制。

3. 大推动理论内容

为了克服需求和供给对经济发展的限制,罗丹认为必须以最小临界投资规模对几个相互补充的产业部门同时进行投资,只有这样,才能产生"外部经济效果"。大推动理论主要包括四个方面的内容:①大推动理论的目标是取得外部经济效果。外部经济效果包括两层含义:一是对相互补充的工业部门进行投资,能够创造出互为需求的市场,这样就可以克服发展中国家国内市场狭小,在需求方面阻碍经济发展的问题;二是对相互补充的产业部门同时进行投资,可以降低生产成本、增加利润,为增加储蓄、提供再投资的资本创造条件,有助于克服在供给方面阻碍经济发展的障碍。因此,对几个相互补充的产业部门同时进行投资,所产生的外部经济效果,不仅可以增加单个企业的利润,而且还可以增加社会净产品。②实施大推动所需的资本来源于国内国际双向投资。对几个相互补充的产业部门同时进行投资,其所需的资本是巨大的。因此,罗丹特别强调最小临界投资规模,即小于此规模,则地区经济不能实现腾飞启动。在人均收入很低的发展中国家或落后地区,这些资本从何而来呢?罗丹认为,主要有两个来源:一是国内。在不降低国内原有消费水平的基础上,利用一切可能利用的资本增加投资。二是国际。罗丹认为,发展中国家或地区的工业化,决不能仅仅依靠国内资本,还要依赖大量的国际投资和资本引进。③大推动的重点投资领域集中于基础设施和轻工业部门。大推动的投资方向并不是整个国民经济的所有部门，而是几个相互补充的产业部门。发展中国家或地区在工业化的初期，应把资本主要投向经济社会基本设施，以及具有相互联系的轻工业部门，而不是重工业部门。④大推动过程必须通过政府计划而非市场调节来组织实施。首先，投资的目标是取得外部经济效果，而非利润；其次，投资数额巨大；再次，基础设施投资周期长。因而必须由政府来承担。

4. 大推动理论的作用与不足

大推动理论面世以来，已为多数发展经济学家所接受，并在区域经济发展实践中得到印证和反映，为发展中国家或地区的工业化提供了解决问题的钥匙和治病良方。但它也存在一些不足之处。首先，大推动理论的立论基础是"三个不可分性"。但在实际中，却出现了某种程度的可分趋势，而且忽略了专业化分工和比较优势的客观存在。其次，在实践中，大推动所需巨额资本难以找到。发展中国家收入水平低，自身无法筹集，国外支持也难以保证。再次，大推动理论过分重视和强调计划的作用，而忽视发挥市场经济的自组织作用。因此，大推动理论具有很大的局限性，在实践中也没有成功的案例。

（三）循环积累因果原理

1. 循环积累因果原理

循环积累因果原理是经济学家冈纳·缪尔达尔（G. Mydral）于 1944 年在其《美国的两难处境》中首次提出。循环积累因果原理重点强调了社会经济过程中存在的三个环节，即最初的变化，接着是一系列的传递式相关变化，并产生使其上升或下降的进一步变化，从而构成循环。美国经济学家纳克斯（R. Nurkse）在其 1953 年出版的《不发达国家的资本形成问题》一书中提出贫困恶性循环论。卡尔多（N. Kaldor）也研究了发达地区经济增长的因果循环关系。

2. 乘数作用

凯恩斯在消费倾向的基础上，建立了一个乘数原理，乘数原理的经济含义可以归结为，投资变动给国民收入带来的影响，要比投资变动更大，这种变动往往是投资的变动的倍数。所谓乘数，是指在一定的边际消费倾向条件下，投资的增加（或减少）可导致国民收入和就业量若干倍的增加（或减少）。收入增量与投资增量之比即为投资乘数。以公式表示如下：

$$k = \frac{\Delta Y}{\Delta I}$$

其中，k 表示乘数，ΔY 表示收入增量，ΔI 表示投资增量。同时，由于投资增加而引起的总收入增加中还包括由此而间接引起的消费增量（ΔC）在内，即 $\Delta Y = \Delta I + \Delta C$，这使投资乘数的大小与消费倾向有着密切的关系，两者之间的关系可用数学公式推导如下：

$$k = \frac{\Delta Y}{\Delta I} = \frac{\Delta Y}{\Delta Y - \Delta C} = \frac{1}{1 - \frac{\Delta C}{\Delta Y}}$$

其中，$\Delta C / \Delta Y$ 为边际消费倾向。由上式可见，边际消费倾向越高，投资乘数越大，反之则投资乘数越小。

3. 加速原理

凯恩斯在《通论》中只分析了投资的乘数作用，而忽视了收入变化对投资的影响。西方经济学认为应该用加速原理进行补充。加速原理是指收入变动或消费需求变动引起投资变动的理论。当满足不存在闲置未用的过剩生产能力和资本—产出比不变的两个假定前提时，产品需求增加引致产品生产扩大，为了增加产量，就要求增加资本存量，要求有新的投资。也就是说收入或消费需求的变动导致投资的数倍变动。

其含义包括：①投资并不是产量（或收入）的绝对量的函数，而是产量变动率的函数。即投资变动取决于产量的变动率，若产量的增加逐期保持不变（产量变动率为零），则投资总额也不变。②投资率变动的幅度大于产量（或收入）的变动率，产量的微小变化会引起投资率较大幅度的变化。③若要保持增长率不至于下降，产量必须持续按一定比率增长。因为一旦产量的增长率变缓，投资增长率就会停止或下降。即使产量绝对地下降，而不只是相对地放缓了增长速度，也可能引起投资缩减。④加速数与乘数一样都从两个方向发生作用。即当产量增加时，投资的增长是加速的，当产量停止增长或减少时，投资的减少也是加速的。⑤要使加速原理发挥正常作用，只有在过剩生产能力全部消除时才能实现。

加速原理是根据现代化大生产大量应用固定资产的技术特点，用来说明收入或消费变动与投资变动之间关系的理论。随着收入的增加，以致消费的增加刺激了产品的需求，则势必要求增加投资以适应扩大了的需求。所以，加速原理的基本观点在于，投资是收入的函数，收入或产量的增加将引起投资的加倍增加，即投资的增加比收入或消费增加的速度快。加速原理运用的概念主要有两个。

（1）资本—产出比率。指生产一单位产品所需要的资本量。为简化分析，往往假定这个比率在一定时期内保持不变。

如果用 K 表示资本量，Y 表示产量，v 表示资本 — 产量比率，则

$$v = \frac{K}{Y} \text{ 或 } K = vY$$

（2）加速数。指增加一单位产量所需要增加的资本量，即资本增量和产量增量之比。

加速原理是对凯恩斯理论的补充，它补充了乘数作用的不足，更全面地解释了经济波动的原因。加速数在一定程度上反映了现代化大生产中固定资本比重较大的技术特点，有一定的实际意义。但是，加速原理中关于产量变动同投资有严格的固定关系的假定是不符合实际的。另外，加速原理发生作用的前提条件是社会不存在过剩的生产能力，这也是不符合实际的（张秀生、卫鹏鹏，2005）。

（四）发展阶段理论

1. 代表人物

主要有：克拉克（C. Clark）、费雪（A. G. B. Fisher）、胡佛（E. M. Hoover）、费雪（J. Fisher）、罗斯托（Rostow，W. W.）和弗里德曼（J. Friedmann）等，他们将经济发展分为不同的阶段。其中 20 世纪 60 年代中期，弗里德曼（J. Friedmann）基于核心—边缘模式提出了具有空间特征的区域发展阶段理论，即区域经济发展大体需要经历 4 个阶段：地方中心比较独立，没有等级体系的均衡分布结构阶段；大核心出现，极化作用加强的核心—边缘结构阶段；强有力的外围副中心出现，经济腹地再分配的多核心结构阶段；城镇体系形成的等级体系结构阶段。

福拉斯蒂埃（J. Fourastie）把人类文明分为 3 个时期，即以第一产业或农业为基础的文明，以第二产业或工业为基础的文明和以第三产业或服务业为基础的文明。其中工业社会又分为起飞、发展和完成三个阶段。

2. 罗斯托的六阶段理论

美国经济学家罗斯托（Rostow，W. W. ）在其《经济成长的阶段》一书中首次提出自己的经济发展阶段说，并在其《政治和成长的阶段》中进行了补充和完善。他按照科学技术及工业发展水平将区域发展划分为六个阶段（见表1-1）。

表1-1　罗斯托的区域发展六阶段

名　称	特　征
传统社会阶段	生产技术落后，生产力水平十分低下，人均国民收入极低；原始农业是唯一的经营产业；家族和氏族在社会生产组织中占统治地位
为"起飞"创造条件阶段	世界市场不断扩大，争夺世界市场成为推动经济的原动力；近代科学出现并迅速发展，科学和技术开始应用于农业，家庭手工业和商业逐渐发展起来，生产规模不断扩大；成立了中央政府和地方政府，建立了金融、法律和社会化的生产组织管理制度；经济由自给自足扩大到跨地域发展，出现了专业化和分工协作
"起飞"阶段	彻底摆脱了经济成长的桎梏，打破了传统的经济停滞状态，近代工业迅速地、大规模地发展起来，人均国民收入急剧地、持续地增长
走向成熟阶段	一系列现代技术广泛地应用于经济领域；产业结构的工业化和服务化趋势日渐显露；主导产业由煤炭、纺织等转为钢铁、机械、化工等重化工业；生产性投资率进一步提高，占国民收入的10%～20%；生产和人口出现双增长，前者的增长速度超过后者；教育事业发展迅速，劳动者的受教育程度和专业技能得到提高；社会结构中出现了企业家阶层
高额消费阶段	人均国民收入大幅增长，消费水平明显提高，转向对耐用消费品的需求；工业结构由重化工型转为耐用消费品生产型，企业竞争日趋激烈，垄断开始出现；生产能力超过消费能力，政府通过财政、金融、税收等政策干预经济发展
追求生活质量阶段	人均收入水平进一步提高，人们由满足基本生活需要转向追求文化娱乐、环境质量等精神生活需求，服务业在产业结构中跃居首位，不仅种类繁多，而且规模巨大，成为新的主导产业

（五）产业集群理论

1. 产业集群的内涵

新产业空间是一个模糊的概念，目前还没有公认的明确定义。地理学、经济学、社会学等各个学科、各个学派都有自己的定义，因出发点不同，所阐述的内涵也不同。其中，应用最广、影响力最大的是 Porter 的概念。比较典型的还有 OECD、UNIDO 等的概念（见表 1 - 2）。

表 1 - 2　产业集群的代表性概念

代表人物及时间	代表性概念
Porter(1998)	产业集群是一组在地理上靠近的相互联系的公司和关联的机构,它们同处或相关于一个特定的产业领域,由于具有共性和互补性而联系在一起
Rosenfeld(1997)	产业集群是企业为了共享专业化基础设施、劳动力市场和服务,而在地理上集中并且相互依赖、相互协作
Feser(1998)	产业集群不仅仅是相互关联、相互支持的产业和机构,更重要的是使产业集群更具竞争力的企业及其相关支持机构之间的社会关系
Swann and Prevezer(1998)	产业集群是一群相关产业领域的公司在某一特定地理区位上的集中
Simmie and Sennett(1999)	创新集群是在同一市场环境下,在供应链上高度协作的相关产业和服务公司
Roelandt and den Hertag (1999)	产业集群是生产网络,生产网络的生产链上各个公司(包括专业化供应商)相互联系、相互依赖
Van den Berg, Braun and vanWinden(2001)	产业集群是专业化组织的地方网络,其中生产过程密切联系,各公司之间交换并流通商品、服务以及知识
UNIDO(1995)	集群是生产一系列相同或相关产品而面临共同的挑战和机遇的企业在部门和地理上的集中
OECD(1999)	集群是由创造附加价值的生产链把相互依赖的企业、知识生产机构(如大学、研究所、提供技术的企业、知识密集型的商业服务机构)、中介机构(如经纪人、技术和咨询服务的提供者)和顾客等联结起来而形成的网络
王缉慈(2001)	产业群是一组在地理上靠近的相互联系的公司和关联的机构,它们同处在一个特定的产业领域,由于具有共性和互补性而联系在一起。产业群具有专业化的特征
仇保兴(1999)	中小企业集群指的是由众多自主独立以相互关联的小企业依据专业化分工和协作的关系并在某一地理空间高度聚集而建立起来的产业组织,这种组织的结构介于纯市场和企业层级之间

资料来源：宋周莺、刘卫东、刘毅：《产业集群研究进展探讨》,《经济地理》2007 年第 27（2）期。

2. 产业集群研究进展

20 世纪 80 年代中期，斯考特和其他一些学者在美国和西欧的一些案例研究中，强调生产系统的垂直分化可导致新产业集聚的出现，继而产生"新产业空间"（new industrial district）理论，并迅速成为区域发展研究的前沿领域。韩国著名地理学家朴杉沃教授等认为新产业空间是"贸易取向性的新生产活动以一定的规模在一定空间范围内集聚，具有明显的劳动分散、生产网络和根植性（不管这种根植性是本地企业还是外地企业的表现）"，并总结有关研究文献，将新产业空间形成的一般特点归纳为 4 个并存：①弹性生产系统与大宗生产系统并存；②地方性网络与全球性网络并存；③当地根植性与非当地根植性并存；④小企业与大企业并存。我国经济地理学家王缉慈教授等则基于对北京中关村新技术集聚区域的研究，认为用网络和根植性两个主要标准识别新产业空间对发展中国家同样具有重要意义，新产业空间的精髓是走自立型而不是依附型发展道路，建立不断促进技术创新的区域社会文化环境，发展新产业空间内企业的联系与合作网络，是产业空间持续发展的重要条件。

（六）新经济地理学理论

1. 新经济地理学

克鲁格曼等人对新经济地理学理论的探讨主要围绕着经济活动的空间聚集这一主题来进行。而决定经济活动在空间上将处于聚集状态还是分散状态，主要看促使产业地理集中的向心力和削减产业地理集中的离心力两者谁占据主导地位。促进产业地理集中的向心力因素主要包括：市场规模效应、劳动力市场上劳动力的供给状况和纯外部经济性。促使经济活动分散化的离心力主要包括：要素的不可流动性、地租和纯外部非经济性。

新经济地理研究经济活动空间聚集的方法主要有：第一，将规模报酬递增（increasing return）和不完全竞争引入模型。克鲁格曼在迪克西特—斯蒂格利茨（Dixit-Stiglitz）垄断竞争模型的基础上，采用某些技术技巧提出一个既包含规模报酬递增又包含不完全竞争市场的模型，来解释经济的空间结构。第二，将固定比率的运输成本引入模型。克鲁格曼将保罗·萨缪尔森（1952）国际贸易理论中的固定比率运输成本假设引入模型，即任何运输商品仅仅有一部分在运输中消耗掉，从而巧妙地回避了以上两个问题。这不仅避免了模拟一种附加产业的必要性，而且因为任何两个区域之间的运输成本一直为价格的一个固定份额，进而使得不变的需求弹性的假设得以保持，将迪克西特—斯蒂格利茨的市场结构和固定比率运输成本很好地结合起来。第三，将过程的演进性引入模型。新经济地理模型将要素移动看作是对区域进行选择的博弈行为，在此博弈中，不是进行静态的预期分析，而是进行更高级别的演进博弈论分析（宋德勇、张文斌，2007）。

2. 新经济地理学特征

与传统的以新古典经济理论为基础所决定的企业区位选择、区域生产力布局及区域发展模式观点不同，新经济地理学理论从运输成本的降低及由此所引起的聚集经济、递增收益、规模经济性、外部性或者说溢出效应（如技术的溢出效应）等角度探讨企业区位的选择及区域经济增长模式等。迪克斯特与斯蒂格利茨（Dixit & Stiglitz，1977）《垄断竞争与最优产品多样性》（Monopolistic Competition and Optimum Product Diversity）一文在《美国经济评论》上的发表，标志着新贸易理论及相应的新经济地理学理论的产生。许多经济学家对此作了深入的研究，如克鲁格曼（Krugman）、马丁（Martin）、阿明（Amin）、弗塞尔（Feser）、伯格曼（Bergman）及沃纳伯尔斯（Venables）等。

与传统经济理论相比，新经济地理学理论将工业区位理论延伸到办公区位（office location）、零售区位（retail location）等；将距离因素以运输成本的方式自然地纳入到整个理论体系中去，从而改变了传统的不考虑运输成本对贸易产生影响的看法。新经济地理学理论主要从聚集经济、外部性等内生增长的角度探讨区域经济增长。

传统的区域经济理论主要是建立在新古典经济学的理论基础之上的，它们通过无差异空间、无运输成本等严格的假定前提条件得出相应的区位理论、区域增长理论等。而新经济地理学理论则正是充分考虑到这些因素，将运输成本纳入到其理论分析框架，把因运输成本的减少而引起的聚集经济、外部性、规模经济等要素放在了企业区位选择、区域经济增长及其收敛与发散性问题的分析上，从而得出与传统区位理论、区域经济增长及发展理论所不同的观点。当然，新经济地理学理论同样面临新的问题。新经济地理学理论认为区位选择反映了运输成本与存在外部性递增收益产业聚集的一种取舍，但现实的网络经济对这种观念提出了挑战，因为网络经济使运输成本大大降低，使整个世界变成了一个无成本、无重量的世界。其中，最受影响的产业就是那些提供无形产品及服务或者说无重量的部门：如金融与咨询服务业、软件业、保健咨询业、音乐与娱乐业等。夸（Quah，1999）认为，像金融与软件业这样的产业在网络经济时代的区位特征使这些产业几乎会在全球有规则的间隔中成群存在。

（七）新经济增长理论

20世纪80年代后期，美国经济学家保罗·罗默首先提出该理论，该理论认为科技、资本和劳动力并列为经济增长的三大要素，科技的递增收益使整体经济规模收益递增，从而建立了规模收益递增的经济增长理论，即新经济增长理论。

1. 新经济增长理论产生条件

经济增长理论在新古典经济增长理论建立之后，进入了一个20多年的沉寂时期。直到20世纪80年代中后期，随着以罗默和卢卡斯为代表人物的"新增长理论"的出现，经济增长理论才又重新成为经济学研究中的热点问题。

从"新增长理论"的起源看，新古典增长理论的两大缺陷正是"新增长理论"的先决条件。首先，新古典增长理论无法解释经济增长在各国间长期存在的差异性。新古典增长理论中有一条很重要的结论，即所谓的"收敛定理"，该定理说明在长期内各国经济增长速度将趋于一致。这一点较易理解，根据新古典增长理论，各国的长期经济增长率等于技术进步率，而技术进步作为一种外生因素，其获得的机会对世界各国来说都是同等的，因此，各国经济增长率最终将趋于一致。

其次，新古典增长理论将技术进步——这一长期经济增长最根本的决定因素归结为外生因素，没能说明技术进步又来自何处，这一点是无法令人满意的。

事实上，对这一点，索洛在一开始提出新古典增长理论时就意识到了。长期以来经济学家一直重视技术创新在经济活动和经济组织中的重要作用，但在理论研究中又将其排除在外，通常的处理方法就是将其作为外生因素对待或忽视，这是因为若将其作为内生变量，会导致规模收益递增，这就与一般均衡分析的出发点——竞争均衡的假设相冲突，而新古典经济增长理论又是以一般均衡分析为基础的。

为避开这一难题，索洛在其生产函数中虽然将技术因素和资本、劳动等生产要素一起纳入，但将技术看成类似于一种公共物品，它对厂商的生产活动有益，而每一个厂商又可以无偿地利用。可以说，新古典增长理论在处理技术进步所遇到的两难境地，反映了经济学理论中关于技术创新的微观基础的欠缺。

2. 新经济增长理论技术特征

按罗默（1990）的描述，技术一般具有下列几项明显特征：①技术作为一种知识或技能，它可以被很多人同时使用或拥有，这有别于普通商品，当普通商品被某个人拥有时，它就不能为其他人所有，按公共学的术语讲，普通商品是独享性商品，而技术则是一种非独享性商品；②技术是人类活动的产物，恐怕无人会相信技术会像索洛假设的那样自动随时间产生，虽然技术的产生有时人们无法预料，带有一定的偶然性，但没有人的参与，它是不会自动产生的；③现实中经常可发现有很多个人和厂商因某项发现或知识而拥有垄断力量，获取垄断利润，这就意味着虽然技术是一种非独享性商品，但又不完全是一种公共物品，具有一定程度的排他性。

3. "边干边学"模型

最早尝试将技术进步内生化的是阿罗在 1962 年提出的"边干边学"模型。阿罗认为技术上的改善，既不是自发的，也不是由公共部门提供的投入品，它来自私人部门的生产或投资活动。在阿罗的"边干边学"模型中，技术知识的进展是通过学习的过程获得的，而学习又来自实践经验，即生产或投资活动。

把学习的过程引入到生产函数中，必须解决两个问题，一是选择代表"经验"的变量；二是决定这一变量怎样进入生产函数中。阿罗在其模型中选取资本积累作为代表"经验"的变量，其生产函数形式为：

$$y = \alpha(k) \cdot f(k,l)$$

这里 y、k、l 和 α 分别表示总产出、资本、劳动和技术因子。资本 k 在表达式中出现两次，但涵义不同，f（·）中的 k 表示资本投入，属于生产要素；$\alpha(k)$ 中的 k 表示"经验"变量，$\alpha(k)$ 是 k 的增函数，即当"经验"增加时，技术得到不断改善。

从微观角度看，阿罗的增长模型更具有借鉴意义，阿罗指出知识在私人部门的经济活动中产生，而知识又是一种非独享性产品，可为大家共享，因此，任何个人和企业的经济活动对其他人或企业都有好处，这就是所谓的外部经济性。外部经济性的存在，导致总体经济活动表现为收益递增。阿罗这一思想后来被罗默等人吸收，成为"新增长理论"产生的萌芽。在"新增长理论"中，基于外部经济性、技术溢出效应的增长模型占据了十分重要的地位。

阿罗虽然将技术进步内生化，但他所指的技术进步只是人类经济活动的一种"副产品"，是一种无意识行为的结果，并暗含了技术仍相当于公共物品的假设。此外，阿罗在模型中讨论了收益递增的重要作用的同时，将产出相对资本与知识的弹性限制在1以下。这意味着资本积累所引发的技术改进虽然可以部分抵消资本边际收益的下跌，但改变不了资本边际收益递减趋势，从长期看，人均收入水平将趋于稳定，总产出的增长速度完全取决于人口自然增长率，人均收入或劳动生产率无法保持持续增长。

4. 新经济增长理论研究进展

（1）罗默的贡献

到了20世纪80年代中期，罗默（1986）在阿罗增长模型的基础上，将经济增长理论研究带入了一个新的发展时期。罗默的最大贡献是其强调经济外部性的作用，认为技术（知识）的外部性完全可以保证产出相对资本与技术的弹性大于1，因而资本的边际收益由递减转变为递增，这样一来，人均收入的增长率随时间而递增，经济增长表现为发散的过程。罗默的这一结论克服了阿罗模型的不足。

（2）卢卡斯增长模型

卢卡斯（1988）后来从另一角度解释了经济增长的内在机制。卢卡斯的增长模型以20世纪60年代中期宇泽（uzawa）建立的模型为基础，模型结构与阿罗－罗默模型相近，但强调了人力资本的重要性。卢卡斯认为溢出效应来自对人力资本的投资，而不是来自对实物资本的投资，每一单位人力资本的增加除了引起产出的提高外，还同时引起社会平均人力资本水平的提高，而社会平均人力资本水平决定社会平均的运作效率，总体效率的提高又使每个企业和个人从中受益，也就是说人力资本的积累方式具有一定的外部性。

卢卡斯增长模型内涵：①经济增长不再如新古典增长理论所假设的那样，通过资本积累过程实现，而是通过人力资本积累过程来实现。具体地说，就是人力资本的积累通过外部性作用机制，实现经济系统的持续增长。
②它可以用于解释国际间的要素流动。卢卡斯在谈到他的增长理论的背景
时，曾提到他的一项观察结果：资本和劳动力在国家间的流动主要表现为从
低收入国家到发达国家。这一点用新古典增长理论无法解释，因为根据新古
典理论，资本和劳动力的流动应从资本和人力资本相对充裕的发达国家流向
资本和劳动力相对稀缺的发展中国家。现在若依据卢卡斯的增长理论，则可
以比较好地解释这一现象。由于人力资本积累的外部性，即使发达国家与发
展中国家的资本－劳动比率相同，但由于发达国家人力资本水平高于发展中
国家，因此发达国家的资本和劳动力的边际收益均大于发展中国家，这样便
导致资本和劳动力由人力资本水平较低的发展中国家流向人力资本水平较高
的发达国家。

截至 20 世纪 80 年代后半期，"新增长理论"在经济增长的内生化机制
方面已取得了相当大的成功，正因为如此，现在通常将"新增长理论"称
作内生增长理论。但在对技术进步的解释上，上述提到的几种增长模型仍然
有令人不满意之处，如对技术或知识的三种特征，这些模型均只能描述和解
释前两条，对第三条特征尚未涉及。这一点直到 20 世纪 80 年代末和 20 世
纪 90 年代初，才申罗默（1987，1990）再次作出突破。

（3）罗默的结论

在此之前的"新增长理论"模型的共同特点是，在引入收益递增这一
因素时，均假设收益递增来自外部经济性。这种处理方法的优点是不会破坏
原有的完全竞争市场结构的假设，因而仍然可以利用新古典增长理论的模型
框架，从而保证均衡技术进步率和经济增长率的存在。但完全把技术进步或
经济增长归结为外部经济性的作用结果是不科学的，事实上，技术进步往往
与一些有意识的经济活动有关，如研究与开发活动。如果把技术进步与有目
的的研究和开发活动联系起来，并且假设个人或企业的发展创造不会立即扩
散到其他人与企业，那么完全竞争市场结构的假设就会被打破，由于规模经
济的存在（这种规模经济不再由外部性引起），市场变为不完全竞争。所
以，要想更好地刻画技术进步的产生机理，需要一个专门处理不完全竞争市
场结构的模型框架，这一点可以说"新增长理论"的完善得益于经济学中
的另一门学科分支——产业组织理论的发展。

产业组织理论作为新古典经济学中市场结构理论的延续，在 20 世纪 70

年代有了较大的发展，由狄克西（Dixit）和斯蒂格利兹（Stiglitz，1977）、伊塞尔（Ethier，1982）等人发展起来的垄断竞争模型后来成为罗默的第二代增长模型的理论基础。罗默的第二代增长模型是至今出现的内生增长理论模型中，比较令人满意的一个模型。

罗默的第二代增长模型的主要结论包括：①经济增长不再依赖于知识的溢出效应，保证经济持续增长，克服资本积累过程中收益递减问题的关键是生产过程中新投入品的不断引入，这里的新产品蕴含了新知识，在其被生产出来之前，需要由研究与开发部门提供设计思想；②知识的作用体现在两方面，一方面导致新技术的产生，另一方面促进了知识的积累；③经济增长率取决于人力资本水平，人力资本水平越高，经济增长率就越高。

在罗默的第二代增长理论模型中，垄断在经济增长中的作用体现为它推动了技术创新，因为企业为获取垄断利益，必须倾向于不断推出新产品，这就要求企业重视研究与开发活动。

（八）可持续发展理论

1. 可持续发展理论的提出

第二次世界大战后，世界经济进入繁荣发展的黄金时代。世界各国，大规模发展经济，加速工业化进程，这种盛行于世界的发展观被称为传统的发展观。传统发展观的理论前提是自然资源的供给能力具有无限性，经济增长和物质财富增长所依赖的自然资源在数量上不会枯竭；自然资源的自净能力具有无限性，人类生产和生活的废弃物排放所需要的自然环境在容量上也不会降低。

然而，伴随着经济指标快速增长的是森林的减毁、河流与大气的污染、农田的沙漠化以及城市生活质量的全面退化等问题，人类创造美好文明的同时造成了日趋严重的资源、环境、生态、人口等问题，对人类自身的生存与发展构成了严重的威胁。这就直接导致了传统发展观的破产。

面对发展带来的诸多全球性问题，人们作出了不同的反应。最具代表性的即是"悲观学派"和与之对立的"乐观学派"。前者主张停止地球人口数量的增长，限制工业生产，大幅度减少地球资源消费量，以维持地球上的平衡。后者认为依靠科学技术，人们一定能够通过新材料、新能源的发现以及利用水平的提高，解决人类利用开发的自然资源问题，因此，自然资源实质上是无穷尽的。而对于人口问题，他们认为将在一定时期出现"增长"停滞甚至减少。从 20 世纪 60 年代到 80 年代，人们开始认真反思传统经济发展模式必然产生的矛盾，积极寻求一种以人与自然关系的和谐、全社会整体持续发展为内容的新的发展思路和模式，即在提高经济效益的同时，又能保护资源、改善环境。于是，可持续发展这种全新的发展战略和模式应运而生。

可持续发展作为一种新发展观悄然兴起并日益引起国际社会的关注。特别是进入 20 世纪 90 年代以来，可持续发展以其崭新的价值观和光明的发展前景，被正式列入国际社会议程。1992 年世界环境与发展会议，1994 年的世界人口与发展会议，1995 年的哥本哈根世界首脑会议，都将其作为重要议题，并提出了可持续发展战略构想。

由此可见，可持续性观念源远流长。然而现代可持续发展理论源于人们对愈演愈烈的环境问题的热切关注和对人类未来的希冀。世界人口的爆炸式增长、自然资源的日渐短缺和生态环境的不断恶化，是现代可持续发展理论产生的背景。

1987 年 Barbier 等人发表了一系列有关经济、环境可持续发展的文章引起了国际社会的注意。同年，布伦特兰夫人（Ms Gro Harlem Brundtland）在世界环境与发展委员会的《我们共同的未来》中正式提出了可持续发展的概念，标志着可持续发展理论的产生。此时的研究重点是人类社会在经济增长的同时如何适应并满足生态环境的承载能力，以及人口、环境、生态和资源与经济的协调发展方面。其后，这一理论不断地充实完善，形成了自己的研究内容和研究途径。

2. 可持续发展的内涵

1987 年世界环境与发展委员会在《我们共同的未来》报告中指出，可持续发展是"既能满足当代人的需要，又不对后代人满足其需要的能力构成危害的发展"。1992 年联合国环境与发展会议（UNCED）在《关于环境与发展的里约宣言》中指出，可持续发展是指人类赖以生存发展的资源环境，不仅要满足当代人的发展需要，还应该为后代人的持续发展创造必要条件和可能。UNCED 把可持续发展作为人类迈向 21 世纪的共同发展战略，在人类历史上第一次将可持续发展战略由概念落实为全球的行动。可持续发展的核心，是人与自然和谐、发展与资源环境相协调。可持续发展理论已被各国政府所接受，我国政府也制定了可持续发展的纲领性文件——《中国二十世纪议程》。简单来说，可持续发展就是强调：代内公平和代际公平，人与自然和谐共处。即一些人或一些地区的发展不能影响其他人或其他地区的发展，当代人的发展不能影响下一代人（子孙后代）的发展，人与自然共生、和谐相处。

3. 可持续发展理论趋向

近些年来，可持续发展理论的建立与完善主要集中于三个方向，即经济学方向、社会学方向和生态学方向。与此同时，可持续发展的研究还涉及自然环境的加速变化、自然环境的社会效益、自然环境的人文痕迹等，力图把当代与后代、区域与全球、空间与时间、结构与功能等方面的利益实现有机的统一。

可持续发展理论的经济学方向，是把区域开发、生产力布局、经济结构优化等作为基本内容。力图用"科技进步贡献率抵消或克服投资的边际效益递减率"，作为衡量可持续发展的重要指标和基本手段。该方向研究以世界银行的《世界发展报告》（1990~1998）和莱·布朗发表的《经济可持续发展》（1996）为代表。

可持续发展理论的社会学方向，是把社会发展、社会分配、利益均衡等作为基本内容。力图把"经济效益与社会公正的合理平衡"作为可持续发展的重要指标和基本手段。该方向以联合国开发计划署的《人类发展报告》（1990~1998）及其衡量指标"人文发展指数"为代表。

可持续发展理论的生态学方向，是把生态平衡、自然保护、资源环境的永续利用等作为基本内容。力图把"环境保护与经济发展之间的合理平衡"作为可持续发展的重要指标和基本原则。该方向以挪威原首相布伦特兰夫人（1992）和巴信尔（1990）等人的研究报告和演讲为代表。

我国在可持续发展的理论与实证研究方面有着独特的思路。不仅在上述三个方向进行了研究，而且还独立地开创了可持续发展的第四个方向，即系统学方向。其突出特色是以综合协同的观点，去探索可持续发展的本源和演化规律。以"发展度、协调度、持续度的逻辑自治"为中心，有序地演绎了可持续发展的时空耦合与三者互相制约、互相作用的关系，建立了人与自然、人与人的关系的统一解释基础和定量评判规则。该方向以中国社会科学院的《中国可持续发展战略报告》（1999，2000）为代表。

二　产业结构演进升级理论

（一）工业生产生命循环阶段论

该理论由美国哈佛大学弗农等人首创，他们认为各工业部门、各工业产品在发展过程中必须经历创新、发展、成熟、衰老四个阶段。新的部门或产品的产生逐步取代衰退的部门或产品，循环往复，实现产业或产品的不断升级。

区域经济学者把生命循环论引用到区域经济学中，创造了区域经济梯度转移理论。根据该理论，每个国家或地区都处在一定的经济发展梯度上，每出现一种新行业、新产品、新技术，都会随时间推移由高梯度区向低梯度区传递。按照该理论，一个落后地区要实现经济起飞，就必须循阶梯而上，不可超越。它首先应该重点发展自身有较大优势的初级产业，尽快接过那些从高梯度地区外溢来的产业，如钢铁、纺织、食品产业等（见图1-1）。

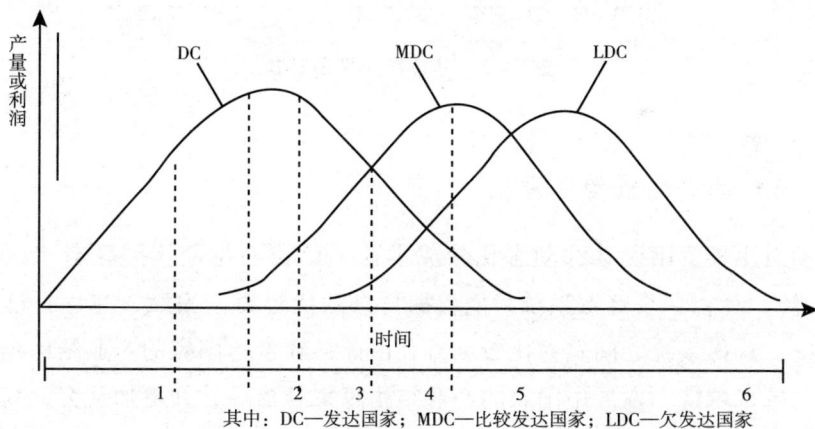

其中：DC—发达国家；MDC—比较发达国家；LDC—欠发达国家

图1-1　工业生产生命周期与区域经济梯度转移示意

（二）雁行产业发展形态说

雁行产业发展形态说由日本经济学家从日本纺织业的发展过程中总结提炼而来，这一理论立足于经济落后的发展中国家。该学说的基本模型为：第一只雁代表进口，即，以商品进口来刺激本国消费，形成国内需求，培育国内市场。第二只雁代表国内生产，进口引发国内生产浪潮，并促进了国内大规模投资与技术引进，从商品进口升级为设备和技术的进口，它促进了现代技术和国内低工资相结合，促进劣势产业发展。第三只雁代表出口，国内生产规模扩大和低工资优势，使产品成本大幅度降低，在市场上形成价格优势，既挤占了进口商品的市场份额，也提高了开拓国际市场的竞争能力，从而形成该产业的出口浪潮（周起业、刘再兴、祝诚等，1989）（见图1-2）。

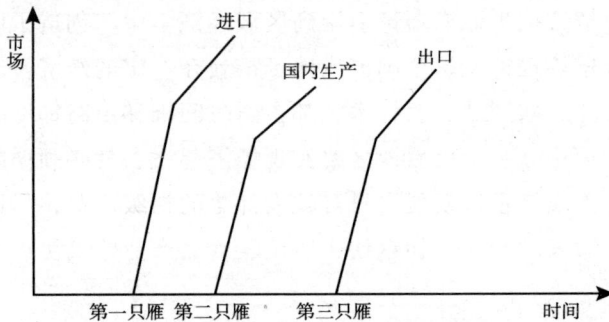

图 1 - 2　雁行产业发展理论

（三）动态比较费用说

动态比较费用说又称动态比较成本论、比较利益论。按静态"比较成本学说"，任何一个经济系统只能根据自己的优势要素禀赋，建立自己的生产系统，获得系统之间贸易比较利益。由此导致发达国家的产业结构越来越先进，越来越富；发展中国家的产业结构越来越落后，并更加贫穷，其间的收入差距进一步扩大。

在这种静态成本比较学说的基础上，日本经济学家创造性地提出了动态比较费用说。认为产品的比较成本优势是可以转化的，在国际贸易中一时处于劣势的产业有可能转化为优势产业，并促进产业结构进入高级化轨道。其核心就是，在重点发展传统的具有相对优势但技术层次较低的产业同时，必须扶持有发展前途的新型产业，使之逐步发展成为主导产业。这样通过不断更新主导产业，促进产业结构高级化。

（四）非均衡发展学说

赫希曼等经济学家认为，在产业结构演进中，应选择好主导产业部门，通过大力扶持、重点发展，使其能够带动整个国民经济或地区经济发展。日本经济学家认为主导产业的选择应根据需求收入弹性大、比较劳动生产率高、防止过度密集和丰富劳动的要求进行，并加以重点发展。

需求收入弹性是指在某特定条件下，某种商品需求量对收入变动的相对反应，以需求收入弹性系数表示。

$$需求收入弹性 = \frac{需求量的增长率}{收入额的增长率}$$

在同一时期内，不同产品的需求收入弹性系数大小不同，一般大于 1 的需求收入弹性大，小于 1 的则表明需求收入弹性低。主导产业应是需求收入弹性大、需求增长较快的产业。

20 世纪 50 年代，日本经济学家认为重化工业符合需求收入弹性大、比较劳动生产率高的要求，而且重化工业对其他产业的"诱发效果"（关联效果）大，重点发展重化工业，就可以充分发挥产业间的因果继起诱发机制，带动整个经济的发展，促进整个产业结构向高级化方向转变。

进入 20 世纪 70 年代，日本经济学家又补充了防止过度密集和丰富劳动的要求。其目的是力求使产业结构的演进进一步做到经济增长与社会发展相协调（张秀生、卫鹏鹏，2005）。

三　经济地域综合体

该理论主要源于苏联，代表人物有科洛索夫斯基、涅克拉索夫、阿甘别吉扬等。经济地域综合体是指在一个区域内，一个或几个专业部门的高度结合，这些部门共同利用生产性和非生产性基础设施。现在，学术界一般都把经济地域综合体看成是社会大生产的地域组织形式，是以专门化部门为主体，由相关的辅助性部门和为地区服务的自给性部门结合而形成的一个有机整体，严密的分工协作可形成良好的经济、生态、社会效益。经济地域综合体是计划经济体制下的产物，但也有很多可取之处。

（一）内涵

经济地域综合体是一个基本含义相近但具体说法颇多的概念。仅就概念名词看，常见的就有生产地域综合体、地域生产综合体、地域综合体、地区综合体、经济地域综合体、社会经济地域综合体等。这些名词的差别反映了有关研究内容从单纯的生产领域扩展至整个经济领域，乃至经济和社会领域的变化。不过，从研究的具体内容看，基本上是在经济领域，重点是生产过程。

关于经济地域综合体的定义，最早研究此问题的权威科洛索夫斯基认为，经济地域综合体是在一个工业点或一个完整的地区内，根据地区的自然条件、运输和经济地理位置，恰当或有计划地安置企业，从而获得特定的经济效果的各企业间的经济结合。苏联国家计委生产力研究委员会主席涅克拉索夫认为，地域生产综合体是以国家一定地区的劳动力资源和自然资源为基础发展的专业化部门企业的空间组合，在这些地区里有统一的生产性和社会性基础设施，有共同的建筑和动力基地。另一位学者阿甘别吉扬的解释是，地区生产综合体位于限定地域的多部门的生产部门组合，它们拥有统一的生产性基础设施、移民体系和社会生活基础设施，主要是为了综合利用所在地域的自然资源，并能保证建立舒适的生活条件，吸引和稳定劳动力，保护环境。现在，学术界一般都把经济地域综合体看成是社会化大生产的地域组织形式，是以专业化部门为主体，由相关的辅助性部门和为地区服务的自给性部门结合而成的。

经济地域综合体的经济意义在于，能够促成区域内各经济部门的有机结合，通过专业化与协作，形成内部联系紧密的经济系统，增强经济运行的稳定性，提高产出能力和效益；通过完善生产体系，综合利用自然资源，提高资源利用效率，保护自然环境；各经济和社会组织共同利用统一的基础设施，可以节约社会公共投资，获得外部经济效益；有利于以它为中心，开展大规模的区域开发活动。

（二）特征

经济地域综合体是具有较高组织水平的区域经济空间组织实体，它具有以下几个特征。

第一，经济地域综合体的主体是专业化生产部门及其相关的综合发展部门。其目的是为区外提供某些重要的产品，进行区际产品交换，服务于全国或大经济区经济发展的需要，从而体现出地域分工。

第二，经济地域综合体的专业化生产部门是建立在区域的自然资源优势基础之上的，所以，它的分布是以自然资源的分布为依据，一般不受行政区的限制。它的基本设想是以资源综合利用为原则，在优势自然资源集中分布的地域内，形成以资源开发、原材料生产、中间产品生产和最终产品生产的完整生产体系。

第三，经济地域综合体内不仅形成完整的生产体系，还要发展完善的为区域生产和生活服务的基础设施（如交通、通信、动力、给排水设施），建立社会发展所需的教育、医疗、文化、住宅等部门。实现经济与社会发展的协调配合。

第四，经济地域综合体是在科学规划指导下，有计划地建设而成的。它的专业化部门选择和相关综合发展部门的建设，社会发展部门的建设，建设地域选择，范围划定，建设步骤设计等都是按计划进行的。并且，是以全国或大经济区的经济社会发展整体要求为根据。

从这些特点中我们不难看出，经济地域综合体是在计划经济体制下形成的。对我国而言，虽然经济体制在向市场经济转化，计划对区域经济的干预大为减弱，但是，经济地域综合体的科学规划原理和建设方法仍然是值得学习和借鉴的。

（三）类型

根据不同的目的和标准，可以把经济地域综合体分为许多类型。主要有以下几种划分方法。

其一，按经济结构特征划分，包括原料型、加工型、综合型等三种类型经济地域综合体。

其二，按形成的主要因素划分，包括矿物原料型、燃料动力型、农业原料型、劳动力资源型、消费品型等五种类型经济地域综合体。

其三，按经济开发水平划分，包括：在新开发区建设并由新企业联合形成的经济地域综合体，在已开发地区把改建、扩建、新建企业结合在一起形成的经济地域综合体。

其四，按在劳动地域分工中的作用划分，包括：具有主要供出口的产品生产部门的经济地域综合体；具有全国意义的部门，产品供全国各地消费，且部分出口的经济地域综合体；具有区际意义的部门，产品供许多地区消费的经济地域综合体；具有地区意义的部门，产品供区内各小区消费的经济地域综合体。

其五，按地域范围划分，包括：大经济区的经济地域综合体，中等范围的经济地域综合体，小范围的经济地域综合体（周起业、刘再兴、祝诚等，1989）。

综上所述，经济地域综合体是在高度的计划体制下总结提炼出的一种区域经济发展规律，但因体制本身的障碍与弱点，这一理论还存在着活力不足、缺乏经济地域扩展与演化规律探讨等方面的不足。

四　区域生态环境

（一）国外研究

工业革命以来，社会经济发展中的生态环境问题越来越突出，国外专家学者相继提出了外部效应理论、公共产品理论、生态资本理论、可持续发展理论等，世界很多国家利用市场（减少补助金、环境税费排放、使用费、执行债券、专项补贴等）、建立市场（产权分散、可交易许可证、国际补偿制度等）、颁布环境法规（标准、禁令、配额）、动员公众（信息公开、公众参与）等从源头控制"三废"排放，对环境进行综合治理，最终能够使区域经济社会环境相互协调健康可持续发展。

同时，西方国家也较早地对流域进行开发，取得了一定的成功经验，但在生态环境的配套建设等方面仍然存在较为严重的问题。1933年开始的美国田纳西河流域综合开发与治理是世界上最早的也是最成功的一次尝试，是流域综合开发最典型的事例。但该工程也毫无例外地存在一些欠缺，工农业发展中引起的污染造成的鱼类和野生动植物减少、水土流失和地力下降等。另外，安加拉—叶尼塞河流域、尼罗河流域、莱茵河流域等的综合开发都不可避免地对周围环境造成一定的污染，或多或少、或重或轻地出现过这样或那样的生态环境问题。而其后治理代价是相当高昂的。目前对流域生态系统服务功能的研究多集中在河流生态系统的休闲娱乐功能方面。

（二）　国内研究

我国生态环境保护始于 20 世纪 70 年代，引进"环境影响评价"制度和"污染者付费"原则，颁布实施《环境保护法（试行）》。20 世纪 80 年代进入全面实施阶段，把环境保护作为一项基本国策，主要原则为"谁污染，谁治理"。20 世纪 90 年代以来实施"可持续发展"战略，以科学发展观和"五个统筹"指导社会经济环境协调发展，以构建社会主义和谐社会。

20 世纪 80 年代以来，我国专家学者对流域生态环境、经济发展也极为关注，并开展了一系列实证研究——对"三江源"（董锁成，2002）、西部地区（马智民，2004）、泾河源头（梁勇，2005）、长江上游（鄂竟平，2005）等地区的生态环境与社会经济之间的持续协调发展进行研究。与此同时，还有专家学者从生态经济（樊万选，2004；王孔雀、胡仪元，2004）、财政政策（宋文献、罗剑朝，2005）、生态补偿（吴晓青，2003）、流域生态服务市场（鲁春霞、谢高地、成升魁，2001；张志强、徐中民、王建等，2001；张志强、徐中民、程国栋等，2002；赵同谦，2003）、环境保护与产业国际竞争力（赵细康，2003）等方面进行了较为深入的研究。但整体而言，我国学者对森林资源生态补偿的理论研究较多，研究重点侧重于森林生态效益评价和计量模型，生态效益的交互作用及叠加效应、补偿依据、补偿标准、补偿范围、补偿方法以及基金管理等方面。目前，我国的生态补偿研究和实践尚处于起步阶段，生态脆弱区经济社会可持续发展尚处于进一步探索之中（蔡邦成，2006）。

（三）　水源区研究

南水北调中线工程是一项跨流域、跨省市的远距离调水工程，它对沿线各省（市）的自然生态环境、人口、资源、社会、经济产生着不同的影响。水源区的生态环境状况直接影响着"调水"初衷能否实现，国内专家学者主要从天然林恢复与保护（樊万选，2005）、水土流失与防治（唐燕燕，2005）、水质状况与防治对策（封光寅，2005）以及水源区污染防治与生态环境保护（樊万选，2006）等方面对水源区生态环境进行了较为深入的研究。郭庆汉（2002）、张建全（2005）主要研究了南水北调中线工程对十堰市、丹江口市经济发展的影响。蔡述明（2005）主要研究了南水北调中线工程实施对汉江中下游地区可持续发展的影响以及应采取的对策措施等。

五　区域发展研究综述

综上所述，国内外专家学者从区域发展、产业结构、地域空间结构、区域生态环境等方面对区域可持续发展进行了全面、深入、系统的研究。关于区域生态环境的研究，主要从保护生态环境、发展生态经济等视角对流域经济社会可持续发展进行了较为深入的研究。对南水北调中线工程水源区的研究主要侧重于生态环境的保护与治理等方面，而对水源区构建长效生态补偿机制以及水源区经济社会可持续发展研究较少。"南水北调中线工程"实施对水源区来说既是机遇，也是挑战，充分运用区域发展前沿理论，构建水源区生态补偿机制，形成水源区经济社会可持续发展态势，是保证水源区与受水区（受益区）互利共赢、协调可持续发展的关键。

第 2 章
区域经济发展

一 区域经济增长机制

（一）"增长极"机制

法国学者佩鲁认为：经济增长首先出现和集中在具有创新能力的行业，而不是同时出现在所有部门与行业。这些具有创新能力的行业常常聚集于经济空间的某些点上，于是就形成了增长极。增长极就是具有推动性的经济单位，或是具有空间聚集特点的推动性单位的集合体。增长极通过支配效应、乘数效应、极化和扩散效应对区域经济活动产生组织作用。

（二）循环积累因果机制

缪尔达尔在《美国的两难处境》一书中，把社会经济制度看成是一个不断演进的过程，认为导致这种演进的技术、社会、经济、政治、文化等方面的因素是相互联系、相互影响和互为因果的。

纳克斯提出了贫困恶性循环论，他在《不发达国家的资本形成问题》一书中指出发展中国家的经济增长中有源于供给与需求的两个循环过程。

卡尔多对发达区域的经济增长研究也进一步说明了循环积累因果关系的存在。他使用相对效率工资概念分析产出率的变化。

（三）乘数加速机制

乘数加速机制是经济学家在研究经济增长中若干因素之间作用的变化所

得到的理论认识。

乘数原理指出经济增长中投资对于收益有扩大作用，总投资量的增加可以带来若干倍于投资增量的总收入的增加。

加速原理说明了经济增长中收入或消费量的变化如何引起投资量的变化，即在工业生产能力趋于完全利用时，消费品需求的微小增加就会导致投资的大幅度增长。

（四）区域产业集聚机制

集聚是指资源、要素和经济活动等在地理空间上的集中趋向与过程。"增长极"理论具有两个特征：一是寡头垄断的市场结构，二是空间集聚。

规模报酬递增与集聚经济。克鲁格曼将空间因素引入报酬递增分析过程中，他指出企业或产业一般倾向于在特定空间集中，而不同的群体和不同的相关活动又倾向于聚集在不同的地方。

交易成本节约与集聚经济。企业实际成本由两部分构成：一是生产成本，二是交易成本。新制度经济学认为交易成本是阻碍分工的一个重要因素，而有效率的组织可以减少交易成本。

（五）"生态补偿"机制[①]

1. 内涵

生态补偿机制是以保护生态环境、促进人与自然和谐发展为目的，根据生态系统服务价值、生态保护成本、发展机会成本，综合运用行政和市场手段，调整生态环境保护和建设等相关各方之间利益关系的环境经济政策。主要针对区域性生态保护和环境污染防治领域，是一项具有经济激励作用与"污染者付费"、"受益者付费"、"破坏者付费"等原则并存的环境经济政策。

2. 主要领域

目前，我国建立生态补偿机制的重点领域主要包括：

（1）自然保护区的生态补偿

要理顺和拓宽自然保护区投入渠道，提高自然保护区规范化建设水平；

---

① 生态补偿机制，http：//baike. baidu. com/view/2391788. htm。

引导保护区及周边社区居民转变生产、生活方式，降低周边社区对自然保护区的压力；全面评价周边地区各类建设项目对自然保护区生态环境破坏或功能区划调整、范围调整带来的生态损失，研究建立自然保护区生态补偿标准体系。

（2）重要生态功能区的生态补偿

推动建立健全重要生态功能区的协调管理与投入机制；建立完善重要生态功能区的生态环境质量监测、评价体系，加大重要生态功能区内城乡环境综合整治力度；开展重要生态功能区生态补偿标准核算研究，研究建立重要生态功能区生态补偿标准体系。

（3）矿产资源开发的生态补偿

全面落实矿山环境治理和生态恢复责任，做到"不欠新账、多还旧账"；联合有关部门科学评价矿产资源开发环境治理与生态恢复保证金和矿山生态补偿基金的使用状况，研究制定科学的矿产资源开发生态补偿标准体系。

（4）流域水环境保护的生态补偿

各地应当确保出境水质达到考核目标，根据出入境水质状况确定横向补偿标准；搭建有助于建立流域生态补偿机制的政府管理平台，推动建立流域生态保护共建共享机制；加强与有关各方协调，推动建立促进跨行政区的流域水环境保护的专项资金。

尤其是通过跨流域生态补偿机制的构建，才能逐步提高水源区生态环境质量。首先，通过国家宏观调控（政策倾斜、立法约束等）手段，构建水源区与受水区（经济发达地区）之间的利益补偿机制。即，经济发达地区要在资金、技术、先进的管理经验及人力资源等方面给予水源区支持，使水源区水土流失和各种污染得以治理，环境质量逐步提高；有计划地将水源区的剩余劳动力迁移到发达地区，实施生态移民。水源区要在资源、环境等方面与发达地区实施共享，即水源区要保质保量地为发达地区提供丰富、优质的水资源，提供生态保障功能。通过构建水源区与受水区（经济发达地区）之间的利益补偿机制，真正发挥市场调节作用，带动管理层面、道德层面和人口素质层面发挥相应的作用，最终使水源区生态环境日益恶化趋势得以扭转，资源得以高效利用。其次，要在水源区内部实施资源整合。即通过推行新型工业化和农业产业化，合理有序地推进水源区城镇化，使水源区农村剩余劳动力得以转移、乡镇企业逐步向中心城镇集聚，形成产业集群，产生规模效益，与此同时使水源区水土流失和各种污染得以遏制，最终使水源区生态环境逐步好转，人与自然和谐发展，社会经济环境可持续发展。

（六）"边缘效应"机制

1. 边缘区

边缘区是相邻地域间具有一定空间范围且直接受到边缘效应作用的边缘过渡区，尤其是自然地理单元与行政地理单元的耦合地带（如位于海陆交接带的国家或地区）。这里的自然地理单元是指山地、丘陵、平原、高原和盆地，陆地与海洋等；行政地理单元是指国家、地区等。从空间上看，边缘区具有垂直结构上的层次性和水平结构上的镶嵌性，垂直结构包括大洲的边缘地带、国家的沿海地带与沿边地区、地区（城镇）间的交接带以及自然地理单元间的交接带等。从时间上看，边缘区具有动态演展性，即不同时期因社会经济发展水平不同致使行政区划、城镇体系等进行一定的调整，边缘区随之也要发生变化。边缘区具有相邻地域所共有的属性，区位优势显著，资源组成更为丰富，具有很强的关联纽带作用，加之多样性生境（包括社会、经济与自然环境）的叠合、延展，所蕴藏的生态位数量与质量都远高于地域腹心区，个人及团体社会与经济活动的选择机会增多，尤其是在商品经济或者市场经济条件下其人流、物流、资金流、信息流、技术流、生态流交换则更为频繁，有利于城镇的形成和进一步发展，有利于边缘区经济社会发展水平的进一步提高。边缘区对应于同级系统的核心区而存在，边缘区与核心区具有相对性。特定层次的多个相邻地域相互作用，在共同的边缘叠合区形成新的结构，发生突变，进而发展为新系统的上一级区域中心。各分地域中心相对于新的中心而言则成为"边缘区"（见图 2-1）（邢忠，2001）。

2. 边缘区类型

（1）行政边缘区

根据行政区划单元可划分为洲际边缘区、国际边缘区、区际边缘区等。①洲际边缘区，即大洲与大洲交接处的国家或地区。由于其处于大洲与大洲交界处，往往是大洲与大洲之间人流、物流、资金流、信息流、技术流、生态流汇聚的地方，其经济地位、交通地位、生态地位等极为重要。如：巴拿马、土耳其、新加坡、埃及等国家或地区。②国际边缘区，即国家与国家交

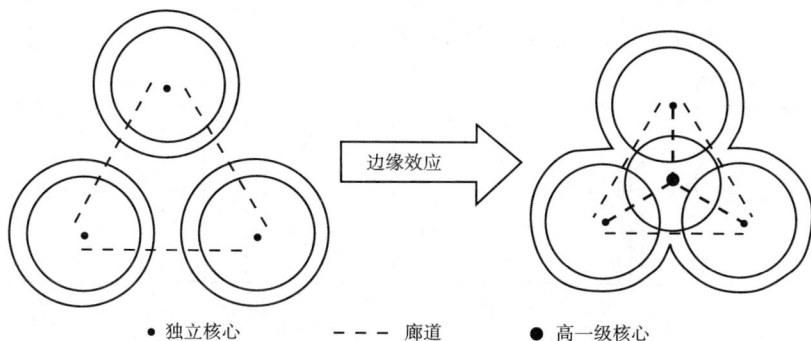

● 独立核心　　　– – –　廊道　　　● 高一级核心

图 2 - 1　边缘区动态发展示意

接处的地区。如：澜沧江－湄公河次区域、三江平原开发区以及我国的其他沿边口岸地区等。③区际边缘区，是指一个国家内部地区与地区、省（直辖市、自治区）与省（直辖市、自治区）交接处的地区。如：鄂豫陕省际边缘区（襄樊、十堰、南阳、安康、商洛等地市），苏鲁皖省际边缘区（黄淮海地区），苏皖省际边缘区（即南京都市圈），以及多种类型的口子镇等等。

（2）**地理边缘区**

根据自然地理单元可划分为海陆边缘区和陆上边缘区，后者包括：丘陵平原边缘区、山地平原边缘区（山前平原地带）、山地与山地间的边缘区（河谷地带）、山地高原边缘区、高原平原边缘区等。

（3）**类型边缘区**

边缘区因主导作用内容的不同可分为经济作用型边缘区、环境资源型边缘区、社会职能型边缘区、空间限定型边缘区以及复合型边缘区等。

（4）**复合型边缘区**

自然地理单元与行政地理单元之间的耦合地带。如：海陆交界处的国家或地区等。

3. 边缘效应

"异质地域"间的边缘区，由于经济社会生态因子的互补性集聚或地域属性的非线性相互协同作用，产生超越各个地域单元功能叠加之和的关联增殖效益赋予边缘区，称之为"边缘效应"。"异质地域"间作用通道的屏蔽状况与开启程度直接影响着边缘效应的显现，继而影响着边缘区经济社会和城镇的发展（见图2－2）。

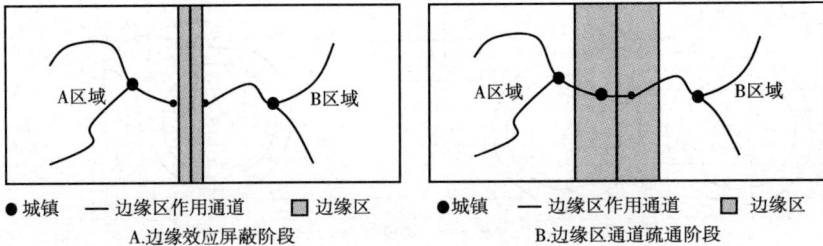

图 2－2　"边缘效应"与城镇发展

由图2－2A可以看出，由于山地、河流等自然因素和体制、行政区划等人为因素的阻隔，边缘区缺乏作用通道（或作用通道受阻），边缘效应处于屏蔽状态，人流、物流、资金流、技术流、信息流、生态流等生产要素的流动受到极大限制，边缘区经济发展停滞不前，城镇发展缓慢。图2－2B显示边缘区通道建成（或通道屏蔽因素消除）以后，有益边缘区得以拓展，边缘区人流、物流、资金流、技术流、信息流、生态流等生产要素流量增加，生产要素集聚，经济社会和城镇快速发展，城市化有序推进。因此，在遵循自然社会经济规律的前提条件下，通过异质地域间的统一规划、统一建设、相互开放市场、建立生态廊道等手段，积极开展双边或多边对话，充分调动人的主观能动性，拓展有益边缘区，疏导边缘区作用通道，创造、增殖边缘效应，加速人流、物流、资金流、技术流、信息流、生态流的流动，不仅有利于生产要素集聚，形成产业集群，产生规模效益，推动边缘区经济社会可持续发展，有序推进边缘区城镇化，同时也有利于边缘区生态环境的保护与发展。

"边缘效应"的大小主要取决于边缘区作用通道的便捷程度及其交易成本的高低。边缘区人流、物流、资金流、技术流、信息流、生态流等生产要素流动成本的高低主要受作用通道类型影响。作用通道类型主要包括水路运输通道（海运、内河航运等），陆路运输通道（铁路、公路），航空运输通道，电缆信息通道，无线信息通道，森林、草地、农田、水域绿色廊道等。在现有科技水平条件下陆路运输成本总体上高于水路运输成本，加之自然条件、社会发展历史、原有经济基础等因素的影响，致使陆上边缘区（丘陵平原边缘区、山地平原边缘区、山地与山地间的边缘区、山地高原边缘区、高原平原边缘区等）作用通道的便捷程度较低，交易成本较高，海陆边缘区作用通道的便捷程度较高，交易成本较低，陆上边缘区的边缘效应小于海陆边缘区的边缘效应。最终使陆上边缘区与海陆边缘区的经济社会发展水平产生较大差异。陆上边缘区经济社会发展水平相对较低，城镇规模、城镇密度较小，城镇化水平较低（图 2 - 3A）；海陆边缘区经济社会发展水平较高，城镇规模、城镇密度较大，城镇化水平也较高（郭荣朝，2006）（见图 2 - 3B）。

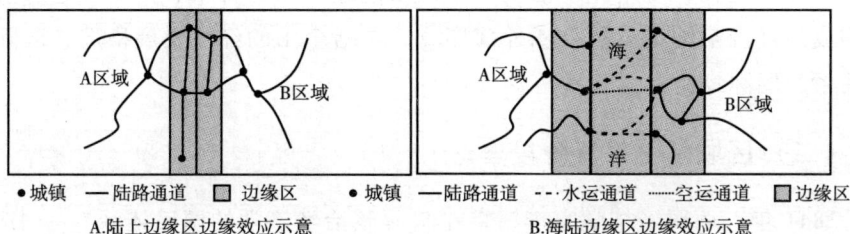

● 城镇 ——陆路通道 ▨边缘区　● 城镇 ——陆路通道 - - 水运通道 ⋯⋯空运通道 ▨边缘区

A.陆上边缘区边缘效应示意　　　　B.海陆边缘区边缘效应示意

图 2 - 3 "边缘效应"显现示意

二 区域经济发展阶段

由于划分标准的不同，近现代区域经济发展理论提出了不同的区域经济发展阶段，主要有以下几种。

（一）区域经济周期波动理论

马克思主义政治经济学考察的资本主义经济周期。资本主义存在其固有的矛盾，即个别企业内部生产的有组织性和整个社会生产无政府状态之间的矛盾以及生产无限扩大趋势和劳动群众有支付能力的需求相对狭小之间的矛盾，这两个矛盾的尖锐化，就会直接导致经济危机的爆发，形成资本主义的经济周期。

现代经济增长周期理论。现代经济增长周期是指反映经济活动面貌的各种经济指标和经济现象不断反复地出现，是在经济活动扩张中仅仅是增长率的减慢或阻滞作为一个衰退时期而形成的经济周期。

典型的经济周期分为四个发展阶段。即：①衰退期，经济从高涨开始衰退；②萧条期，失业率上升，经济活动低于长期发展趋势；③复苏期，厂商定购增加，但经济增长仍低于长期发展趋势；④高涨期，经济不断扩张，直到难以支撑，再次跌入衰退期。

区域经济增长因素。影响区域经济增长的因素主要包括：①资源禀赋。包括自然资源，劳动力资源，资金、技术因素，社会环境因素等。②资源配置能力。经济体制决定了制约经济运行的基本机制；政府代表着区域整体利益；企业是区域经济的基本活动单位。③区位条件。区位原指经济活动在地理空间中的位置，现指经济活动单位在以地理空间为背景、由相关经济活动所构成的经济空间的位置。④外部环境。包括全国的经济发展格局，区际经济关系，国际经济背景，等等。

（二）区域经济发展阶段理论

1841 年，德国经济学家李斯特在其《政治经济学的国民体系》一书中，以生产部门的发展状况为标准，将区域经济发展划分为未开化阶段、畜牧阶段、农业阶段、农工业阶段、农工商阶段等五个发展阶段。

1949 年，美国著名经济学家埃德加·胡佛与约瑟夫·费雪在其论文《区域经济增长研究》中，从产业结构和制度背景出发，将区域经济发展分为自给自足经济阶段、乡村工业崛起阶段、农村生产结构转换阶段、工业化阶段、服务业输出阶段（成熟阶段）等五个发展阶段。

1960 年，美国经济学家 W. W. 罗斯托在其《经济成长的阶段——非共产党宣言》一书中，以主导产业、制造业结构和人类的追求目标为标准，将区域经济发展分为传统社会阶段、为起飞创造前提阶段、起飞阶段、向成熟推进阶段、高额消费时代阶段、追求生活质量阶段等六个发展阶段。

1966 年，美国区域发展和区域规划专家弗里德曼在其专著《区域发展政策》一书中提出"核心—边缘"理论，以空间结构、产业特征和制度背景为标准，将区域经济发展分为前工业阶段、过渡阶段、工业阶段、后工业阶段等四个发展阶段。

20 世纪 70 年代，在"中心—外围"理论的基础上，埃及经济学家萨米尔·阿明提出，在世界资本主义体系中，"外围"国的发展要经历三个阶段：①殖民主义阶段；②进口替代工业化阶段；③"外围"国经济真正走上自力更生道路阶段。

我国学者蒋清海博士结合以上区域经济发展阶段的各种划分标准及理论，以制度因素、产业结构、空间结构和总量水平为标准，将区域经济发展分为传统经济阶段、工业化初期阶段、全面工业化阶段、后工业化阶段等四个发展阶段（见表2-1）。他认为，制度因素是划分区域经济发展阶段的背景性标准，产业结构是判别区域经济发展阶段的生产力标准，一般用工业化程度（制造业或工业在国民生产总值中的比重）和第一、二、三产业比重及主导产业类别来表示；空间结构是标示区域经济发展阶段不同于其他经济发展阶段划分的标志，一般用城市化水平、城市首位度及城市规模分布类型来表示；总量水平是测量经济发展高度的标准，一般用国民生产总值或国民收入及其人均量来表示（李娟文、王启仿，2000）。

表 2-1　区域经济发展阶段的一般特征

发展阶段	产业结构		空间结构	总量水平	
	三次产业比重	主导产业		消费结构	收入水平
传统经济阶段	Ⅰ>Ⅱ>Ⅲ	农业	混沌无序均衡状态	饮食支出比重大	低
工业化初期阶段	Ⅱ>Ⅰ>Ⅲ	纺织,食品,采矿	极核发展阶段	饮食支出比重减少,对工业品的需求增加	有所提高
全面工业化阶段	Ⅱ>Ⅲ>Ⅰ	电力,化学,钢铁,汽车,机电	城市化速度加快,数量增多,空间分布不平衡,首位分布	转向耐用消费品和劳务服务并呈多样性和多变性特点	大幅提高
后工业化阶段	Ⅲ>Ⅱ>Ⅰ	高新技术和第三产业	城市空间分布平衡化,城市规模呈序列分布	从耐用消费品和劳务服务转向文化娱乐享受	很高

注：表中Ⅰ、Ⅱ、Ⅲ分别表示第一、第二、第三产业。

在工业化中后期阶段，城镇发展迅速，将形成网状交织发展模式。网状交织发展模式是指通过加强不同增长点之间的有机联系，延长和拓宽增长轴；通过加强不同增长轴之间的有机联系，使增长轴由直线延伸状态转变为网状交织发展结构，形成纵横交错、上下贯通的立体型增长轴网络，从而把地区各个增长极或增长点纳入一个统一的发展系统（张明龙，2001）。网状交织发展模式运行的前提条件包括：①区域发展进入工业化的中后期阶段，经济技术力量雄厚，工业化和城镇化水平较高。②地区差异缩小，经济空间均衡。③资金供给对区域经济开发的约束不甚明显，区域经济实力允许或能够全面开发新区，进行大幅度的空间结构调整，以促使区域经济逐步趋向均衡。④基础设施完善，复合交通轴和通讯形成网络。在此基础上，推行网状交织发展模式，可以提高城镇密集区经济运行的关联度，促使资源、资金、技术和劳动力的合理流动，完善扩散和回流效应的传导机制。这样城镇密集区不仅可以通过便利的网状回流机制迅速输出产品，又可以通过便利的网状回流机制迅速输入生产要素，加快技术创新，不断产生和吸引新兴产业，保持旺盛的增长势头。同时，对于密集区内部和与外围地区的产业转换和产业升级意义重大（见图 2-4）。

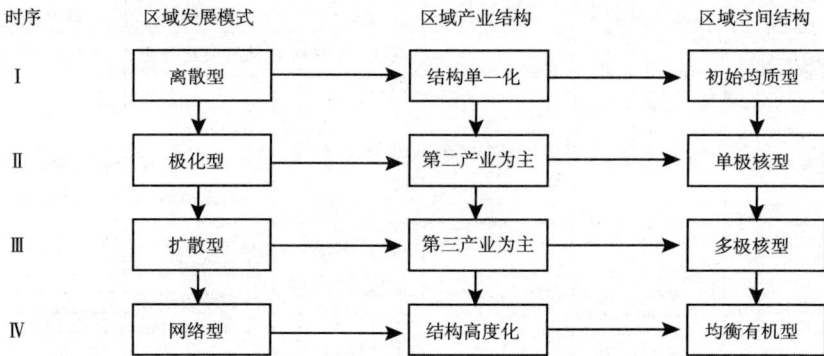

图 2-4　区域经济活动的时空演变模型

三　区域空间结构演变过程

（一）"增长极"阶段

1950 年佩鲁（F. Perroux）提出增长极及其效应原理；1957 年缪尔达尔（G. Myrdal）探讨了其中的极化和扩散效应，提出"循环累积因果原理"。

在此基础上，赫希曼（A. D. Hirstchman）进一步提出了"极化效应"与"涓滴效应"。这样增长极便具有"推动"与"空间集聚"意义上的增长意义。非均衡增长理论认为，"只要总的发展水平低，市场力量的自然作用在任何时候都将增加国内和国际不平等"，要促进落后地区发展，必须依赖于强有力的政府干预和周密的经济发展计划，如在落后地区建立增长极，培养自我发展能力，然后利用市场力量实现这些地区的积累增长。

（二）"点—轴"阶段

陆大道先生于 20 世纪 80 年代末期提出"点—轴"理论，他指出：与自然界和社会的许多客观事物类似，生产力各要素在空间中相互吸引而集聚，同时又向外（周围）辐射自己的作用力（人流、物流、资金流、技术流、信息流等）。实践中，几乎所有的产业，尤其是工业、交通运输业、第三产业、城镇等都是产生和集聚于"点"上，并由线状基础设施（铁路、航道、公路、管道、能源和水源供应线、邮电通信线等）联系在一起；另外，集聚于各级"点"上的产业及人口等，又要向周围区域辐射其影响力（产品、技术、管理、政策等），取得社会经济运行的动力（原料、劳动力等），这就是扩散。扩散的基本特点是在各个方向上的强度并不均等。其中，沿着主要线状基础设施（主轴）方向的辐射强度最大，从而引起或加强在该方向上较大规模的集聚。"点—轴"理论的应用就是点轴开发，即"在全国范围内，确定若干个具有有利发展条件的大区间、省区间及地市间线状基础设施轴线，对轴线地带的若干个点予以重点发展"。虽然这一理论本身还有待进一步深化，但应用价值已有了充分的体现（陆大道，1990）。

（三）廊道组团网络化阶段

廊道组团网络化开发理论是在点轴开发基础上进一步发展的结果。网络是节点与轴线的结合体，节点（极核）是网络的心脏，轴线则是节点与节点、节点与域面、域面与域面之间联系的纽带和通道。主要通过人流、物流、资金流、技术流、信息流形成各种通道网络，使节点的集聚与扩散作用进一步增强，节点与节点间的联系进一步增强，最终形成星罗棋布的都市圈、城市群、都市连绵区。但由于下垫面的非均质性，使城市等主要节点并非均匀地分布于各个区域。因此，"点—轴"阶段进一步发展便形成"廊道组团"模式，"廊道组团"相互交织，将形成廊道组团网络化开发模式，这种模式主要出现于经济较为发达的平原地区，并形成相应的特色产业集群。

某种交通运输方式建设前，因生产要素流动通道不畅，致使沿线地区经济差异大、城镇少、实力弱、产业结构水平低、企业规模小、布局松散、缺乏市场竞争力。某种交通运输方式的建设，将激活区域间的交流活动，加速生产要素流动与转移，增强城市吸引辐射能力，高新技术产业相应也会得到较快发展，产业结构重构，空间结构重组，城镇化水平快速提高，区域整体经济实力增强。地方财力增强，又使区域信息高速公路、交通网络体系、环境保护等基础设施进一步完善，从而带来生产规模扩大，产业结构升级，产业间、地区间关联度增大，形成分工合作的产业群体、统一发达的市场和完善的信息体系；同时国内外资金技术、智力资源支持流入量加大，形成具有特定内在联系和功能的带状高等级开放经济系统，沿交通道路形成廊道组团模式（见图2-5）（韩增林、尤飞、张小军，2001）。各交通通道相互交织，便形成"廊道组团网络化"模式，进入"廊道组团网络化"发展阶段。

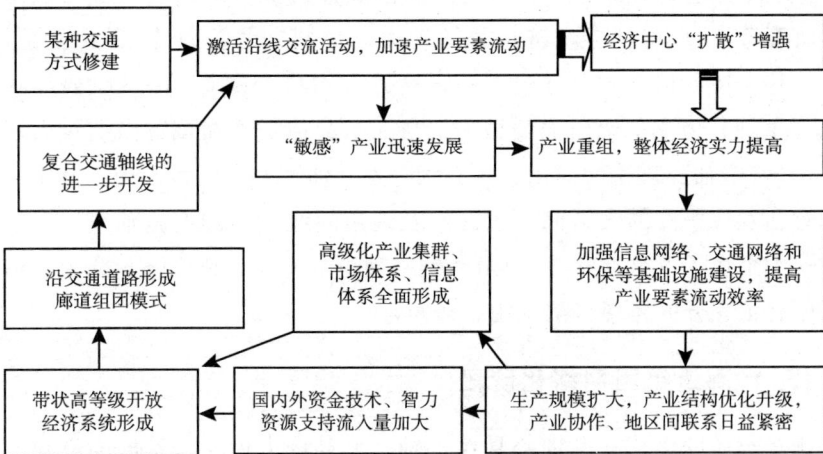

图2-5 交通廊道效应形成演化机制

资料来源：韩增林，2001，有修改。

因此，"廊道组团网络化"模式的形成与发展为特色产业集群形成奠定了基础。它吸收了梯度推移、增长极、"点—轴"、经济地域生产综合体等理论的积极因素，既强调区域比较优势资源的充分利用，又强调发挥区域内各种资源的优化配置和整合能力，充分发挥技术进步与技术创新作用，使核心城市、特色产业集群更好地与高一级（或全球）城市体系和全球产业链进行有效对接，积极参与到全球城市体系的分工中去，积极参与到经济全球化的发展过程中，以此推动区域经济社会环境可持续发展。

总之，"增长极"阶段、"点—轴"阶段、廊道组团网络化阶段是对区域不同发展阶段的概括，前两者代表经济社会发展处于较低水平时的开发模式，后者往往是经济社会发展到一定水平时的开发模式。在经济发展水平较低时，形成空间集聚上的"增长极"（见图 2 - 6A）；经济发展水平进一步提高，使"增长极"（城镇）之间的通道条件得以改善，便形成"点一轴"发展阶段（见图2 - 6B）；当经济发展进入较高水平阶段时，基础设施进一步完善，便形成"廊道组团网络化"开发模式（见图 2 - 6C）。

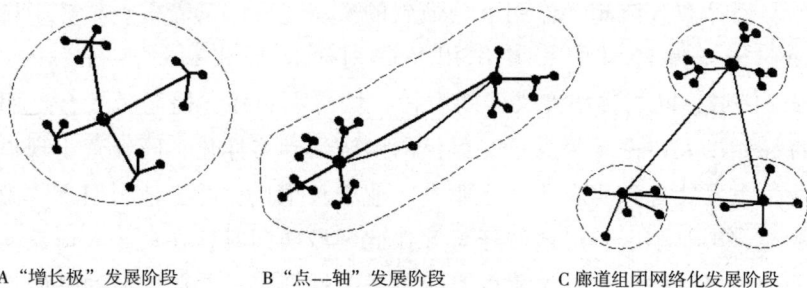

A "增长极"发展阶段　　　B "点--轴"发展阶段　　　C 廊道组团网络化发展阶段

图 2 - 6　区域发展阶段

（四）城乡互动阶段

经济学家利普顿最先批评了以大城市为中心的自上而下的发展政策，其原因是没有处理好国家内部的城乡关系。一是城市与农村之间存在着明显的差别；二是城市集团与农村集团利益上的矛盾与冲突；三是政府的以城市为中心的自上而下的发展政策，加剧了两大集团的矛盾与冲突。科布纳基认为城乡联系不是一种孤立的现象，他认为城乡关系是一种依附于其他社会进程的关系。

朗迪勒里认为，城市的等级规模是决定发展政策成功与否的关键。他强调农村与小城镇、大城市与小城市的联系，认为中小城市的社会经济基础可以使农村发生变化。

与朗迪勒里的观点相反，斯多尔和泰勒认为，自下而上的发展是以各地的自然、人文和制度资源的最大利用为基础，以满足当地居民的基本需求为首要目标的发展，它直接面对贫困问题，应由下面来发起和控制。并需要在四个主要领域保持平衡关系：一是政治上应给予农村地区更高程度的自主权，使得政治权力自城市向农村的单向流动得到改变；二是调整全国的价格体系，使之有利于农村的发展和农业产品的生产；三是应鼓励农村的经济活动超过当地需求以便形成更多的出口；四是不仅在城市与农村之间，在农村与农村之间也应建设交通、通信网络。

麦吉教授提出了 Desakota 的概念，指的是在同一地理区域上同时发生的城市性和农村性的行为，它被用来表示在亚洲大城市之间交通走廊地带的农村地区所发生的，以劳动密集型工业、服务业和其他非农产业的迅速增长为特征的，商品和人流相互作用十分强烈的发展过程。其着重点不在于城乡区别，而在于空间经济的相互作用及其对聚居形式和经济行为的影响。Desakota 区域，既与传统意义上的农村、城市不一样，但同时具有这两种社会的特征：①人口密度很高；②居民的经济活动多样化，既经营小规模的耕作农业，也发展各种非农业，且非农产业增长很快；③土地利用方式高度混杂，耕地、工业小区、房地产经营等在此区域内同时存在；④人口流动性很大，大量的居民到大城市上班以及从事季节性帮工；⑤此区域的基础设施条件好，交通方便；⑥妇女在非农产业中占有很高的就业比重。麦吉认为，这种空间形态是城乡两大地理系统相互作用、相互影响而形成的一种新的空间形态（张秀生、卫鹏鹏，2005）。

城市与乡村是区域有机整体的两个组成部分，是相辅相成的（见图 2 - 7）。在农村推力和城市拉力的作用下，农村在空间地域上的后退同城市在空间地域上的前进一样明显，从而置城乡处于一个互动的系统中，构成一个动态的连续体。该城乡连续体可以被看做由乡村、小城镇、城市边缘区、城市组成的一个变化着的混合体。因此，当代意义上的农村，应包括乡村、乡村城市、城市边缘区三大部分，而当代意义上的城市也应包括城市、城市边缘区和乡村城市三部分。城乡互动过程中，城乡得到共同提高，表现为城市

---

① 刘荣增：《城镇密集区发展演化机制与整合研究》，南京大学博士学位论文，2002。

地理位置及交通状况　　　　　观念　　　　地理位置及交通状况

自然条件状况　　　　　　　人口　　　　　城镇体系及城镇规模状况

自然资源状况　　　　　　　信息　　　　　城市社会、经济结构

农业劳动力状况　　　　　　　　　　　　　专业科技人才状况

农村社会经济基础　　乡　交通　镇　网络　市　输出技术及管理能力
　　　　　　　　　　　通信　　载体

土地状况　　　　　　　　　资金　　　　　市场容量状况

对外开放程度　　　　　　　商品　　　　　金融信贷资金状况

　　　　　　　　　　　　　　　　　　　　产业前后向

传统手工业和副业状况　　行政　　　　　　关联状况
　　　　　　　　　　　管理　　　　　　　行政管理状况

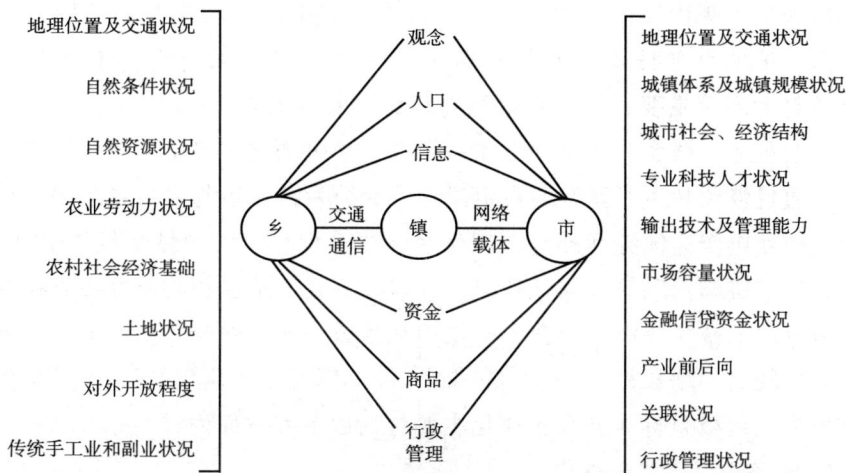

图 2 – 7　城乡互动机制示意

资料来源：吴玉麟等著《组群式城市地域农业人口转化机制研究》，第 46 页；转引自刘荣增，2002。

在广度和深度上的再度发展，农村虽然在地域上日渐退缩，但在经济、社会方面则获得积极提高。互动过程中，推力、拉力必不可少，但最永恒的动力还是城乡收入差距的存在。城乡间人流、物流、资金流、技术流、信息流、生态流的畅通无阻是城乡互动的支撑体系。城乡互动是"增长极"→"点—轴"→"廊道组团网络化"发展的必然结果。

（五）城乡一体化阶段

马克思在其《政治经济学批判》中指出："古代的历史是城市的历史，不过这是以土地、财产和农业为基础的城市；亚细亚的历史是城市和乡村无差别的统一；中世纪是从乡村这个历史舞台出发的，然后它的进一步发展是在城市和乡村的对立中进行的；现代的历史是乡村城市化。"恩格斯在西方城乡矛盾最为激化时期提出了"城乡融合"的概念，并进一步提出实现这一目标的两个标志：一是工人和农民之间阶级差别的消失，二是人口分布不均衡现象的消失。在《共产党宣言》中也明确提出："把农业同工业结合起来，促进城乡之间的差别逐渐消灭。"斯大林认为"城市和乡村有同等的生活条件是实现城乡一体化的标志之一"。西方学者霍华德的社

会城市理论主张用城乡一体的新社会结构形态来取代城乡对立的旧社会结构形态，美国著名城市学家刘易斯·芒福德提出"城与乡，不能截然分开，城与乡同等重要，城与乡应当有机结合在一起"。

综上所述，城乡一体化是指在一定的地域范围内，当生产力发展到一定水平，通过资源和生产要素的自由流动，充分发挥城市与乡村各自的优势和作用，相互协作，优势互补，以城带乡，以乡促城，实现城乡经济、社会、文化、生态协调发展的过程。其间，人口、资金、信息和物质等要素在城乡间自由流动，城乡经济、社会、文化相互渗透，相互融合，高度依存。城乡一体化阶段是"增长极"→"点一轴"→"廊道组团网络化"→"城乡互动"发展的终极目标。城乡一体化主要包括以下六方面内容。

1. 城乡规划布局一体化

规划布局是引导一个地区经济社会发展和资源配置的重要依据及手段。过去，由于长期受城乡分割的二元结构和体制的制约，规划布局工作存在着"重城轻乡"、"城乡分隔"等一系列问题。这不仅导致农村发展滞后、城乡差距逐步扩大，而且还造成建设无序，降低了资源配置效率，反过来也影响城市的发展。所以，推进城乡规划布局一体化是实现城乡资源合理配置、优化配置，促进城乡经济社会环境发展一体化的重要前提。为此，我们要加强县（市）域村镇体系规划、县（市）域村庄布局规划等规划工作，使村庄规划建设与城镇规划建设有效衔接，城乡规划布局融为一体，从而保证规划的科学性、前瞻性和可操作性，最终推进城乡一体化。

2. 城乡市场建设一体化

近年来城乡市场体系建设基本上仍是城市归城市，农村归农村，没有很好地协调衔接。建立全国统一开放的市场体系，实现城乡市场紧密结合，促进城乡资源优化配置，是城乡一体化的基础。为此，我们必须进一步深化流通体制改革，提升流通产业地位，强化市场功能；充分利用两种资源、两个市场，以此来推动城乡一体化，推进农村经济社会发展，加快社会主义新农村建设。

3. 城乡产业布局一体化

城乡产业布局一体化，就是要打破城乡分离的产业发展模式。要求城乡在产业布局上形成一个有机整体，既错位又互补。从城乡一体化角度进行城乡产业分工的趋势是：工业逐步从中心城市（一般为特大城市）扩散给卫星城镇，同时使分散的农村工业向中小城市集聚，中心城市重点发展金融、贸易、信息、服务、文化、教育等第三产业。中小城镇以生产性功能为主，充当中心城市向农村扩散经济技术能量的中介和农村向城市集聚各种要素的节点；农村以规模化、联片种植的农业生产支撑大中小城市对资源和要素的需求，获取农业经营的规模效益和城市化发展的整体效益。

4. 城乡基础设施建设一体化

（1）交通设施

要通过城乡道路网、城乡客运网工程建设，构建以中心城市、副中心城市、中心镇、中心村为节点的道路网络系统，合理规划建设农村客货运网络系统，加快农村客运站点建设，推进城乡客运班线公交化改造。实施农村渡口改桥梁工程，进一步完善农村地区基础设施。

（2）电力设施

要按照增强电网可靠性、提高电网灵活性的要求，不断完善各级电网，做到电网建设适度超前；尤其是 10 万千伏电网要通达中心村、基层村。

（3）邮电通信设施

要大力发展现代邮政通信，推进邮政快递建设；重点发展通信网络、传媒等信息服务业；实现网络资源共享；加快广播电视综合信息网建设，推广普及数字电视；进一步提升电信网络的综合服务能力，大力支持 3G 网络建设和运营。

（4）农业生产基础设施

要坚持"全面规划、统筹兼顾、标本兼治、综合治理"原则与兴利除害相结合、开源与节流并重、防洪与抗旱并举的方针，确保旱涝无水患；大力推广机插、机播、机收等农业机械，提高农业物质技术装备水平；加快建设自然灾害预警监测系统、土壤质量监测系统、病虫害监测防治系统等，为农业产业化经营、安全生产和标准化生产、提高生产效益打下坚实的基础。

（5）供水与燃气设施

要实施城乡供水联网工程，实现城乡供水一体化；积极利用沼气等清洁能源，合理规划建设燃气供应设施，在城镇逐步建立以管道天然气为主体、石油液化气为补充的燃气供应体系。

通过城乡基础设施一体化建设，为城乡市场统一建设、城乡产业统一布局奠定基础。

5. 城乡公共服务设施建设一体化

（1）公共财政制度

调整和优化财政支出结构，大力支持农村地区基础设施建设、农业产业化经营和各项社会事业发展，促进基本公共服务均等化，逐步建立起与经济社会发展相适应的城乡一体的公共财政体制。

（2）城乡教育发展

夯实基础教育，调整学校布局，逐步形成高中段教育向县城（市区）集聚，农村初中段教育向乡镇集聚、小学及幼儿段教育向中心村集聚的学校建设格局。建设农村寄宿制学校。建立农村义务教育经费保障机制。推进农村中小学现代远程教育工程的建设和应用，充分利用信息技术手段，促进优质教育资源共享。建立农村学校高素质教师补充机制，吸纳大学毕业生到农村乡镇学校任教，优化教师队伍结构。建立教师合理流动机制，采取政策引导与激励措施，鼓励城镇学校教师下乡进村任教；统筹规划，保障经费，组织农村教师到县城或周边城市进修学习。构建城乡一体化教育救助体系，覆盖农村全部家庭和城镇困难家庭。建立进城务工人员子女就学保障机制，加强农村留守儿童管理服务工作，为农村留守儿童的健康成长提供教育保障和生活保障。大力发展职业教育，完善职业教育助学机制，资助引导更多的初中毕业生选择职业教育，积极整合职业教育资源。制定优惠政策引进职业培训名校，鼓励民间资本投入职业教育，支持职校开展教学创新，发展职业教育品牌，积极开发人力资源，为城乡一体化发展提供智力支撑。鼓励和规范社会力量兴办教育，积极推进农科教结合和"三教统筹"，大力开展农民实用技术培训，使农民掌握两项以上实用工作技能，拓宽转移就业渠道，提高增收能力。延长义务教育年限，从目前的九年扩大为2020年末的十二年，基本形成义务教育均衡化、高中教育普及化、职业教育多元化、成人教育终身化的现代国民教育体系。

（3）城乡卫生服务体系

加大投入、优化配置，建立健全城乡公共卫生体系、城乡医疗服务体系。重点加强农村疾病预防控制和卫生监督能力建设。加强疾控、医疗、卫生监督机构间的合作，提高应对突发性公共卫生事件的处理能力。着力改善农村村级卫生室医疗服务条件。建立较为完善的疾病预防控制网络，基本形成覆盖城乡的公共卫生服务体系。

（4）农村卫生环境

主要在生活垃圾收集、卫生厕所普及、粪便无害化处理、农民卫生知识普及等方面开展工作，以此推动农村环境整治，建设生态家园。

（5）城乡文体事业

以乡镇为依托，以村为重点，以农户为对象，建成"乡有站、村有室、组有户"的文化网络体系。鼓励民间艺术之乡、特色艺术之乡开展经常性的文化艺术活动。以建篮球场、乒乓球场、门球场为重点，大力加强村级公共体育场地建设。

（6）城乡科技服务体系

整合现有政务、公共服务应用系统和网络，以"三农"服务为中心，建立起县（市）、乡、村三级农村科技经济信息服务体系。认真实施科技支农助农工程。加快科技企业孵化器发展，构建创新创业服务体系。建立一批专业化科技服务中心和中介服务机构，为科技创新活动提供重要的支撑性服务。促进科技创新与金融创新相结合，建立科技投融资服务体系。努力构建政府投入为引导，企业投入为主体，金融信贷与风险投资为支撑，社会投入为补充的结构合理、渠道畅通、品种丰富的科技投融资体系。

（7）城乡邮政公共服务体系

加强邮政基础设施建设，建立覆盖城乡、方便快捷的邮政服务网络。在城镇地区，积极推进邮政服务进社区、进学校、进商厦；在农村地区，广泛建立"三农"邮政服务站，大力发展以农家店为载体的报刊发行、金融服务、农资配送等综合邮政服务体系。

6. 城乡配套政策一体化

（1）形成统筹城乡政策整体合力

围绕统筹城乡经济社会发展和群众生产生活的方方面面，制定出台相应配套政策，加大对农业、农村和农民的支持力度，形成统筹城乡的整体合力和良性发展的长效机制。

（2）清理消除歧视性政策

配套户籍制度改革，逐步取消依附在城镇户口上的劳动就业、社会保障、计划生育、退伍安置、子女入学、住房分配等附加利益。彻底清除对农村居民的歧视性政策，让农村居民与城镇居民平等享有改革发展成果和国民待遇。

（3） 调整强化惠农支农政策

强化财政支农政策，确保国家、省（自治区、直辖市）各项惠农、支农政策措施配套到位，建立起促进农民增收的长效机制。调整土地收益的取得、分配和使用政策，建立和完善支持农业、农村发展的新型土地收益分配制度。调整强化系列"三农"政策，将多予少取、反哺"三农"的转折性指导思想细化落实到农业发展、农村建设、农民进步的方方面面。

（4） 建立补充良性互动协调发展政策

制定鼓励社会资金投入城镇建设和新农村建设的优惠政策，加快农村基础设施改造步伐，探索建立有利于农村居民向城镇集中的长效机制。完善现行的农村土地家庭承包制度，依法探索建立有利于促进农业规模化经营、农业现代化发展、减少农业从业人口的新型土地承包经营权流转机制。探索建立新型农村宅基地和房屋产权管理制度。完善土地征用制度，积极探索建立土地收益分配新机制，研究多种补偿安置办法，切实解决好土地被征用农民的住房、社会保障、就业、子女就学等问题，使农民"失地不失业、失地不失利"。研究制定耕地占补平衡政策，合理解决城市化用地需求。

第3章
新经济条件下的区域可持续发展

一　新经济

（一）新经济的提出

1996 年 12 月 30 日，《商业周刊》第一次明确提出"新经济"概念，迈克尔·曼德尔在其上撰写了一篇名为"新经济的胜利：全球化和信息革命的回报"的文章，揭开了对新经济的讨论。1997 年美国经济的发展证明他的乐观观点基本是正确的，但主流经济学界不接受这种提法，特别是 1997 年美国股市随亚洲金融危机而出现一定调整，国际上对新经济的质疑声音更大。在此基础上，《商业周刊》总编斯蒂芬·谢波德于 1997 年 11 月 17 日刊登了"新经济究竟是什么？"，既作为对怀疑论者的反击，也作为对新经济的全面总结，他指出新经济的出现，令美国经济的潜在增长率增加了一个百分点。

1998 年 4 月 15 日，美国商务部公布了《浮现中的数字经济》的研究报告。这是美国政府关于信息如何决定新经济的一份全面报告，它第一次全面阐释了新经济的信息内涵，从而在知识经济的意义上提供了新经济的理论基础。

1999 年中期，东亚金融危机缓解，此时，美国商务部出版了第二份报告《浮现中的数字经济Ⅱ》，进一步确认美国出现了新经济，并对数字经济如何影响美国经济作了具体计算，引起了全世界的浓厚兴趣。欧洲、日本、东亚其他地区都在仿效美国的做法。2000 年 3 月，里斯本欧盟特别首脑会议提出"电子欧洲"的前景规划；2000 年，与信息产业发展失之交臂的日本决定将未来经济发展的重点放在信息产业。东亚其他地区也都在不同层面模仿美国的做法,如普遍模仿纳斯达克,建立二板市场等。

2000年7月,八大工业国高峰会议发表的题为《关于全球信息社会的冲绳宪章》,呼吁消除国际信息差别。"IT宪章"强调,信息通信技术是创造21世纪最强劲的动力之一,该宪章呼吁所有的人消除国际信息、知识差距;在持续刺激竞争、提高生产效率、促进经济增长、创造就业方面,信息技术具有极大的可能性;消除国内和国家间的信息差距,在各种课题中具有决定性的重要意义。解决这个问题,应该考虑到发展中国家多样性的条件和需求。国际金融机构要制订和实施有关计划。信息技术具有世界规模的广泛性,有必要作出世界规模的对应。为解决发展中国家的需求,要健全政策、法规和网络等环境,提高相互对接性,增加点击,降低费用,培养人才,鼓励参加世界性电子商务网络等。实际上,八大工业国高峰会肯定了美国在新经济方面的整套做法,接纳了美国做法作为国际标准。

(二) 新经济的内涵

综合经济界的权威观点,新经济可作如下表述:新经济属于知识经济范畴,是当代社会在高科技革命条件下进行的经济调整,它是以信息技术为主导,以多门类高科技产业为支柱,以全球经济为舞台,并在产业结构、企业组织、空间组织、经济体制和经济运行上都带有新特点的经济。在新经济中,信息科学技术,特别是数字信息技术起关键性作用,而生命科学技术、新能源和可再生能源科学技术、新材料科学技术、空间科学技术、海洋科学技术、有益于环境的高新技术和管理科学技术等七大高新科学技术的全面创新和产业化,也将起决定性作用。

由表3-1可以看出,新经济与传统工业经济的区别主要表现在:第一,新经济发展的可持续性。传统工业经济发展的基础以自然资源为主,特别是以石油、煤炭等不可再生资源为主,这些资源的有限性不仅制约了传统工业经济的可持续发展,而且使生产力表现为人对自然进行征服与掠夺的能力,因而使经济效益的大小、物质财富的多寡成为人们衡量生产力水平的唯一标准;人们过分注重从自然界得到了什么、得到了多少,却很少关爱养育了人类的自然界,人类的生存环境遭到严重破坏。"新经济"则以人的智力资源为主,而作为智力成果的知识具有可重复使用与可继承性,从而决定了知识

表 3 - 1　新经济与传统工业经济的区别

	新经济	传统工业经济
发展基础	以人的智力资源为主	以自然资源为主,特别是以石油、煤炭等不可再生资源为主
发展动力	人力资本的开发与利用	货币资本与物质资本的生产和积累
发展优势	可持续优势 ● 知识创造 ● 持续发展 ● 对市场的迅速反应	比较优势 ● 自然资源 ● 体力劳动者 ● 低成本生产
物质和通信	面向全球的物质和通信网络 ● 快速的人流、物流、资金流、技术流、信息流	面向国内的物质网络 ● 快捷的原材料和最终产品
人力资源	知识型劳动力 ● 弹性大、工作易变 ● 终身学习、终身教育	低技能、低成本的劳动力 ● 重复性劳动 ● 有限的教育和训练
生产系统	基于知识的生产 ● 持续创造 ● 知识是价值的来源	大规模生产 ● 劳动力是价值来源 ● 创新和生产的分离
生活方式	家庭办公、虚拟大学、虚拟工厂、网上购物、多媒体通信将成为时尚;休闲娱乐成为人们生活的主要构成部分	存在较大的空间距离,娱乐休闲时间较少

资料来源：于涛方，2003，有修改。

宝藏的无限增长和永续开发性。新经济时代人的生存环境成为影响智力资源开发的一个重要因素，因此，新经济可持续发展的基础是保护与优化生态环境，寻求人与自然界的和谐统一。第二，新经济发展以人为本。传统工业经济发展是以财富形态存在的货币资本与物质资本的生产和积累为基本动力，新经济的发展则以人力资本的开发与利用为基本运行动力，人的价值日益受到社会的广泛重视。第三，新经济的发展必将改变人们的生产与生活方式。当今世界科技日新月异，高科技成果向现实生产力的转化越来越快，初露端倪的新经济预示着人类的经济社会生活将发生新的巨大变化。信息高速公路的建立、网络经济的出现、便捷的通讯、发达的交通使世界逐渐"变小"而成为一个"地球村"，致使经济全球化潮流来势凶猛。生产者之间竞争的广度与深度和分工协作的广度与深度同时在加剧，按顾客要求生产个性化产品和坐在家里上班的理想正在得到实现。虚拟大学、虚拟工厂、网上购物、多媒体通信将成为时尚。显然，随着劳动生产率的提高，人们的闲暇时间会越来越长，人们将有条件接受更多的教育，享受更多的文化生活，人的全面发展将成为现实。因此，教育产业、文化产业、旅游产业将伴随高科技产业一同成长并成为新经济的有机组成部分。人们生活质量的提高是伴随生产方式与生活方式逐步改变而实现的。

（三）新经济条件下区域联系日益复杂

20 世纪后期的世界经济是在一对矛盾的支配下运行的，一方面以生产、贸易、投资越来越自由的全球性流动为代表的全球化（globalization），另一方面则是与地理环境和民族利益息息相关的本地化（localozation）（王缉慈，2001）。随着全球化进程的日趋加速、扩展和深入，全球化正在成为21 世纪最重要的特征之一。日渐完善的生产、市场、金融、服务、文化和政治等全球体系逐步在空间上将全球各个城市相连（赵云伟，2001）。Sassenm（1994）指出，当代全球经济主要具有以下三个特征：①全球流动的增加（无障碍的经济增长循环）；②经济的国际化（产品、资本和劳动力的国际化）；③权利的集中（指挥和控制权以及利益的聚集）。在经济全球化进程中，国家与国家、地区与地区之间的合作和竞争，越来越体现在城市之间的合作与竞争上。经济全球化主要通过国际劳动分工、国际投资和国际贸易三方面同时进行的（见图 3 - 1）。

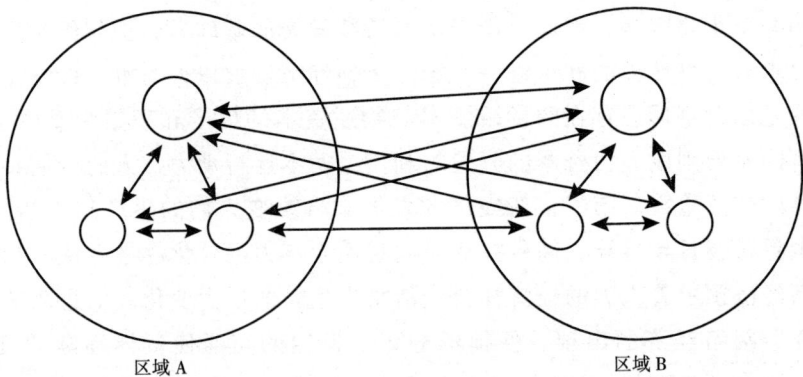

图 3 - 1　新经济条件下日益复杂的区域联系

资料来源：甄峰，2001；转引自刘荣增，2002。

国际劳动分工的发展和深化，促使世界贸易以超越世界经济（GDP）增长的速度迅猛扩大。特别在20世纪90年代以来世界贸易发展较快，据世贸组织的初步统计，1999年世界贸易总额达到6.8万亿美元，其中货物贸易额为5.46万亿美元（2008年世界贸易总额为15.775万亿美元）。1990~1999年世界出口贸易额年均增长6.5%、而20世纪80年代年均只增长3.8%。世界贸易占世界国内生产总值的比重由1990年的19%上升到1999年的23%。国际贸易对世界各国经济发展的影响越来越大，其出口贸易增长率的高低已成为衡量一个国家或地区经济活力的重要尺度。国际贸易额成为衡量一个地区或城市全球化指数指标和经济活力指标的重要组成部分。

世界金融市场的迅速扩大，表现在短期资金流动量以惊人速度增长，其规模比商品贸易额要大几十倍。从20世纪80年代中期到20世纪末国际直接投资进入了超高速增长期，流入发达国家的国际直接投资在1986~1990年间为10.3%。据统计，1985~1989年，国际直接投资年均增长速度高达21.6%，其中1985年、1988年的年增长速度分别高达30.8%和30.5%。国际直接投资从1983年的6000亿美元猛增到1999年的47593.33亿美元，年均增长高达888.28亿美元，年均增长率达14.8%。全世界对外直接投资累计已超过2万亿美元。据预计，今后10年，世界对外直接投资额累计达到6万亿美元。来自世界180多个国家和地区的投资者已在中国累计设立外商投资企业近35万家，合同外资金额超过6323亿美元，实际投入外资额3206亿美元。

国际贸易、国际金融和对外直接投资的迅速发展，是世界经济趋向国际化、全球化的重要标志。跨国公司的空前大发展，则对加速世界经济一体化、全球化进程起着关键性作用。1980年世界跨国公司只有1.5万家，其在国外的分公司约3.5万家，而到了1998年，世界上跨国投资的公司共4.4万家，而前100名的国际大公司，共掌握约1.7万亿美元，占4万多家跨国公司总资产的1/5，其在国外的分公司约25万家。跨国公司已控制着全球生产的40%左右，国际贸易的50%~60%，国际技术贸易的60%~70%，科研与开发的80%~90%，国际投资的90%（郜红华，1996）。由于跨国公司在全球资源配置中的主导作用，国际投资已经取代国际贸易成为推动经济全球化的最主要要素，说明参与经济全球化的主要途径是加强与跨国公司的合作与竞争。

跨国公司的活动越来越呈现出生产国际化、经营多元化、交易内部化、决策全球化的特点。总部设在发达国家的一些巨型跨国公司，依靠自己所拥有的雄厚资本和从事研究开发和管理的强大科技力量，在全球范围内组织生产、贸易、金融、服务等各种经营网络将国际间的经济关系转化为跨国公司的内部联系。在一些新兴工业化国家和地区，跨国公司也在迅速崛起，但其规模和影响尚不及前者。跨国公司资本的基本投向及其变化趋势，对世界各地区发展将产生重大影响。许多跨国公司的总部和分公司主要设在具有高度发达的金融、信息、咨询、管理、交通等多种服务功能的国际性大都市，有些世界城市成为控制全球经济活动的中心（Friedman，1982）。而其面向全球市场的下属生产厂家和贸易、服务网点则多散布于具有比较区位优势的较为广阔的地域空间，对各国（或地区）经济社会发展产生重要的影响。经济全球化和社会信息化使产业空间组织跨出国界，走向全球。我国加入 WTO 后，面临的合作伙伴和竞争对手主要是跨国公司。只有加强与跨国公司的合作，才能从真正意义上融入经济全球化的浪潮。近年来外资的大量投入和外贸的急剧增长已成为我国沿海地区迅速发展的重要因素。一些跨国公司分支机构比较集中的发达地区也正在逐步走向国际化。

随着世界贸易的不断增加和新的劳动地域分工的逐步形成，以及跨国公司对各国经济的不断渗透，城市在全球经济中所扮演的角色也由于相互间联系的广泛性而日趋重要，城市间的经济网络开始主宰全球的经济命脉。在这样一个全球化 - 地方化时代，区域与区域之间的相互联系（垂直和水平）呈现出相互交织的复杂局面，区域内外不同时期、不同要素之间的复杂结合重新对区域进行了修订。

但是，我们也应看到经济全球化对区域影响的差异，表现为经济相对发达地区所受到的影响大于经济不发达地区，边缘区（海陆边缘区）大于中部地区（李小建等，2000）。区域发展将呈现高度不平衡的状态，即便在一国之内，不同区域之间也常常是繁荣与衰退共存，发展与停滞同在，区域内主体之间的贸易与非贸易的相互依赖超越了地方自然禀赋而成为决定区域产业活力的关键（Krugman，1991）。Nijkamp（1994）指出，在全球经济时代，有着重要战略位置的区域将更多的是作为通信和交易极（communication and transaction poles）而出现。在全球化 - 地方化背景下，这些"新"的以城市为核心的区域正在变成"国际竞争下的核心"，但同时也更暴露于国际竞争更依赖于国际市场力，并受本土条件的影响与制约，这也意味着它们将成为全球化和地方化冲突的焦点（甄峰，2001）。此外，国家政策的差异，也可使那些开放程度较大的地区受到更为明显的国际影响。

二 新经济条件下中国可持续发展的紧迫性

新经济条件下区域发展将发生巨大变化，尤其是区域可持续发展将成为全球发展趋势。其紧迫性主要表现为：

（一）产业扩散缺乏空间依托

产业结构调整包括：一是产业内部特别是制造业内部技术结构的升级；二是三大产业之间比重的转移，第二产业特别是第三产业比重逐步提高。在发达国家，制造业内部技术结构升级通常是通过大城市将传统的或较低技术含量的生产扩散给中小城镇，从而为高新技术产业发展腾出空间，并实现一轮又一轮的结构升级。然而在中国，小城镇经济发展"土"味浓，产业以农产品加工为主，工厂在农村，职工是农民，小城镇的发展基本上还没有纳入城市现代化产业发展轨道，致使大中小城市的产业扩散缺乏空间依托，继而影响产业有序转移与可持续发展。

（二）人力资源开发缺乏潜在环境

由于农村的分散性以及农民收入的低水平，致使农村教育水平与城市存在着较大差距。此外，提高人的素质还有赖于很多因素：接近进步的人群，良好的公共秩序，享受先进的社会服务等等。与教育相比，社会事业在农村普及更加困难，医疗保健、卫生事业、图书馆、展览馆、音乐厅、动物园、现代体育设施等等，有些可以在中心村庄或集镇小规模、低水平发展，更多的公共服务设施由于起码的经济要求，不可能在农村地区发展。大部分农村居民没有机会切身感受现代社会的文明气息，更难以从中获得教益，人力资源开发受到很大的影响。

（三）农村环境状况不容乐观

环境问题包括两个方面：一是生态环境。1978 年以来，伴随着我国城市化进程加快的是乡村人口总量仍然在增加。1997年的乡村人口比1978年净增长7623万，同期耕地却由14.91亿亩减少到14.25亿亩，也就是说越来越多的乡村人口依赖于日趋减少的土地求生存，农民生存空间缩小，其后果必然是：为了生存，为了发展，农民不得不更高强度地开发利用资源，包括耕地过度施用化肥、农药，以及草原过牧，森林过伐，导致土地板结，地力下降，草原沙漠化，森林水源涵养力越来越低，洪涝灾害日趋频繁，生态环境日益恶化。二是工业污染。1995年，乡镇工业二氧化硫（SO_2）排放量占当年全国工业二氧化硫排放总量的28.2%，烟尘排放量占54.2%，工业粉尘排放量占68.3%，这些比重都呈逐年上升趋势。1998年，我国工业固体废物产生量8亿吨，其中乡镇工业产生量1.6亿吨，占20%，所占比重并不高。但是，在7034万吨的工业固体废物排放量中，乡镇工业所占比重却高达74.1%。乡镇企业污染使我国的环境问题由城市向乡村扩散，大范围、区域性污染是当今我国最难治理的污染（吉钠娜，2003；庞少静，2003）。

三　新经济条件下的中国可持续发展

（一）中国可持续发展的理论基础

1996年3月5~17日，八届全国人大四次会议在北京举行。李鹏代表国务院向大会作《关于国民经济和社会发展"九五"计划和2010年远景目标纲要的报告》。报告首次提出中国要实施可持续发展战略；坚持区域经济协调发展，逐步缩小地区发展差距；坚持物质文明和精神文明共同进步，经济和社会协调发展。

可持续发展理论与中国的实际相结合，逐步形成了以"五个统筹"为主要内容的科学发展观。科学发展观就是十六届三中全会提出的"坚持以人为本，树立全面、协调、可持续的发展观，促进经济社会和人的全面发展"，按照"统筹城乡发展、统筹区域发展、统筹经济社会发展、统筹人与自然和谐发展、统筹国内发展和对外开放"的要求推进各项事业的改革和发展。

（二）"五个统筹"

"五个统筹"是以胡锦涛为总书记的党中央领导集体对发展内涵、发展要义、发展本质的深化和创新，蕴涵着全面发展、协调发展、均衡发展、可持续发展和人的全面发展的科学发展观。

1. 五个统筹的内涵①

统筹城乡发展、统筹区域发展、统筹经济社会发展、统筹人与自然和谐发展、统筹国内发展和对外开放的要求，这五个统筹是实现科学发展观的根本要求。其实质，是在全面建设小康社会和实现现代化的进程中，选择什么样的发展道路和发展模式，如何发展得更好的问题。

统筹城乡发展，逐步改变城乡二元经济结构，是党和政府从全面建设小康社会全局出发作出的重大决策。我们必须统筹城乡发展，站在经济社会发展全局的高度研究和解决"三农"问题，实行以城带乡、以工促农、城乡互动、协调发展。具体来说，就是要加大对农业、农民、农村的支持力度；加快农业和农村的自身发展，有序推进城镇化；充分发挥城镇对农村的带动作用；统筹推进城乡改革，消除体制性障碍，逐步形成有利于城乡相互促进、共同发展的体制和机制。

统筹区域发展，就是实现地区共同发展。支持中西部地区加快改革发展，振兴东北地区等老工业基地，鼓励有条件的东部地区率先基本实现现代化，逐步形成东、中、西部经济互联互动、优势互补、协调发展的新格局。地区差距问题要在工业化、城市化和市场化的发展进程中逐步得到解决。在区域协调发展中逐步实现共同富裕。

统筹经济社会发展，就是在经济发展的基础上实现社会全面进步，增进全体人民的福祉，使经济发展与整个社会结构体系发展统一协调起来，共同加以推进。随着我国经济发展水平的进一步提高，社会问题、社会矛盾日益凸显。许多同经济转轨过程中政府职能不到位有直接关系，需要转变政府职能。社会保障、科学技术、文化教育、公共卫生和医疗等领域有其特殊性，政府必须承担起应负的责任。经济社会必须同步发展。

统筹人与自然和谐发展的实质，是人口适度增长、资源的永续利用和保持良好的生态环境。我国是人均资源比较少的国家，资源约束是伴随工业化、现代化全过程的大问题，工业化和城市化道路的选择，发展模式、发展

---

① 五个统筹的实质与内涵，http://hi.baidu.com/%D1%A9%D2%B9%C5%AE%BA%A2/blog/item/110352e7073ec52db8382086.html。

战略和技术政策的选择，乃至社会生活方式的选择，都必须考虑资源约束和环境承载能力（见图3－2）。

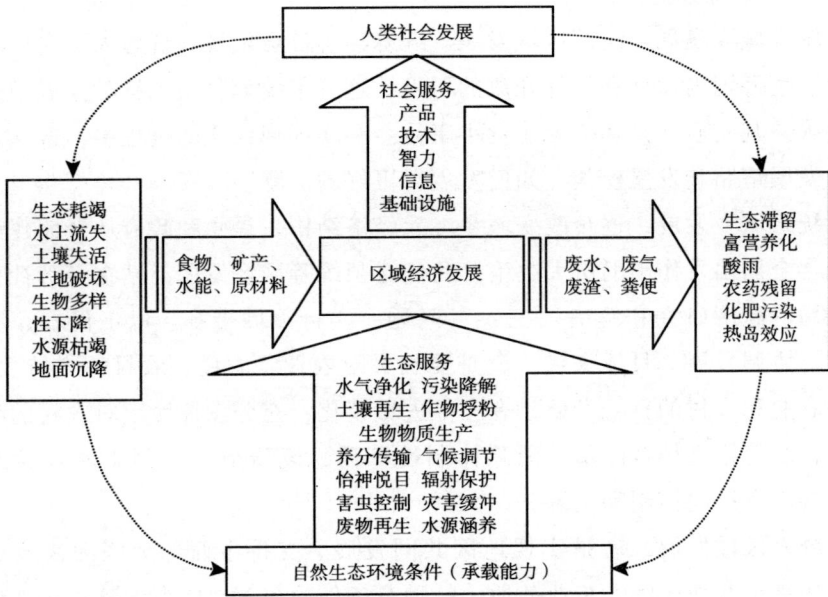

图3－2　人与自然和谐发展示意

统筹国内发展和对外开放要求的实质，是更好地利用国内外两种资源、两个市场，顺利实现中国经济的振兴。

王梦奎进一步指出，真正做到这"五个统筹"，还有赖于制度的创新，以及科学技术的进步。"五个统筹"是从全国总体情况提出来的，具有普遍指导意义。在实践中，由于发展阶段不同，地区发展水平各异，统筹协调的重点也有所不同。

2. 五个统筹的内容①

（1）全面发展是"五个统筹"的核心内容

"五个统筹"以经济、政治、文化的全面发展为主要内容，实现社会主义物质文明和精神文明的整体推进，以经济、社会、自然协调发展为途径，

---

① 把握"五个统筹"的科学发展观，http://news.xinhuanet.com/comments/2003－11/14/content_ 2783619_ 4. htm。

体现了中国特色社会主义社会全面发展的战略构想。

任何社会的进步都是经济、政治、文化协调发展的结果，经济是基础，政治是保障，文化是先导，三者紧密关联，互相渗透，相辅相成，统一于社会发展之中。我们必须牢固树立全面发展思想，才能不断促进经济更加发展，民主更加健全，科技更加进步，文化更加繁荣，社会更加和谐，人民生活更加殷实。

物质文明是人类改造自然的成果，表现为物质生产方式和物质生活的进步；精神文明是人类改造主观世界的成果，表现为社会精神产品和精神生活的进步。在建设中国特色社会主义过程中，社会主义物质文明为精神文明提供物质条件，社会主义精神文明为物质文明发展提供精神动力、智力支持和思想保障。二者互为条件、互为目的、相辅相成。

经济社会自然协调统一是"五个统筹"揭示的发展道路。发展是经济、社会和自然的协调发展，它包括物质生产的发展，科技、教育、文化、卫生的发展，自然资源的保护和生态环境建设等。社会生产力的发展是人类社会进步的最基本动力，经济发展是人类社会发展的基础；自然资源保护和生态环境建设是人类与自然和谐相处，改善人类生存环境，实现经济社会可持续发展的保证。在人类社会的发展中，三者互相依赖，不可或缺。

（2）协调发展是"五个统筹"的一条主线

协调发展既是"五个统筹"的立足点和着眼点，也是贯通和总揽"五个统筹"的基本点。"五个统筹"旨在解决经济社会发展中出现的各种各样的矛盾和问题，使城乡、区域、经济社会、人与自然和国内发展与对外开放达到协调发展的状态。只有协调发展，才能使事物及其内部诸方面保持量或质的平衡与适应的关系，使经济社会自然处于和谐状态。

协调发展是"五个统筹"的基本点。协调发展是社会系统和自然系统以及社会系统内部所包含的不同领域相互适应、相互促进、共同发展的状态，是经济、政治、文化相互协作、相互推动和国际间、区域间人口资源环境相互配合、相互影响而形成的结构合理、功能完备、速度相宜和效益兼顾的社会发展形态。

（3）均衡发展是"五个统筹"的关键环节

实行区域均衡发展是党的十六届三中全会《中共中央关于完善社会主义市场经济体制问题的决定》提出的经济发展的重要原则，是我们党实现全面建设小康社会目标的一条重要方针。"五个统筹"的重要目的之一是解决地区之间发展不平衡问题，这就需要实行新的区域发展模式。改革开放之初，我们实施了非均衡发展模式，使具有地缘优势且又得到国家政策支持的东部地区，先于中西部地区快速发展起来。但非均衡发展模式实施也造成了地区之间发展不平衡，社会矛盾日渐突出。基于此，十六届三中全会《决定》提出统筹区域发展，实行新的区域发展模式，坚持城乡协调、东西互动、内外交流、上下结合、远近兼顾、松紧适度的原则，标志着我国区域经济进入了一个全新的发展阶段。

梯度转移理论认为，任何国家在发展的某一阶段，由于受主客观因素影响，都会优先发展基础较好的地区，将有限的人力、物力、财力投向最有效率的区域，形成某些地区的"极化效应"，而当这些"增长极"达到经济高度发展阶段时，就会产生"扩散效应"，使生产力的分布趋于均衡化。按照这个理论，不同国家或一个国家的不同地区都处在一定的经济发展梯度上，由高向低传递资源和生产要素，构建均衡发展的经济格局。我国东部和中西部地区资源禀赋和工作基础有较大差异，这种差异决定了区域经济发展必须选择梯度转移的路径，通过东部向中部、西部转移和扩散资源、产业，发挥先进地区对落后地区的带动和辐射作用，逐步形成东、中、西三大经济地带，努力构建东部领跑、中部崛起、西部提速、东北振兴的发展态势。

新经济条件下实施均衡发展战略就是继续扩大东部地区开放，有效发挥中部地区综合优势，支持中西部地区加快改革发展，振兴东北地区等老工业基地，促进区域间生产要素合理流动和优化配置，实现各地区共同发展、共同富裕，确保各地区同步进入全面小康社会。

（4）可持续发展是"五个统筹"的重要支撑

高投入、高消耗、低产出、低质量、低效益一直是困阻我国经济发展的突出问题。我国能源综合利用率仅为32%左右，比国外先进水平低10个百分点，万元国内生产总值能耗比发达国家高4倍多，工业排污是发达国家的10倍以上，一些地区环境污染和生态破坏状况令人触目惊心，工业废物、大气污染、水污染、水土流失及土地荒漠化、草原沙化等现象日趋严重。同时，我国又是一个人口大国、资源小国，重要资源人均占有量远远低于世界平均水平，人口资源环境压力越来越大。我们只有挣脱传统的粗放型经济增长方式的束缚，实现经济增长方式的转变，才能可持续发展，只有实施可持续发展，才能更好地坚持"五个统筹"。因此,我们必须进一步深化体制改革,通过科技进步实现经济增长方式转变,促进经济社会可持续发展和社会的全面进步。

新型工业化道路坚持以信息化带动工业化,以工业化促进信息化,是一条科技含量高、经济效益好、资源消耗低、环境污染少、人力资源优势得到充分发挥的新型工业化路子,对经济发展和社会进步有着巨大的拉动和支撑作用。坚持"五个统筹",走新型工业化道路,必须加快科技进步,应用信息技术,提高资金投入产出率,优化资源开发,降低生产成本,提高能源、原材料的利用效率,减少资源占用与消耗,推行清洁生产、文明生产方式,发展绿色产业、环保产业、加强环境和生态保护,逐步实现经济持续发展、社会全面进步、资源永续利用、环境不断改善、生态良性循环的目标。

"统筹人与自然和谐发展",体现了可持续发展的实质。全面建设小康社会,实施可持续发展战略,必须正确把握和处理好近期与长远、局部与全局、经济发展与保护环境、节约资源的关系,实现人与自然的和谐统一。

（5）人的全面发展是"五个统筹"的本质要求

以人为本就是把人作为社会主体和中心,在社会发展中以满足人的需要、提升人的素质、实现人的发展为终极目标。着眼于满足人的经济、政治、文化生活的现实需要,坚持万物人为本、万事民为先的唯物史观,着力解决群众关心的热点、难点问题;摒弃传统的把人作为工具和手段的物本主义倾向,把人的发展作为最终目标;摒弃把经济增长指标作为唯一尺度,倡导把人的精神、文化和自身发展的实现程度作为衡量社会进步的根本标准。

（三）科学发展观

中国共产党十六届三中全会提出了科学发展观。中共十六届五中全会强调,要全面贯彻落实科学发展观,要坚定不移地以科学发展观统领经济社会发展全局。十六届六中全会也一再强调,解决我国经济社会发展中存在的诸多问题关键在于落实科学发展观。

1. 科学发展观的内涵

科学发展观就是坚持以人为本,树立全面、协调、可持续的发展观,促进经济社会和人的全面发展。其本质和核心是坚持以人为本。

（1）坚持以人为本是科学发展观的根本目的、本质和核心。以人为本,就是要把人民的利益作为一切工作的出发点和落脚点,不断满足人们的多方面需求和促进人的全面发展。

（2）促进全面发展是科学发展观的主要内容。科学发展观是物质文明、政治文明和精神文明的全面发展，是经济、政治、文化全面发展的发展观。

（3）保持协调发展是科学发展观基本原则。协调发展就是在发展中实现人与自然相互协调发展；人与社会相互协调发展；实行公正与效率、改革与稳定的协调发展，促进良性循环的发展。

（4）实现可持续发展是科学发展观的综合要求。可持续发展就是要保护环境资源和生态的承受能力，实现自然资源的有序利用和社会的有序发展。推动整个社会走上生产发展、生活富裕、生态良好的文明发展道路。

（5）实现经济社会更好更快地发展是科学发展观的实质。发展观的第一要义是发展，离开发展就无所谓发展观。坚持科学发展观，其根本着眼点就是要用新的发展思路实现更好、更快的发展。

（6）实现统筹兼顾是科学发展观的指导方针。统筹兼顾，就是要在发展过程中，正确处理改革、发展、稳定的关系，把改革的力度、发展的速度和社会承受度结合起来，协调好各种利益关系。在现代化建设的重要阶段，我们一定要处理好经济发展与社会发展的关系，处理好城乡发展、地区发展的关系，处理好不同利益群体的关系，处理好经济增长同资源、环境的关系，处理好改革发展稳定的关系，处理好物质文明建设同政治文明建设、精神文明建设的关系，还要处理好国内发展与对外开放的关系。

2. 落实科学发展观的意义

落实科学发展观，有利于全面建设小康社会。党的十六大提出全面建设惠及十几亿人口的更高水平的小康社会，是经济更加发展、民主更加健全、科教更加进步、文化更加繁荣、社会更加和谐、人民生活更加殷实的社会。只有牢固树立和认真落实科学发展观，才能求真务实地全面建设小康社会。

落实科学发展观，有利于构建和谐社会。促进社会和谐是我国发展的重要目标和必要条件。要按照以人为本的要求，从解决关系人民群众切身利益的现实问题入手，更加注重经济社会协调发展，加快发展社会事业，促进人的全面发展；更加注重社会公平，使全体人民共享改革发展成果；更加注重民主法制建设，正确处理改革发展稳定的关系，保持社会安定团结。

落实科学发展观，有利于应对我国经济社会发展中的各种风险和挑战。我国正处于并长期处于社会主义初级阶段，生产力还不发达，城乡区域发展不平衡；粗放型经济增长方式没有根本转变，经济结构不够合理，自主创新能力不强，经济社会发展与资源环境的矛盾日益突出；解决"三农"问题的任务相当艰巨；就业压力依然较大，收入分配中的矛盾较多；影响发展的体制机制问题亟待解决，处理好社会利益关系的难度加大。我们在前进的道路上还面临不少困难和问题。我们一定要立足科学发展，着力自主创新，完善体制机制，促进社会和谐，全面提高我国的综合国力、国际竞争力和抗风险能力，奋力把中国特色社会主义事业推向前进。

（四）中国区域协调发展

根据资源环境承载能力、发展基础和潜力，按照发挥比较优势、加强薄弱环节、享受均等化基本公共服务的要求，逐步形成主体功能定位清晰，实现东、中、西部良性互动，公共服务和人民生活水平差距趋向缩小的区域协调发展格局。

1. 实施区域发展总体战略

坚持实施推进西部大开发，振兴东北地区等老工业基地，促进中部地区崛起，鼓励东部地区率先发展的区域发展总体战略，健全区域协调互动机制，形成合理的区域发展格局。

推进西部大开发。西部地区要加快改革开放步伐，通过国家支持、自身努力和区域合作，增强自我发展能力。坚持以线串点，以点带面，依托中心城市和交通干线，实行重点开发。加强基础设施建设，建设出境、跨区铁路和西煤东运新通道，建成"五纵七横"西部路段和八条省际公路，建设电源基地和西电东送工程。巩固和发展退耕还林成果，继续推进退牧还草、天然林保护等生态工程，加强植被保护，加大荒漠化和石漠化治理力度，加强重点区域水污染防治。加强青藏高原生态安全屏障保护和建设。支持资源优势转化为产业优势，大力发展特色产业，加强清洁能源、优势矿产资源开发及加工，支持发展先进制造业、高技术产业及其他有优势的产业。加强和改善公共服务，优先发展义务教育和职业教育，改善农村医疗卫生条件，推进人才开发和科技创新。建设和完善边境口岸设施，加强与毗邻国家的经济技术合作，发展边境贸易。落实和深化西部大开发政策，加大政策扶持和财政转移支付力度，推动建立长期稳定的西部开发资金渠道。

振兴东北老工业基地。东北地区要加快产业结构调整和国有企业改革改组改造，在改革开放中实现振兴。发展现代农业，强化粮食基地建设，推进农业规模化、标准化、机械化和产业化经营，提高商品率和附加值。建设先进装备、精品钢材、石化、汽车、船舶和农副产品深加工基地，发展高技术产业。建立资源开发补偿机制和衰退产业援助机制，抓好资源枯竭型城市经济转型，搞好棚户区改造和采煤沉陷区治理。加强东北东部铁路通道和跨省区公路运输通道等基础设施建设，加快市场体系建设，促进区域经济一体化。扩大与毗邻国家的经济技术合作。加强黑土地水土流失和东北西部荒漠化综合治理。支持其他地区老工业基地的振兴。

促进中部地区崛起。中部地区要依托现有基础，提升产业层次，推进工业化和城镇化，在发挥承东启西和产业发展优势中崛起。加强现代农业特别是粮食主产区建设，加大农业基础设施建设投入，增强粮食等大宗农产品生产能力，促进农产品加工转化增值。支持山西、河南、安徽加强大型煤炭基地建设，发展坑口电站和煤电联营。加快钢铁、化工、有色、建材等优势产业的结构调整，形成精品原材料基地。支持发展矿山机械、汽车、农业机械、机车车辆、输变电设备等装备制造业以及软件、光电子、新材料、生物工程等高技术产业。构建综合交通运输体系，重点建设干线铁路和公路、内河港口、区域性机场。加强物流中心等基础设施建设，完善市场体系。

鼓励东部地区率先发展。东部地区要率先提高自主创新能力，率先实现经济结构优化升级和增长方式转变，率先完善社会主义市场经济体制，在率先发展和改革中带动帮助中西部地区发展。加快形成一批自主知识产权、核心技术和知名品牌，提高产业素质和竞争力。优先发展先进制造业、高技术产业和服务业，着力发展精加工和高端产品。促进加工贸易升级，积极承接高技术产业和现代服务业转移，提高外向型经济水平，增强国际竞争力。加强耕地保护，发展现代农业。提高资源特别是土地、能源利用效率，加强生态环境保护，增强可持续发展能力。继续发挥经济特区、上海浦东新区的作用，推进天津滨海新区开发开放，支持海峡西岸和其他台商投资相对集中地区的经济发展，带动区域经济发展。

支持革命老区、民族地区和边疆地区发展。加大财政转移支付力度和财政性投资力度，支持革命老区、民族地区和边疆地区加快发展。保护自然生态，改善基础设施条件。发展学前教育，加快普及义务教育，办好中心城市的民族初中班和高中班，加强民族大学建设和民族地区高等教育。

建设少数民族民间传统文化社区，扶持少数民族出版事业，建立双语教学示范区。加强少数民族人才队伍建设，稳定民族地区人才队伍。支持发展民族特色产业、民族特需商品、民族医药产业和其他有优势的产业。优先解决特困少数民族贫困问题，扶持人口较少民族的经济社会发展，推进兴边富民行动。继续实行支持西藏、新疆及新疆生产建设兵团发展的政策。

健全区域协调互动机制。健全市场机制，打破行政区划的局限，促进生产要素在区域间自由流动，引导产业转移。健全合作机制，鼓励和支持各地区开展多种形式的区域经济协作和技术、人才合作，形成以东带西、东中西共同发展的格局。健全互助机制，发达地区要采取对口支援、社会捐助等方式帮扶欠发达地区。健全扶持机制，按照公共服务均等化原则，加大国家对欠发达地区的支持力度。国家继续在经济政策、资金投入和产业发展等方面，加大对中西部地区的支持。

2. 推进大中小城市协调发展

新经济是以网络传输为主要通信手段的经济。与传统通信工具不同，网络传输使得世界各个角落大量的信息交换在瞬间完成成为可能。网络大大缩短了世界各国（地区）之间的距离，降低了相互交流的成本，为更大范围、更加细致的社会分工与协作创造了条件。网络将整个世界连成一体，世界各国之间的竞争更加激烈。在新经济时代，一方面，尖端的高技术需要借助发达的现代化的大都市来发展；另一方面，更加大量的一般产业，包括传统的制造业和服务业在空间选择上的自由度更大。他们可以在远离大都市的中小城市发展，而同样可以通过网络及时了解世界市场信息和技术动态，中小城市化是新经济时代城市化进程中的一种重要的空间组织形态（叶裕民，2001）。

3. 构建主体功能区

根据资源环境承载能力、现有开发密度和发展潜力，统筹考虑未来我国人口分布、经济布局、国土利用和城镇化格局，将国土空间划分为优化开发、重点开发、限制开发和禁止开发四类主体功能区，按照主体功能定位调整完善区域政策和绩效评价，规范空间开发秩序，形成合理的空间开发结构。

优化开发区域的发展方向。优化开发区域是指国土开发密度已经较高、资源环境承载能力开始减弱的区域。要改变依靠大量占用土地、大量消耗资源和大量排放污染实现经济较快增长的模式，把提高增长质量和效益放在首位，提升参与全球分工与竞争的层次，继续成为带动全国经济社会发展的龙头和我国参与经济全球化的主体区域。

重点开发区域的发展方向。重点开发区域是指资源环境承载能力较强、经济和人口集聚条件较好的区域。要充实基础设施，改善投资创业环境，促进产业集群发展，壮大经济规模，加快工业化和城镇化，承接优化开发区域的产业转移，承接限制开发区域和禁止开发区域的人口转移，逐步成为支撑全国经济发展和人口集聚的重要载体。

限制开发区域的发展方向。限制开发区域是指资源环境承载能力较弱、大规模集聚经济和人口条件不够好并关系到全国或较大区域范围生态安全的区域。要坚持保护优先、适度开发、点状发展，因地制宜地发展资源环境可承载的特色产业，加强生态修复和环境保护，引导超载人口逐步有序转移，逐步成为全国或区域性的重要生态功能区。

禁止开发区域的发展方向。禁止开发区域是指依法设立的各类自然保护区域。要依据法律法规规定和相关规划实行强制性保护，控制人为因素对自然生态的干扰，严禁不符合主体功能定位的开发活动。

实行分类管理的区域政策。①财政政策，要增加对限制开发区域、禁止开发区域用于公共服务和生态环境补偿的财政转移支付，逐步使当地居民享有均等化的基本公共服务。②投资政策，要重点支持限制开发区域、禁止开发区域公共服务设施建设和生态环境保护，支持重点开发区域基础设施建设。③产业政策，要引导优化开发区域转移占地多、资源消耗高的加工业和劳动密集型产业，提升产业结构层次；引导重点开发区域加强产业配套能力建设；引导限制开发区域发展特色产业，限制不符合主体功能定位的产业扩张。④土地政策，要对优化开发区域实行更严格的建设用地增量控制，在保证基本农田不减少的前提下适当扩大重点开发区域建设用地供给，对限制开发区域和禁止开发区域实行严格的土地用途管制，严禁生态用地改变用途。⑤人口管理政策，要鼓励在优化开发区域、重点开发区域有稳定就业和住所的外来人口定居落户，引导限制开发区域和禁止开发区域的人口逐步自愿平稳有序转移。⑥绩效评价和政绩考核，对优化开发区域，要强化经济结构、资源消耗、自主创新等的评价，弱化经济增长的评价；对重点开发区域，要综合评价经济增长、质量效益、工业化和城镇化水平等；对限制开发区域，要突出生态环境保护等的评价，弱化经济增长、工业化和城镇化水平的评价；对禁止开发区域，主要评价生态环境保护。

水源区经济社会可持续发展

第 4 章
南水北调中线工程水源区发展历史

理论源于实践，更重要的是指导实践。以南水北调中线工程水源区（以下简称水源区）为例，通过对其经济社会发展历史、现状的剖析，生态补偿长效机制的构建，城镇化的有序推进，经济社会可持续发展研究等等，以利于推动水源区经济社会环境健康协调可持续发展。

一　水源区发展历史

（一）远古时代

远古时代，水源区气候温和，雨量丰沛，森林密布，河流纵横，物产丰饶，自然生态条件极为优越，从而成为人类理想的居住地。现已发现的猿人遗址有：郧县猿人遗址、南召猿人遗址等，分别距今约 100 万年和 50 万年。远古时代，水源区已成为中国古代文明的发祥地。

在水源区旧石器时代文化遗址中发现的主要石器有锄、斧、锛、铲、凿、镰，说明新石器时代的水源区以农业为主，饲养猪、狗等家畜，渔猎也占重要地位。新石器时代文化遗址中稻类作物的发现说明水源区水稻栽培历史悠久，自古以来就是我国重要的稻作农业区，并已达到相当高的水平。

（二）商、周、秦、汉时期

《尚书·禹贡》划天下为九州，"华阳、黑水惟梁州"，"荆及衡阳惟荆州"，"荆、河惟豫州"，水源区地跨荆、梁、豫三州之地。

西周推行分封制，"封建亲戚，以藩屏周"。在唐河、白河流域建有申、吕等姜姓国，在今襄樊境内建有邓、谷、罗、鄂、卢、戎等国，十堰归麇子国。春秋时期，在秦巴境内有庸、楚、秦等国。春秋初期，庸国力量较强，盛时疆域西至安康石泉、汉阴，东抵郧、房，南达蜀界，一度成为巴山地区的强国。公元前 611 年，楚国联合秦国等，灭掉庸国，据有汉水上游大片土地，设置汉中郡加以管理，其范围包括今均、房、郧和安康东部。战国中期以来，秦、楚力量强大，水源区成为两国争夺较量之地。公元前 292 年，秦大将白起攻楚取宛，南阳盆地为秦控制。公元前 272 年，秦在南阳地区置南阳郡，这是第一次以"南阳"命政区地名。

公元前 221 年，秦灭六国，统一天下。随后秦始皇废西周分封制，将战国后期实行的郡县制推行到全国，分天下为三十六郡。水源区分属汉中郡、南阳郡、南郡、商县。如安康属汉中郡，南阳属南阳郡，襄樊属南郡。

秦朝末年，天下大乱。刘邦伐秦，经南阳，取汉中，入武关，攻占咸阳。楚汉之际，汉王刘邦以汉中、巴蜀为基地，明修栈道，暗度陈仓，北定三秦，揭开了楚汉战争的序幕。新莽末年，刘秀起兵南阳，中兴汉室，南阳有"南都"、"帝乡"之称。

春秋战国秦汉时期，水源区经济社会得到全面发展。南阳，古称宛，自战国起便是全国的冶铁中心。汉武帝实行盐铁官营，任用南阳大冶铁商孔仅为大农丞，领盐逸事，在此设立铁官。光武帝时，杜诗为南阳太守，发明水排，鼓风炼铁，冶铁技术达到了极高的水平。手工业的发展促进了商业的发达和城市经济的繁荣。《盐铁论》称"宛、周、齐、鲁，商遍天下，富冠海内"。汉元帝时召信臣为南阳太守，在任期间，劝课农桑，大兴水利，先后修成六门堰、钳卢陂等水利工程，南阳遂成为与关中郑国渠、成都都江堰齐名的全国三大灌区，农业经济颇为发达。光武帝时，南阳太守杜诗在境内修治陂池，广拓田土，"郡内比室殷富"。到汉顺帝永和五年（140 年），南阳郡人口多达 244 万，居全国诸郡之冠。秦时在安康中渡台设置西城县，派重兵镇守，中渡台在秦汉时被称为"秦头楚尾，一大都会。"

（三）三国两晋南北朝时期

三国时期，水源区属曹魏，在此设置南阳郡、南乡郡、襄阳郡、上庸郡、魏兴郡、京兆郡等。

　　汉末三国之际，以襄阳为首府的荆州，是当时政治家、军事家纵横驰骋的用武之地。顾祖禹在《读史方舆纪要》中称："襄阳北接宛洛，南阻汉水，其险足国，其土足食，天下之要领，襄阳实握之。"因此，居"水陆之衡，御寇要地"的襄阳，成为南北必争之地。如诸葛亮在著名的《隆中对》中提出了"跨有荆、益，二路北伐"的战略。

　　水源区不仅军事地位重要，而且人才辈出、群星荟萃。东汉末年，刘表任荆州牧，把首府设在襄阳，襄阳遂成为荆州八郡的政治、经济、文化中心。中原士人为避战乱，大量涌入荆州。当时的荆州首府襄阳可谓是人文荟萃，名士辈出，对三国时期的政治、经济、文化作出了重大贡献。

　　280 年，三国归晋统一。行政区划上属于水源区的行政建制有襄阳郡、西城郡、南乡郡、南阳国、义阳郡、顺阳郡、魏兴郡、上庸郡、上洛郡。永嘉之乱，晋室南渡，置侨州郡县，以安置北方流民，如襄樊境内就有雍州郡、京兆郡、扶风郡、始平郡。

　　魏晋南北朝时期，水源区经济社会得到进一步发展。东汉末年，北方战乱不休，而此时刘表统治的荆州相对安定，北方人民为避战乱，大量涌入荆州，所谓"关中膏腴之地，顷遭荒乱，人民流入荆州者，十万余家"[①]，即其写照。流入荆襄地带的北方人民为水源区增添了大量劳动力，使荆州地区经济有了较大发展。安康月河川道一带，也是黄壤沃衍、桑麻列植之地，故孟达上书诸葛亮，盛赞其"川土沃美"。东晋南北朝时期，历朝均在襄阳屯田，兴修水利。到南朝萧齐时期，"襄阳左右，田土肥良，桑梓野水，处处而有"[②]，襄阳不仅成为兵家必争的军事要地，而且也是水源区重要的农业区和经济重镇。

（四）隋唐时期

　　589 年，隋灭陈，重新实现了国家统一。隋初沿袭齐、周时期的州、郡、县三级制，开皇三年（583 年），隋文帝裁并郡县，实行州、县二级制，以州统县。隋炀帝大业三年（607 年）改州为郡，以郡统县。当时全国共置190 郡，1225 县，水源区所属的州郡有：襄城郡、襄阳郡、南阳郡、汉东

---

① 《三国志·卫觊传》。
② 《南齐书》卷15《州郡志》。

郡、房陵郡、淮安郡、淅阳郡、汉阴郡、舂陵郡、汉川郡、上洛郡、西城郡、宕渠郡、通川郡、河南郡。

唐太宗贞观元年（627年），依据山川形势把全国划分为十道，分道监察地方事务，水源区地属山南道。开元二十一年（733年），唐玄宗置十五道，山南道分东、西二道，山南东道治襄州、均州、房州、鄂州、唐州、邓州、金州等，管辖范围大致相当于今湖北襄樊、十堰，陕西安康，河南南阳等地；今商洛地区归山南西道。

隋唐时期，由于国家统一，社会稳定，水源区经济也进入繁荣时期。入唐后，稻作农业取得了超越前代的发展。水源区以山地、丘陵为主，为茶叶、果树、花卉、药材、桑麻等经济作物的种植和多种经营的发展提供了条件。如入贡朝廷的名茶——紫阳茶等。

农业的繁荣为水源区城镇发展奠定了坚实的基础。襄州漆器、宜城酒等拳头产品，名满天下。金州、商州的金矿开采也颇具规模。李白《南都行》诗云："白水真人居，万商罗廛圜，高楼对紫陌，甲第连青山"，生动形象地描绘了南阳工商业的繁荣景象。曾作过金州刺史的姚合在诗中盛赞安康"井邑神州接，帆樯海路通。溉稻长川白，烧林远岫红"。

"安史之乱"期间，为确保江淮财赋之地，山南东道节度使鲁炅坚守南阳一年，南阳失陷后又退保襄阳，阻止了叛军南下；两京地带人民避乱南迁，多从襄州经过，襄阳便成了北人南迁途中重要的中转站。襄州开元户36357户，元和时升至107107户。唐后期，骄藩跋扈，汴运、淮运受阻，汉沔道便成为朝廷转输江淮财的生命线。肃宗末年，江淮粟帛，多由"襄、汉越商于以输京师"。德宗建中四年（783年），淮西李希烈叛乱，进攻郑、汴，于是江淮路绝，"朝贡皆自宣、绕、荆、襄趣武关"。一旦襄、邓失守，则"朝廷旰食"。水源区城镇在中晚唐时期的重要地位由此可见一斑。

（五）宋元明清时期

宋代实施路、府（州、军、监）、县三级政区。宋初（997年）全国设置15路。宋神宗熙宁七年（1074年），全国分为23路，水源区分属京西南路、陕西路。京西南路下辖8州30县，属于水源区的有：襄州襄阳郡，治襄阳县；邓州南阳郡，治穰县；金州安康郡，治西城县；房州房陵郡，治房陵县；均州武当郡，治武当县；鄂州富水郡，治长寿县。所辖区域大体为今襄樊、十堰、南阳、安康等地。陕西路，属于水源区的有商州上洛郡，领上洛、商洛、洛南、丰阳上津等五县。

宋时水源区经济又有了新的发展。荆襄之间，是水源区经济最发达的地区，《宋史·朱震传》载："荆襄之间，沿汉上下，膏腴之田七百余里。"例如襄州，"风物秀美，泉甘土肥"，"尽是桑麻之野，亦为鱼稻之乡。"① 均州（今十堰一带）乃"鱼稻之乡"，"桑麻蔽山，衣食自足。"② 均为重要的粮食基地。北宋政府在唐、邓两州（今河南南阳）实行"招徕垦殖"政策，修复钳卢陂等水利工程，全境"禾稼大熟"，升为望郡。

元朝统一中国后，在地方上推行行省制度，设"行中书省"（简称"行省"）作为地方最高行政机构，行省下面有路、府、州、县等地方机构。元代在全国设置了10个行省，水源区分属河南、陕西两个行省。具体情况为，今南阳、襄樊、十堰等地市属河南江北行省，元政府在此置有河南府路、南阳府、襄阳路等。今安康、商洛属陕西行省，在此置有奉元路、兴元路。

明清两代在地方行政区划上承袭元制，只是略变名称而已。朱元璋洪武九年（1376年），变元代行中书省为承宣布政使司，在全国设置了十三个承宣布政使司，水源区分属湖广、陕西、河南三个布政使司。属陕西布政使司的有兴安州（今安康）、西安府下辖的商州（今商洛）。属河南布政使司的有南阳府等。在元代属于河南江北行省的今襄樊、十堰，在明代划归湖广承宣布政使司管辖，在此置有襄阳府、郧阳府、承天府、德安府。清代又改明代的布政使司为省，实行省、府（直隶厅、直隶州同府）、县（散厅、散州同县）三级制，水源区属湖北、陕西、河南三省。襄阳府、郧阳府（今十堰）属湖北，兴安府（今安康）、商州直隶州（今商洛）属陕西，南阳府属河南。

元明清三代，随着中国古代经济中心南移的完成，水源区经济社会发展大不如前，但也并非完全停滞。比如，在宋金对峙、宋元之际处于抗金、抗元前线的荆襄之地，长期以来饱受战火摧残，在元初奖励垦殖政策的鼓励下，经济迅速得到了恢复，出现了"民生日集，丛蓁灌莽，尽化膏沃，价倍十百"的兴盛局面。自元代起，襄阳虽已失去长期作为一级行政

---

① 《襄阳府》，《舆地胜览》卷32。
② 《均州》，《舆地胜览》卷85。

区的地位，但仍保持了"汉晋以来代为重镇"的地位，是水源区最为重要的区域中心，明清以来，有"南船北马"、"七省通衢"之称。又如明清时期的南阳，是通往西南的驿道要冲，是豫西南的经济中心，山、陕、江、浙会馆遍及全区，商贾云集，城市（镇）经济十分繁盛（见表4－1）。

表4－1　明清时期南阳盆地城镇发展状况

类型		特征	主要集镇
商业集镇	一般集镇	数量多，布局简单，主要进行农副产品和日常用品交易	光绪年间南阳县的47个集镇中，铺户在20家以下的一般集镇有37个：柏树坟、禹王店、玉皇庙、金华镇、火烧庙、包营、界冢、龙桥、三十里屯、栗河店、茶庵、余店、刘集、青台、桥头、博望、秦王庙、广阳店、柳河集、石门、三岔口、潦河坡、掘地平、蒲山店、槐树集、王村铺、西辛店、十二里河、下范营、宋马营、冯集、李堂、长禅庵、陆官营、马集、青华镇、程官营
	地区农副产品集散地的集镇	主要位于水路要冲或陆路交汇要道，固定店铺、作坊多，人口多，布局整齐，有一定的市场影响范围	铺户一般在20家以上。如南阳县的大故冢、双桥铺、瓦店、新店、安皋、潦河等集镇；内乡县的马山口镇（药材集散地）
	地区贸易中心的较大集镇	一般位于水陆要冲，规模较大，商贸辐射范围广，以转手贸易为主，货物流通量大，与外界联系广	淅川县的紫荆关镇、李官桥镇、南阳县的赊旗镇、唐河县的源潭镇等
手工业集镇		规模小，生产能力低，发展不充分，依附于农业	赊店镇的酿酒业，以丝为大宗的南阳县城关及三岔口、柳河集、南河店，以布为大宗的石桥，以醋为大宗的界土冢等集镇
交通集镇		水陆运输或陆路运输便利，有力地促进了商业发展	如南阳县47个集镇中，20个位居陆路交通要道，10个位居水陆交通要道

资料来源：江凌：《明清时期南阳盆地城（集）镇职能组合结构探析》，《地域研究与开发》2004年第3期。

（六）民国时期

民国时期军阀割据，战乱频繁，水源区是国民党统治者管理最为薄弱的地区之一，也是政府投资最少的地区之一，被称为"三不管"地带，致使水源区经济社会发展迟缓，生态环境遭受严重破坏，城镇发展滞缓，并与全国其他地区逐步拉开了距离，一直到 1949 年水源区仍没有一个建制市（顾朝林等，2002）。革命战争时期水源区先后成立了鄂豫边特委（1928 年）、鄂豫边临时工委（1936 年）、豫西南工委（1947 年）等革命组织，贺龙、邓中夏率领的红三方面军在水源区建立了武当山革命根据地，李先念、刘伯承、邓小平等领导的革命武装在水源区开辟了鄂豫陕革命根据地，水源区现为全国革命老区之一。

（七）新中国成立以来

新中国成立后至 1978 年，由于实行高度集中的计划经济，水源区之边缘效应完全屏蔽，经济社会发展停滞不前，城镇发展缓慢。尽管"三线"建设时期，国家对水源区进行了较多投资，但"三线"建设遵循"靠山、分散、进洞"的布局原则，投资极为分散，所建厂矿企业呈孤立的"嵌入"式发展，"工厂办社会"，经济效益较差，对周边地区发展带动作用较小，对城镇发展也没有起到相应的推动作用。因此，三线建设时期水源区城镇发展的特点为：老城镇无力发展；政策推动型城镇呈孤立"嵌入"式，与周边地区很少联系，或者说城乡之间呈完全隔离状态，城镇发展缺乏原动力，周边农村地区缺乏能够有效带动经济社会发展的"火车头"。例如，十堰市的形成发展就是一种孤立"嵌入"式城镇，对周边农村地区发展带动能力较弱，目前"二汽"总部及相关主要公司逐步外迁武汉、襄樊等地。水源区成为我国重要的贫困集中连片区之一。

改革开放以来，社会主义市场经济体制逐步建立完善，为水源区边缘效应的发挥创造了条件。然而，由于水源区交通不便，基础设施落后，加上观念滞后和封闭意识，严重影响边缘正效应的显现。地方保护主义严重，乡镇企业布局分散，"三废"物质随意排放，乱垦滥伐现象屡见不鲜，自然生态环境日趋恶化，严重制约着水源区经济社会的快速发展与城镇化的有序推进。

1958 年，水源区只有 3 个县级市，这种格局一直延续到 1983 年（"边缘效应"屏蔽阶段结束）。改革开放以后，随着社会主义市场经济体制的逐步建立，水源区人流、物流、资金流、技术流、信息流、生态流流量逐步增大，边缘效应显现，水源区经济社会环境得到较快发展，中小城镇逐步兴起。截至 2008 年年底，水源区有 6 个地级市，5 个县级市。其中，大城市 1 座（襄樊），中等城市 2 座（南阳、十堰），小城市 8 座。2008 年年底，水源区总人口达 2919.57 万人，GDP 为 3894.8 亿元，人均 GDP 13340 元，三次产业结构比为 19.9∶46.6∶33.5，水源区经济社会环境持续协调发展。

二　水源区现状特征

（一）边缘耦合地带

从行政边缘区来看，水源区即河南、湖北、陕西三省之间的省际边缘区；同时，该区域还处于我国中部地区与西部地区的交接地带。从地理边缘区来看，水源区地处我国南方地区与北方地区的过渡地带——秦岭、淮河一线，具有明显的南北交汇、东西交融特征；同时，水源区还处于山地（秦巴山地）平原（南襄盆地）边缘区、山地与山地间的边缘区（汉水谷地）的耦合地带。

（二）生态环境脆弱

水土流失问题突出。水源区水土流失面积达 49052.7 平方公里（不包括神农架林区），占水源区土地总面积（115300 平方公里）的 42.54%。水源区各地市水土流失情况如下：商洛地区水土流失面积 7099 平方公里，占土地总面积（19293 平方公里）的 36.79%（商洛地区行政公署，1997）；南阳地区水土流失面积 7995.7 平方公里，占土地总面积（26600 平方公里）的 30.01%（郭荣朝，2003）；安康地区水土流失面积 13239 平方公里，占土地总面积（23391 平方公里）的 56.6%（安康市规划局，2002）；汉中水土流失面积 8249 平方公里，占土地总面积（27246 平方公里）的 30.3%；十堰水土流失面积 11745 平方公里，占土地总面积（23680 平方公里）的 49.6%；襄樊水土流失面积 8974 平方公里，占土地总面积（19724 平方公里）的 45.5%。

（三）经济社会发展落后

经济社会发展落后。2000 年水源区 40% 以上的县（林区）GDP 不足 10 亿元，20% 的县（林区）GDP 不足 5 亿元，镇坪县 GDP 只有 1.43 亿元。这些县主要集中于秦巴山区，原属国家级贫困县，也是国家级贫困县集中连片地区之一，经济发展缓慢。现在水源区部分山区县仍未完全脱贫，一些地区脱贫尚不巩固且极易出现返贫现象。

产业结构落后。2008 年水源区第一产业、第二产业、第三产业比例构成为 19.9∶46.6∶33.5，产业结构水平不仅落后于东部沿海发达地区，更落后于世界发达国家与地区。而且产业链条很短，农业产品多以原材料销往其他地区再进行加工销售。

交通设施落后。水源区自然条件差，主要以山地丘陵为主，致使其交通仍比东部发达地区不便，铁路、公路在总体上等级低、路况差、运输能力低，并存在由于行政分割而导致的"断头路"等。

文教科技落后。水源区自然条件差，基础设施落后，经济发展水平低，严重制约着当地文化教育的发展。2000 年水源区的十堰市、安康市、商洛地区的文盲率分别为 12.84%、13.9%、9.78%。教育发展滞后，文盲、半文盲人口所占比例较高，固守中庸，观念滞后，又进一步影响当地科技水平的提高。

（四）　对外联系交流较少

由于水源区在经济发展、产业结构、交通设施、文教科技等方面的落后性，导致其市场发育程度极低，社会活动的封闭性极强。在水源区的贫困县经济中，自然经济和半自然经济占很大比重，农产品的商品率很低，商品市场虽然存在，但发展缓慢；要素市场才开始发育，整个市场体系不健全、不完善：市场的物质基础极为落后，市场化水平的提高受到很大限制。与此同时，人们的社会活动范围也极其狭窄，长年累月被封闭在一村一乡、一山一沟内，从而形成了保守、愚昧、固守传统、不思脱贫等贫困文化特征。

（五）　内部联系历史悠久

水源区内部联系历史悠久。襄阳素有"南船北马"、"七省通衢"之称，自古以来就是水源区人流、物流、资金流、信息流、技术流的集散中心，在水源区社会经济文化发展过程中占有举足轻重的地位。南阳素有"陪都"、"帝乡"之称，是通往西南的驿道要冲，也是豫西南的政治、经济交通中心。

改革开放以后，水源区于 20 世纪 80 年代中期成立了经济技术协作区，即中国中西部经济技术协作区，进一步加强了水源区内部联系（见表 4－2）。

表 4 − 2　20 世纪 80 年代水源区历届物资交流会情况

届次	举办时间	地点	参加代表(人)	物资成交额(亿元)	达成协作项目(个)	资金拆借(亿元)
第一届	1986 年 4 月 21 日	襄樊市	6000	3.5	92	1.7
第二届	1987 年 4 月 21 日	南阳市	11000	7.3	75	1.8
第三届	1988 年 4 月 21 日	十堰市	4000	6.8	144	1.015

资料来源：鄂豫陕毗邻地市经济技术协作区协调委员会联络处：《鄂豫陕毗邻地市经济技术协作区概况》，1990。

　　南水北调中线工程水源区的经济社会发展历史充分说明：社会稳定，政府重视，政策得当，"边缘效应"显现，经济社会快速发展，城镇得到有效建设；政府不重视水源区的经济社会发展，政策不当，社会不安定，"边缘效应"处于屏蔽状态，生态环境遭到严重破坏，城镇发展极为缓慢，经济社会发展进入低谷时期。

　　因此，水源区生态补偿机制构建与经济社会环境可持续发展研究具有典型的示范作用，有利于生态脆弱的落后的水源区（边缘区）经济社会环境的持续协调发展，并使其逐步进入互利共生和协同进化发展状态；有利于将被动式救济扶贫转向自主开发式脱贫致富；有利于西部大开发和中部崛起战略的顺利实施；有利于水源区与受水区经济社会协调发展；有利于淡化行政区经济，形成统一开放的市场；有利于整合区域优势，提高区域综合实力和区域综合竞争能力。

第 5 章
南水北调中线工程水源区生态环境
容量与补偿机制构建

南水北调中线工程一期从汉江中游丹江口水库引水，经河南穿黄河，最后至河北、北京、天津，二期将从长江干流三峡水库引水，经汉江、丹江口水库、河南、河北到北京、天津，建设工期 8 年，总投资 920 亿元，2003 年开工建设。水源区内部经济社会发展差异较大，襄樊、南阳经济发展水平较高，商洛等地经济发展水平较低（见表 5 - 1）。2008 年商洛市人均 GDP 只有7291 元，只有全国平均水平（22640 元）的 32.2%，尤其是一些山区县人均GDP 水平更低。水源区北依秦岭，南靠大巴山，区内原有国家级贫困县近 20个，加之农村剩余劳动力的滞留，致使乱垦滥伐现象时有发生，水土流失严重，灾害频繁，水源区生态环境极其脆弱。

表 5 - 1　2008 年水源区经济社会发展情况一览

地区名称	总人口(万人)	GDP(亿元)	人均 GDP(元)
汉　　中	380.14	352.61	10049
安　　康	265.71	233.7	8802
商　　洛	238.96	174.04	7291
襄　　樊	584.38	1002.46	18458
十　　堰	351.03	487.6	13891
神 农 架	8.04	7.96	9917
南　　阳	1091.31	1636.43	16367
总　　计	2919.57	3894.8	13340

一 水源区生态环境容量有限

（一）生态环境承载能力有限

水源区山高坡陡，各类资源数量有限。一方面，随着人口数量不断增多，人均资源数量逐年减少，生态承载能力已达到极限。例如，水源区人口从 2000 年的 2722.27 万人增加到 2006 年的 2915.06 万人，净增 192.79 万余人，年均增加 32.13 万人。另一方面，由于退耕还林政策实施和非农用地面积增加等原因，耕地面积逐步减少，水源区耕地由 2000 年的 3867.86 万亩减少到 2006 年的 3848.77 万亩，净减耕地 19.09 万亩，年均减少 3.18 万亩。水源区人均耕地面积也由 2000 年的 1.42 亩减少到 2006 年的 1.32 亩（见表 5－2）。水源区耕地多为坡地，承载能力极为有限。例如，安康市川地（平地）只占耕地总面积的 1.67%。

表 5－2 水源区人均土地资源变化情况一览

地区名称	2000 年			2006 年		
	总人口（万人）	耕地面积（万亩）	人均耕地（亩）	总人口（万人）	耕地面积（万亩）	人均耕地（亩）
汉　　中	347.8	293.49	0.84	378.17	303.23	0.80
安　　康	267.1	760.00	2.85	297.15	585.68	1.97
商　　洛	234.5	298.12	1.27	242.74	290.85	1.20
襄　　樊	565.67	923.21	1.63	578	920.00	1.59
十　　堰	341.7	272.31	0.80	346	330.00	0.95
神农架	7.8	12.52	1.61	8	9.31	1.16
南　　阳	957.7	1308.21	1.37	1065	1409.70	1.32
合　　计	2722.27	3867.86	1.42	2915.06	3848.77	1.32

注：南阳、襄樊两市范围内平原、丘陵占较大比重，人均耕地面积较多。

（二）产出差距逐步拉大

诸多原因，使水源区生态环境容量达到极限，最终导致水源区产出与其他地区相比增加幅度较小，增加值差距呈逐年拉大趋势。例如，商洛市

2000 年 GDP 为 44.76 亿元, 人均 GDP 1908 元, 与全国平均水平 (2000 年为 7066 元) 相差 5158 元; 2006 年商洛市 GDP 为 242.74 亿元, 人均 GDP 4703 元, 与全国平均水平 (2006 年为 15973 元) 相差 11270 元, 其间差距由 5158 元扩大到 11270 元。尤其是一些山区县人均 GDP 与全国人均 GDP 平均值之间的差距快速拉大, 与发达地区的差距则更大。水源区产出与其他地区的差距越来越大。

(三) 生态环境遭到严重破坏

水源区生态环境破坏严重, 主要表现在以下四个方面。

1. 水土流失严重

水源区水土流失面积达 57301.7 平方公里 (不包括神农架林区), 占水源区土地总面积的 40.2%。部分地区更为严重。

2. 工业污染问题堪忧

截至 2000 年底, 水源区基本实现了 "一控双达标" 计划目标。但还存在一些不容忽视的问题, 地方保护主义使一些早该关停的 "十五小" 企业仍在继续生产, 继续排污, 出现这种情况令人担忧[①]。

3. 农业污染问题突出

工业 "三废" 对农业环境的污染由局部向整体蔓延; 农药、化肥污染现象普遍存在; 农业废弃物污染日益突出; 农产品污染状况不容乐观 (郭荣朝, 2005)。

4. 城镇环境质量较差

水源区城镇规模小, 乡镇企业布局分散, 规划布局缺乏科学性, 给城镇生态环境造成严重影响和破坏, 城镇生态系统极其脆弱。例如, 安康市区工业废水、生活污水及各种废弃物随意排放和堆放, 加之主导风向、地下水流向和城市发展方向相矛盾, 造成城市环境质量明显下降 (郭荣朝, 2005; 赵光耀, 赵兴华, 王答相, 2003)。

(四) 生态环境脆弱成因

过去, 由于人们不顾山区特点, 大搞劈山造田, 毁林垦荒, 与山争地,

---

① 《南水北调中线工程渠道——炼钒污染何时休?》, http://news.sohu.com/2004/04/25/34/news219943494.shtml。

使许多低山、丘陵失去了绿色覆盖，原始森林向深山退缩，致使南水北调中线工程水源区自然生态系统遭到严重破坏，生态环境极其脆弱。

1. 市场层面

生态环境是一种典型的公共物品，环境污染是一种外部效应，其内部化包含很高的交易费用，涉及众多的污染者和被污染者，治理环境污染不能由自由市场提供，因为任何人不能从受益中排除，也没有人会付款。市场失灵是生态环境恶化的重要原因之一。因此，在经济利益驱动下，一系列短视计划和急功近利的市场行为相继出现，从而造成生态环境问题日益严重。据调查，汉江流域的陕南地区长时间遭受工业污染以及生活废水、垃圾污染，尤其是数百家皂素生产企业大多数未达标排放污水，造成地下和地表水体严重污染①。

2. 管理层面

市场失灵就需要政府有效干预，然而政府在干预过程中，执法权力和责任分散，职能部门间分工不明，严重影响环保执法效果或者在制定政策时出现失误，造成管理缺陷，这是造成南水北调中线工程水源区生态环境恶化的另一重要原因。例如，神农架林区在 20 世纪 60 年代的定位是木材基地，20世纪 70 年代是砍伐高峰期，最高年份达 11 万多立方米商品材，加之砍伐缺乏科学性，路修到哪里就砍到哪里，而且基本上是全部砍光，10 年间森林覆盖率锐减 11.6%，造成严重的水土流失。从 20 世纪 80 年代初开始，水源区与全国一样，各种工业项目纷纷上马，乡镇企业异军突起，同时对生态环境也造成严重污染。

3. 道德层面

市场失灵，管理缺陷，道德力量是最后一道防线，然而道德前景却不容乐观。企业"三废"排放隐蔽，有法不依，拥有"三废"处理设施而不用等现象屡见不鲜。由于人的无限欲望，使得环境污染与生态危机的出现不可避免。当代人之间能否公平地分配环境保护的成本与利益，能否建立一套鼓励人们环保行为的制度体系，直接决定着人与自然和谐目标的实现。

---

① 孟凡旺：《南水北调中线水源地污染严重保护迫在眉睫》，http：//www. wh – swjt. cn/shownewsinfo. asp？NewsId = 766。

4. 人口层面

市场失灵、管理缺陷、道德防线崩溃，大量农村剩余劳动力就成为生态环境的直接破坏者。乱砍滥伐，"三废"物质随意排放，乡镇企业"唯利是图"、分散布局等使南水北调中线工程水源区形成"越垦越贫，越贫越垦"的恶性循环状态，生态环境问题也越来越严重。

二　水源区生态环境保护理论

（一）生态学原理

生态学概念首先是德国生物学家赫可尔（Ernst Haeckel）于 1869 年提出，他将生态学定义为：研究生物与环境之间相互关系的科学（E. P. Odum，1981）。1898 年波恩大学 A. F. W. Schimper 教授的《以生理为基础的植物地理学》和 1909 年丹麦植物学家 E. Warming 的《植物生态学》两书的发表，标志着生态学作为一个独立学科的诞生（孔繁德，2001）。现代生态学主要包括种群生态学、群落生态学、生态系统生态学和景观生态学等内容。

1. 种群生态学

种群（population）是指在特定时空内同种个体的集合。种群生态学是研究种群与环境之间相互关系的科学，研究的重点是种群的时空分布和数量动态变化规律及其调节机制。人类只有掌握了自然种群的空间特征、数量特征、遗传特征和动态规律，才能科学利用生态规律开展各类经济社会活动，推动经济社会环境持续和谐发展。

2. 群落生态学

生物群落是指在特定时空内的各种生物种群有规律的组合体。主要包括：植物群落、动物群落和微生物群落。群落生态学是研究生物群落与环境相互关系及其规律的科学。生物群落的空间结构特点表现为：垂直结构指垂直方向上的成层现象，是生物充分利用空间的自然选择的结果；水平结构指群落配置或水平格局。

3. 生态系统生态学

生态系统生态学（ecosystem ecology）是以生态系统为研究对象，对生态系统的组成要素、结构与功能、发展与演替，以及人为影响与调控机制进行研究的生态科学。其主要研究任务包括：自然生态系统的保护与利用，生态系统调控机制，生态系统退化机理、恢复模型及其修复研究，全球性生态问题研究与生态系统的可持续发展研究。

4. 景观生态学

景观生态学（landscape ecology）是德国著名植物学家 C. Troll 于 1939年首先提出来的。景观是指不同土地单元镶嵌组成的，具有明显视觉特征的地理实体，是由不同镶块（生态系统）相互作用构成的统一体。景观是复合生态系统，景观生态学是研究由相互作用的生态系统组成的异质地表的结构、功能和变化的科学，是比生态系统一个更高层次的研究，它强调空间格局对生态系统功能和生态过程的影响。Forman 和 Gordron 于 1986 年提出了景观生态学的 7 条原理，即景观结构和功能原理、生物多样性框架、物种流原理、养分再分配原理、能量流动原理、景观变化原理和景观稳定性原理（蔡晓明，2000）。由于景观生态学重视人地关系，能够充分发挥与经济学、社会学等学科交叉的优势，在区域规划、土地利用、自然保护、生态旅游等领域得到了广泛应用（贾春宁，2004）。

5. 生态位原理

生态位是指种群在群落中与其他种群在时间上和空间上的相对位置及其资源利用和机能关系（何兴元，2002）。它在物种间的关系、生物多样性、群落结构及演替和种群进化等方面已广为应用（郭清和，2005）。

6. 生物多样性导致群落稳定性原理

生态系统是一个控制论系统，通过反馈调节，维持系统的稳定状态。生物群落与环境之间保持生态平衡的稳定状态的能力，是与生态系统物种及结构的多样性、复杂性呈正相关。这是由于在复杂的生态系统中，当食物链（网）上的某一环节发生异常的变化，造成能量、物质流动的障碍时，可以有不同的生物种群间的代偿作用给予克服。

7. 生态演替原理

生态系统的演替是指生态系统随时间的变化，一个类型的生态系统取代另一个类型的生态系统的过程。演替通常是以稳定的生态系统为发展的顶点，表现为一个群落取代另一个群落。

8. 生态平衡原理

当生态系统达到动态平衡的最稳定状态时，它能够自我调节和维持自己的正常功能，并能在最大限度上克服和消除外来的干扰，保持自身的稳定性。当外来干扰超越生态系统自我调节能力，而不能恢复到原初状态谓之生态失调，或生态平衡的破坏。也就是说生态系统存在一个稳定性阈值。干扰超过生态系统稳定性阈值，将会造成生态系统崩溃。生态系统稳定性阈值取决于生态系统的成熟程度（郭清和，2005）。

景观的多样性可导致自然界中景观的稳定性。景观多样性是景观生态学研究的一个主要内容。Forman 和 Gordron 于 1986 年将景观生态学的研究内容概括为三个方面：景观结构、景观功能和景观动态。景观结构即景观组成单元的类型、多样性及其空间关系。景观结构、景观功能和景观动态具有相互依赖、相互作用的有机联系，结构与功能相辅相成，结构在一定程度上决定功能，而结构的形成和发展又受到功能的制约。因此，从某种角度讲景观的多样性可导致自然界中景观的稳定性（田国行，2004）。

生态系统通常与一定空间范围相联系，以生物为主体，生物多样性与生命支持系统的物理状态有关。各要素稳定的网络式联系，保证了系统的整体性。生态系统的基本功能包括生物生产、能量流动、物质循环和信息传递 4 个方面。

在自然生态系统中，一般情况下生命系统生长的空间大多是由各种地质活动所造就的，因此"空间"常常是作为一种环境要素存在。生物对空间的建设分为两种类型：①在某些自然生态系统中，一些生物有一定的空间建设能力——主要是植物，也包括某些海洋动物，例如：珊瑚虫。②具有高度发达、成熟的社会组织的社会性生物。其空间建设所用材料部分或全部来自环境或其他生物。主要为自身——附带也为一些其他生物提供栖居场所。人类在定居过程中建设形成的空间规模随着人类种群增加和智能水平提高而迅速膨胀，已经逐渐突破了"客观"范畴——不仅极大改变了定居地的自然空间状态，而且形成了自己种群特有的空间建设和利用规则。人工建设的物质空间子系统包括：基础设施系统、道路系统、绿地系统、城市水系、各种用途的建筑群、设施及其周边环境等。其中的绿地系统是以人类为主导与城市植物共同建设而成的。即使是绿地系统中保有的一些原始地带，往往也是出于某些特殊需要而刻意保留的。城市水系往往结合自然地形和天然水系建设。由于水系具有多种功能，所以建设情况更为复杂——主要用于游憩和景观的水道常常与水生生态系统和水岸过渡带生态系统的建设者（多是各种水生、湿生植物）共建；用于水上交通的部分，主要人类交通需要进行改建；有些部分又与基础设施系统的排水系统（包括雨水、污水）有结合，受到这些功能的影响。水体的连通性、流动性使得对于水系的不当建设和使用很容易产生负面影响，造成其他连带价值损失。基础设施系统主要包括各种管道系统，常见的有给水、排水、供热、电力、电信几类。每一类往往又根据不同的用途细分，例如电信就可以分为有线电话、有线电视、信息网等（毕凌岚，2004）。

软质环境。软质环境包括经济、社会、文化三大子系统。它们由人类所创造的，是人类社会所特有的"环境"，一般不以物质实体的形式出现，但在某种程度上决定了物质空间子系统的功能、形态和组织结构。有时甚至会进一步干扰城市生态系统本底的物理要素。例如：采用不同的能源结构的经济体系会造成城市大气成分的不同改变。软质环境三大子系统的某些要素和作用规律主要针对人类特有的种群内部组织结构，以"关系"的形式存在。它们可能会对物质空间环境产生影响，也可能不会。但是还有一些要素却明确地限制了物质空间环境的形态、结构，对物质空间子系统具有决定性作用（毕凌岚，2004）。

综上所述，生态学所研究的生态系统具有明显的空间特性，与自然空间结构相互吻合。人类经济社会活动与自然生态规律有机耦合，区域经济社会环境互利共生、协同进化、持续协调有序发展；否则，将使经济、社会、环境三者之间进入恶性循环状态（见图 5-1）。

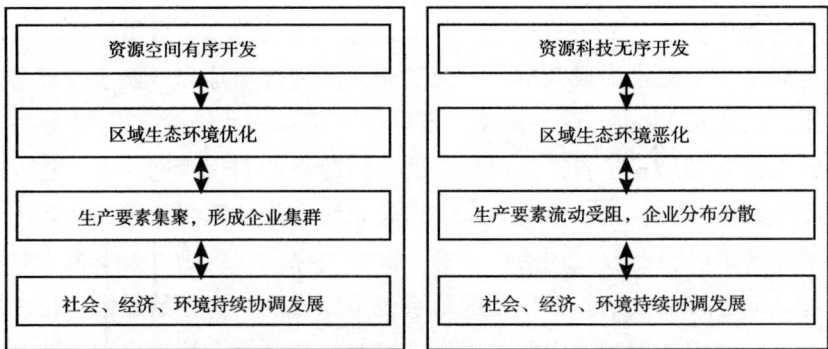

图 5-1　区域生态环境与经济社会协同发展机制

（二）生态系统有序理论

生态系统是以生物为主体的有生命的动态开放系统，该系统不断与外界进行着物质、能量和信息交换。生态系统具有如下几个特征：复杂有序的层级系统构成整体性；开放的自维持、自调控功能；动态的生命特征。

有序是关于规律性的一个笼统概念，在不同的学科中含义不同。有序和无序在哲学范畴的种类很多，可以是时间有序、功能有序、等级有序，也可以是空间结构有序。有序常常与无序伴生在一起。在物质世界中，有序一般是指事物内部诸要素和事物之间有规则的联系、转化及系统的组织性；无序是指事物内部诸要素或事物之间混乱且无规则的组织，在运动转化上的无规律性。有序和无序是相对而言的，在一定条件下是可以实现互相转化。

作为客观物质世界中广泛存在的现象，有序和无序可以被统计度量。例如，可以用熵来度量，它可以为保持自然生态系统趋向有序创造条件。

熵是衡量一个系统有序程度的量。一个系统内部的能量和物质流动会引起系统成员的状态和系统内部的排序结构或有序程度发生变化，同样这种变化也会导致产生这种能量和物质流动。在一个有序或不均衡的系统中，很微小的能量流就可以对系统的功能和行为产生很大的影响。这个系统越是有序或越是不平衡就越敏感，这种影响力就会越大。例如，一定质量的冰只需要少量的能量就会变成0℃的水，而它的分子排列方式由无序变为有序。这里的有序指的是分子空间排列具有一定的规律性（见图5-2、图5-3）。

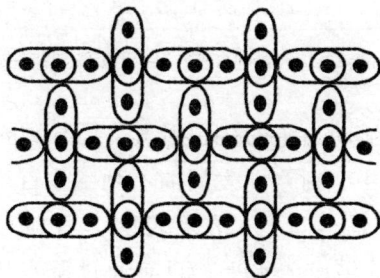

图 5-2　水的结构示意　　　　　　图 5-3　冰的结构示意

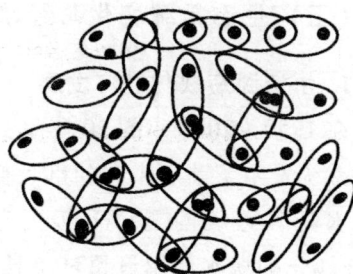

熵是对系统状态的一种定量化描述，它表征着系统状态的复杂与有序程度，不同组织结构的熵也不同。因此，熵可用来表征特定系统的宏观有序程

度：

$$S = - \sum_{i=1}^{n} P_i \log_2 P_i$$

根据最大熵原理，一个具有 N 个子系统的封闭系统，取其熵最大，此时系统有最大可能对称平衡的结构，其熵为：.

$$S_{\max} = \max \left[- \sum_{i=1}^{n} P_i(t) \log_2 P_i(t) \right] = \log_2 N$$

系统的有序度可用熵表示为：

$$R = 1 - \frac{S}{S_m}$$

其中，S 表示系统的熵，S_m 表示系统的最大熵，P_i 为集中信息出现的概率，R 越大，表示系统有序化程度越高，系统的组织程度越高效。

由热力学第二定律得出的熵增加原理只适用于孤立体系，对敞开体系不适用，系统的有序性应该用熵补偿原理给予说明。当把系统和其环境作为一个体系时，才符合熵增加原理。系统内部也要连续不断地进行各种不可逆过程。通过环境的熵增大，向系统输入负熵流，补偿系统不可逆过程中的熵产生（$\triangle SI > 0$），从而使系统维持有序。这样，系统有条件长期保持有序结构，不但不会趋向简单和混乱，反而会越来越复杂，有序地走向演化和发展（张学真，2005）。

（三）生态系统变化与经济发展

1. 水资源短缺与经济发展

在 1950~2000 年的 50 年里，以人类活动为主的多种因素共同导致全球生态系统发生了前所未有的巨大变化。其中，对产业发展的不利变化首当其冲是水资源短缺问题。千年生态系统评估（MA）结果表明，目前已有 5%~20% 的淡水使用量超过了长期可持续供应的水平，只有通过调水或者不可持续地开采地下水来弥补这部分水资源缺口。根据粗略估算，当前 15%~35% 的灌溉用水处于不可持续的利用状况。水资源短缺必将直接或者间接地对所有企业产生影响。因此，政府与有关部门将会加强对水资源的调配和对水权的裁定，并通过调节水价等市场机制提高水资源利用效率。

面对严重的水资源短缺，产业发展将受到严峻挑战，比如用水竞争更为激烈，用水成本大幅增加。节水农业、绿色农业、生态工业、循环经济等越来越受到各国政府的重视。水资源短缺也会为产业发展提供许多新的机遇，如通过技术创新发展水资源节约型与环境友好型的产业运营模式，建立水资源市场，开展水资源贸易等。

2. 气候变化与经济发展

气候变化已经对生物多样性与生态系统造成了显著影响。根据政府间气候变化委员会（IPCC）构建的情景，预计 2100 年，全球地表平均温度将比工业化前上升 2.0～6.4℃，旱灾和水灾的发生频率将会增加，海平面将会上升 9～88 厘米。科学证据综合表明，如果全球地表平均温度比工业化前上升 2.0℃ 以上，或者其上升速度超过每 10 年 0.2℃ 的话，生物多样性遭受的损害及生态系统服务的退化将在全球范围内迅速加重。IPCC 的预测结果显示，要想使全球平均温度的上升幅度不超过 2.0℃，大气中的 CO_2 浓度必须稳定在不超过 450ppm 的水平。全球气候变化已经引起了社会各界的极大关注。一些高耗能产业、传统能源工业发展将受到严重制约；同时低碳经济将得到快速发展，环保节能技术开发以及太阳能、风能市场等将逐步兴起。

3. 栖息地变化与经济发展

MA 评估结果显示，人类在 1950 年之后的 30 年间所开垦的耕地面积，比 1700～1850 年的 150 年间所开垦的总和还要多。目前，垦殖系统已经占到了全球陆地表面的 1/4。预计 2000～2050 年间，仍会有 10%～20% 的草地与林地被开垦为农业用地，不过这种土地转化现象将主要集中在低收入国家与旱区，而工业化国家的林地预计将会持续增加。

4. 物种变化与经济发展

目前，地球上的物种总数正在不断减少，而且物种分布的同质化趋势正在变得更加严重。与地球历史上物种灭绝的本底速率相比，在过去的几百年间，人类活动已经导致物种灭绝的速度提高了 1000 倍左右。当前，10%～30% 的哺乳动物、鸟类与两栖类物种正面临灭绝的危险，而且淡水生态系统拥有的受威胁物种的比例最大。此外，大部分物种的种群正在出现破碎化，种群数量及分布范围正在不断减小，同时，全球范围内的基因多样性也已减少，特别是栽培物种的情况更为严重。但是与此相反，由于人为的转移或者旅游和贸易中的携带，外来入侵物种与带病生物体的扩散却在不断增加。通常情况下，外来入侵物种会对本土物种和许多生态系统服务构成威胁。

5. 养分富集与经济发展

MA 评估表明，人类活动已经导致陆地上的活性氮增加了一倍。同时，已有预测指出，到 2030 年，全球流入海滨生态系统的氮通量将增加 10% ～ 20%，而且大部分是发生在发展中国家；到 2050 年，陆地上的活性氮可能会增加大约 2/3。过量的氮会导致淡水与沿海的生态系统出现富营养化，以及淡水和陆地生态系统出现酸化，从而对生物多样性造成严重损害。在沿海地区，养分污染往往导致形成有害的水华现象，增加低氧或缺氧区域（即所谓的"死亡区域"）的数量和范围（张永民，2009）。

三　水源区生态补偿机制构建

根据上述生态学理论、生态系统有序理论以及可持续发展理论、科学发展观等相关理论依据，结合南水北调中线工程水源区生态环境日趋恶化之动因和区域协调发展的宏观、中观背景，我们认为要想保证南水北调中线工程的顺利实施，必须及时构建水源区生态补偿机制（见图 5-4），逐步改善水源区生态环境质量，提高水源区生态环境容量，推动水源区经济社会可持续发展；通过水源区经济社会可持续发展，确保生态环境安全，为南水北调中线工程的顺利实施奠定基础。

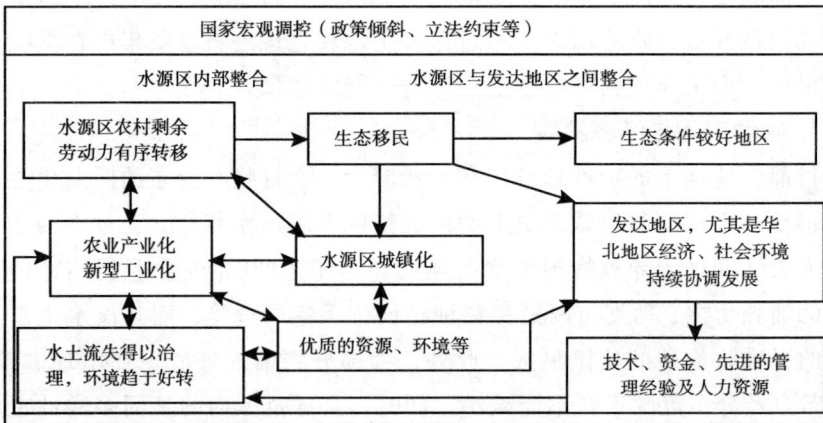

图 5-4　水源区生态环境补偿机制

首先，通过国家宏观调控（政策倾斜、立法约束等）构建水源区（生态脆弱区）与受水区（经济发达地区）之间的利益补偿机制。即，经济发达地区要在资金、技术、先进的管理经验及人力资源等方面给予水源区支持，使水源区水土流失和各种污染得以治理，促进生态环境质量逐步提高；有计划地将水源区的剩余劳动力迁移到发达地区，实施生态移民。水源区要在资源、环境等方面与发达地区实施共享，即水源区要保质、保量地为发达地区提供丰富、优质的水资源，充分发挥水源区的生态屏障功能等。通过构建水源区与受水区之间的利益补偿机制，真正发挥市场调节作用，带动管理层面、道德层面和人口层面发挥相应的作用，最终使水源区生态环境日益恶化趋势得以扭转，资源得以高效利用。

其次，要在水源区内部实施全面整合。即，通过推行新型工业化和农业产业化，不断调整产业结构，及时进行产业整合；通过"增长极"、"点一轴"、"廊道组团网络化"城镇发展模式的培育，采取分区引导策略，合理有序地推进水源区城镇化，使水源区农村剩余劳动力得以转移、乡镇企业逐步向中心城镇集聚，形成产业集群，产生规模效益；与此同时，通过生态建设，使水源区水土流失和各种污染得以遏制，生态功能得到进一步整合，生态环境逐步好转；最终使水源区资源开发、产业发展、城镇空间、生态环境耦合成一个有机整体，人与自然高度和谐，社会经济环境可持续发展。

四　水源区生态环境保护措施

（一）以"谁受益、谁补偿"为杠杆，构建水源区利益补偿机制

"谁受益、谁补偿"已得到社会普遍认可。在南水北调中线工程实施过程中建立受水区（受益区）对水源区（受损区）的利益补偿机制可平衡双方利益。水源区生态环境脆弱，生态环境日趋严峻直接影响着"南水北调"水质是否达标，继而影响着受水区域能否可持续发展。因此，通过政府部门参与介入，采取立法等刚性约束手段，在水源区与受水区之间建立利益补偿机制，即发达地区在技术、资金、先进管理经验及人力资源等方面为水源区提供支持，在生态移民上提供空间支撑；水源区在水源质量、环境质

量等方面为受水区提供保障。同时，政府部门还可采取财政转移支付、项目支持以及其他政策性措施对水源区进行利益补偿。

（二）以科学发展观为指导，做好水源区发展规划

科学发展观是以人为本、以促进人的全面发展为目的的发展观。这种发展观，既以经济为重点，又强调经济以外的因素，强调人与物、人与自然、经济与社会环境关系的正确处理，使社会整体协调发展。从区域角度看，就是高度重视我国区域发展不平衡矛盾，以统筹区域协调发展为基本原则和总体要求的发展观。就南水北调中线工程水源区来说，近年来各地市之间的协作有很大发展，但由于行政分割，区域经济结构趋同性比较突出，大而全、小而全重复建设，特色产业较少，发展规划各搞一套，协调发展特别是一体化发展还存在着突出问题。坚持科学发展观，做好水源区发展规划就是要做好：水源区与受水区互动规划以及水源区内部的资源整合规划、产业整合规划、城乡互动规划、经济社会环境协调发展规划等。

（三）加强水源区生态环境建设，培育绿色支柱产业

加强生态环境建设，就是要在水源区有计划、有步骤地实施山川秀美工程，实行"退耕还林（草）、封山绿化、个体承包、以粮代赈"措施；实现米粮下川，林果上山，草场满坡，逐步提高生态环境质量，充分发挥水源区的生态功能效应；近期主要做好水源区天然林保护和乡镇企业集中布局，以解决"三废"物质随时随地排放问题，远期使水源区山绿、水清、人富；加强生态环境意识教育，提高全民素质，使其能够自觉保护生态环境。培育绿色支柱产业就是以市场为导向，由政府制订出台相关的产业发展战略及政策，以优势特色产业（如生态旅游、绿色工业、绿色农业、绿色第三产业等）为支撑，大力推进新型工业化进程，实施产业升级计划；完善产业空间分布的综合配套项目建设，缓解农村剩余劳动力造成的环境压力（DPCSD，1996）。

（四）加强水源区信息基础设施建设，积极推进新型工业化

所谓"新型工业化"是指在重点发展信息化、高科技化、资本技术集约型产业的同时，走一条"经济效益好、资源消耗低、环境污染少、

人力资源优势得到充分发挥"的新型工业化道路。国际资本要求新型工业化经济配套运转，形成产业集群效应，产生规模效益，提高产品市场竞争力。加强水源区信息基础设施建设，利用信息化带动工业化，利用高新技术改造传统产业，能够充分发挥各类资源优势、不断增强可持续发展能力的跨越式发展的新型工业化是水源区经济社会环境持续协调发展的唯一出路。

（五）实施乡镇企业空间重组，筛选重点小城镇进行重点建设

乡镇企业分布分散是水源区生态环境脆弱的重要原因之一。因此，在新的经济环境条件下，国内外市场竞争日趋激烈，乡镇企业必须按照市场规律，适时进行空间重组，形成产业集群，以产生集聚规模效益，增强其市场竞争力和可持续发展能力。首先，要从生态环境容量、通道条件、城镇综合实力、城镇发展潜力、城镇社会水平、城镇管理水平等对小城镇进行分析评价，并结合区域发展战略、区域生态环境规划、村镇体系规划、城镇总体规划等对小城镇进行筛选分级，对筛选出的重点小城镇进行重点建设。其次，要对现有企业进行产业导向评价。从区位条件、科技含量、发展潜力、生态容量、经济效益、社会效益等方面对企业进行全面评价，看其是否符合产业发展趋势和生态脆弱区环境容量要求。对符合产业导向要求的乡镇企业，可通过政策法规等宏观调控措施引导其向重点城镇工业区集中，产生集群效益，从而促进城镇市场等基础设施建设，带动第三产业发展，健全社会化服务体系。城镇投资环境的改善又会吸引更多的企业向城镇集中，最终形成良性循环。对不符合产业导向要求的乡镇企业要坚决实施关停淘汰（郭荣朝，2004）。

（六）实施生态移民，合理有序地推进城镇化

南水北调中线工程水源区的深山及贫困山区居民由于所处环境条件差，基础设施建设滞后，基本上与外界隔绝联系，属于自给自足的自然经济，相当一部分地区仍处于"越贫越垦，越垦越贫"的恶性循环状态。动员深山及贫困山区居民下山进川，退耕还林（草），在条件优越的地区发展，异地致富，实现"山民变村民，村民变居民"，既解决了山区生态环境进一步恶化问题和平原丘陵土地闲置撂荒问题，又可以进一步推动城镇化，调整城乡

空间分布格局，使水源区的核心城市、中小城市、县城、中心镇、一般镇、中心村、基层村形成一个有机整体，尤其是通过核心城市、县城、中心镇、中心村的建设发展，使其真正能够带动周边区域发展，最终实现城乡经济社会环境健康协调可持续发展、城镇化有序推进的全面建设小康社会的宏伟目标。

第6章
南水北调中线工程水源区产业发展

2008 年水源区总人口 2919.57 万人，GDP3894.8 亿元，人均 GDP 13340 元，人均 GDP 只有全国平均水平（22640 元）的 58.92%。水源区是我国相对落后的地区之一，其根源在于生态环境脆弱和退化、产业发展各自为政、产业布局分散等方面（崔功豪，1999；李小建，1999）。因此，在国家调整发展战略、全面建设小康社会的 21 世纪初期，研究水源区产业整合具有重要的现实意义。

一　水源区产业发展现状

（一）以第二产业为主，第一、三产业占重要地位的结构格局

1995～2008 年，水源区产业结构得到了不断优化。第一产业下降 10.6 个百分点，第二产业上升 2 个百分点，第三产业增长 8.6 个百分点，第三产业所占比重超过第一产业 13.6 个百分点。水源区形成以第二产业为主，第三、第一产业占重要地位的结构格局（见表 6 - 1）。然而，水源区产业结构水平仍落后于中西部地区的平均水平，更落后于全国平均水平和东部发达地区（见表 6 - 2）。

表 6 - 1　1995～2008 年水源区三次产业产值构成变化

年份	生产总值（亿元）			生产总值构成（%）		
	第一产业	第二产业	第三产业	第一产业	第二产业	第三产业
1995	262.62	383.34	214.38	30.5	44.6	24.9
2000	319.18	557.63	366.49	25.7	44.8	29.5
2004	462.83	909.11	605.36	23.4	46.0	30.6
2006	532.92	1153.55	814.54	21.3	46.1	32.6
2008	775.00	1815.00	1304.81	19.9	46.6	33.5

表 6 - 2 2008 年全国四个地区三次产业构成

地区	生产总值(亿元)			生产总值构成(%)		
	第一产业	第二产业	第三产业	第一产业	第二产业	第三产业
东部地区	12000	92000	74000	6.74	51.69	41.57
中部地区	9227	32000	22000	14.59	50.61	34.80
西部地区	9065	28000	21000	15.61	48.22	36.17
东北地区	3308	15000	9945	11.71	53.09	35.20
全　国	33600	167000	126945	10.26	50.98	38.76

（二） 以种植业为主的第一产业

2004 年水源区农林牧渔业总产值为 869.61 亿元。其中，种植业 522.39 亿元，占 60.07%；林业 29.85 亿元，占 3.43%；牧业 283.02 亿元，占 32.55%；渔业 16.31 亿元，占 1.88%。尤其是安康市种植业增加值比重更高达 65.59%。林业、渔业比重太小，说明水源区对现有林地资源（水源区山地丘陵面积占总面积的 4/5）、"四荒"资源（荒地、荒山、荒水、荒滩）利用得仍不够充分，农业多样化发展仍存在一定问题（见表 6 - 3）。

表 6 - 3 2004 年水源区农林牧渔业增加值构成

单位：亿元

水源区	总值	农业	林业	牧业	渔业	农：林：牧：渔
汉　中	73.44	44.46	4.45	21.43	1.04	60.54：6.06：29.18：1.42
商　洛	39.83	22.15	3.35	13.40	0.12	55.61：8.41：33.64：0.30
安　康	54.20	35.55	3.32	14.30	0.36	65.59：6.13：26.38：0.66
十　堰	58.21	36.91	1.99	17.14	1.71	63.41：3.42：29.45：2.94
襄　樊	206.77	129.11	3.70	62.92	8.55	62.44：1.79：30.43：4.14
神农架	1.42	0.86	0.07	0.47	0.09	60.56：4.93：33.10：6.34
南　阳	435.74	253.35	12.97	153.36	4.44	58.14：2.98：35.20：1.02
总　计	869.61	522.39	29.85	283.02	16.31	60.07：3.43：32.55：1.88

注：总值中包含农林牧渔服务业产值，农林牧渔之和小于总值。
资料来源：《南阳统计年鉴 2005》。

（三） 以传统工业为主的第二产业

2004 年水源区的南阳市各种分组限额以上工业企业总产值、增加值和销售产值分别为 502.06 亿元、160.72 亿元、495.44 亿元，其中以电子通信器械制造业为主的高新技术产业产值、增加值和销售产值分别为 3.82 亿元、0.99 亿元、3.63 亿元，所占比重分别为 0.76%、0.62%、0.73%，传统工业产值占绝对比重。

（四）以商业饮食服务业为主的第三产业

2004 年底，水源区第三产业增加值为 605.36 亿元。其中，商业饮食服务业占 48.09%；社会服务业占 15.65%；房地产业占 10.21%。水源区生产性服务业所占比重较低，尤其是高新技术服务等生产性第三产业所占比重更低，整个水源区只有襄樊市设有国家级高新技术产业开发区，南阳、十堰等其他城市只有省级高新技术产业开发区。另外，水源区的旅游业收入在 GDP 中只占 1.72%，远低于全国平均水平（2001 年为 5.2%），同时从另一方面说明水源区旅游资源开发潜力很大。

（五）产业空间发展差异较大

南阳、襄樊、十堰地处水源区东部的南襄盆地及其边缘地带，区位条件较好，各类产业得到全面发展，不仅经济总量大（占水源区经济总量的 80.27%），而且工业发展较快，第二产业所占比重均在 45% 以上。神农架、商洛、安康、汉中地处深山区，区位条件较差，交通不便，产业发展缓慢，经济总量较小（占水源区经济总量的 19.73%），致使其第三产业所占比重相对较高（见表 6-4）。另外，从水源区各地市单位面积产值来看，产业空间发展也存在着很大差异。

表 6-4　2008 年水源区三次产业产值构成

单位：亿元

	总产值	第一产业	第二产业	第三产业	一、二、三产业比例
汉　中	352.61	87.64	136.02	128.95	24.9:38.6:36.5
安　康	233.7	63.8	76.0	93.9	27.3:32.5:40.2
商　洛	174.04	44.58	67.88	61.58	25.6:39.0:15.6
襄　樊	1002.46	175.6	450.92	375.94	17.5:45.0:37.5
十　堰	487.6	57.7	225.0	204.6	11.8:46.1:42.1
神农架	7.96	1.20	3.17	3.59	15.1:39.8:45.1
南　阳	1636.43	344.48	856.01	435.95	21.1:52.3:26.6
总　计	3894.8	775	1815	1304.81	19.9:46.6:33.5

（六）产业空间分布呈"点—轴"格局

水源区产业空间分布呈明显的"点—轴"格局。即"枣阳—襄樊—老河口—丹江口—十堰—安康—汉中"一线和"南阳—邓州—襄樊"组成的"Y"形轴线上，另外还有商洛、宜城、西峡等经济增长点。汉十高速公路沿线主要以汽车制造、高新技术、飞机零部件、纺织、化工等为主导产业；南阳等地主要以建材、化工、机械、纺织、食品、医药等为支柱产业。

二　水源区产业发展中存在的问题

产业发展是否合理是就一定的时间、地点、条件而言的，它没有一个绝对的量的标准来衡量，主要应从以下几个方面来分析评价：①是否与国内外市场供求发展趋势吻合；②能否发挥本地区比较优势；③结构的整体性与系统性；④结构的转换能力和应变能力；⑤结构的先进性；⑥结构调整所追求的经济目标和社会目标、生态目标之间的协调性（周起业等，1989）。据此来看，水源区产业发展主要存在如下一些问题。

（一）第三产业比重低，产业结构整体协调性较差

2008 年水源区三次产业构成与世界银行估算的国际标准结构（1980 ~ 1981）、库兹涅茨标准相比较，第三产业发展明显不足，大约低 10 个百分点（见表 6 - 5）。水源区分属于豫、鄂、陕三个不同的"行政经济区"，各自为政的产业发展方向，使其产业结构整体协调性较差，调整力度较小，第三产业比重低，致使水源区通道不畅、商贸物流服务受阻、经济发展滞缓、社会保障能力受限，水源区的生态资源（如生态旅游）等资源优势得不到及时开发利用，严重制约着水源区边缘效应的发挥。

表 6 - 5　2008 年水源区产业结构与国际标准结构比较

结构比例　　　项　目	水源区	库兹涅茨标准		世界银行标准	
人均 GDP（美元）	1953	500	1000	850	2500
第一产业（%）	19.9	18.7	11.7	24	13
第二产业（%）	46.6	40.9	48.4	38	45
第三产业（%）	33.5	40.4	39.9	38	42

注：按美元兑 6.83 元人民币计算人均 GDP。

（二） 第一产业在波动中前进，农产品质量与效益无法保证

以水源区的南阳市为例，2004 年该地区基建投资总额为 120.31 亿元，其中一、二、三产业投资分别为 4.22 亿元、36.72 亿元、79.37 亿元，其比例为：3.51∶30.52∶65.97。而 2000 年、1992 年、"七五"期间、"六五"期间的比例分别为：3.97∶59.03∶36.99、2.33∶72.70∶24.97、3.13∶83.01∶13.86、3.88∶68.05∶28.07。2004 年第一产业投资比重还没有达到"六五"期间的水平，其间的"七五"、"八五"以及"九五"前期第一产业投资比重一直呈下降趋势，2000 年达到最大比例，随后又出现下降趋势。由于投资和其他方面的原因，致使农作物产量在波动中前进，尤其是单产很不稳定（见表 6 – 6）。

表 6 – 6　南阳主要农作物单位面积产量

单位：千克/公顷

项目＼年份	1978	1980	1985	1990	1995	2000	2004
小麦	1980	2010	3705	3375	2840	3461	4908
棉花	540	585	810	825	865	819	1022
烟叶	1545	1260	1905	1770	1639	1600	2117
蔬菜	—	—	22290	17730	30376	25683	31800

资料来源：《南阳统计年鉴 2005》。

水源区同全国一样，自 1980 年开始实行家庭联产承包责任制以后，农业生产得到飞跃发展。但在其使命完成之后，近几年农业生产又徘徊不前，其根本原因就是土地利用过程中的"破碎性"严重地限制了农业规模化生产，不利于现代农业技术的推广和应用。没有规模，就没有效益，更是无法保证农产品质量，农民的积极性也不可能得到进一步提高。

（三） 第二产业结构水平低，名优品牌少

2004 年第二产业构成中，水源区电子通信器械制造业增加值占各种分组限额以上工业企业增加值的 1.29%，占 GDP 的 0.79%，而在 1994 年，美国、日本、英国、德国、法国、瑞典、荷兰、芬兰等国的高科技产业在制造业中所占比重就已分别达到 24.2%、22.2%、22.2%、20.1%、18.7%、17.7%、16.8%、14.3%，说明水源区第二产业结构水平远远落后于发达国家和地区。

第二产业规模结构主要以中小企业为主，规模以上企业所占比重较小；产品结构也不合理，高新技术产品、名优品牌产品较少。水源区产业结构向前推动能力弱的重要原因是产业技术结构水平低，生产技术落后，设备陈旧，劳动力素质较低，管理模式老化，缺乏世界一流的经营管理人才。

（四）生产性服务业所占比重小，不能适应国民经济发展需要

第三产业以商业、饮食服务业为主，科研开发、信息咨询、金融保险、房地产、高等教育、旅游等生产性服务业所占比重较低，严重影响和制约着水源区优势资源开发利用以及经济社会环境的健康可持续发展，不能适应国民经济发展需要。

三 水源区产业持续发展模式

产业发展的合理模式是一个动态平衡模式，受各种因素制约，时刻在自觉不自觉地调整着。

（一）农业发展模式

1. 农业循环经济模式

（1）农业循环经济

农业循环经济是指农产品生产过程中上一级（或旁侧）生产或加工过程中产生的废料废弃物，变成下一级（或旁侧）生产所需原料即可再生、可利用的生产要素，从而使上游产品、下游产品以及旁侧产品等整个相互关联的产品流程实现环状式有机链接、不产生或极少生成废料的良性循环生产模式。农业循环经济要求农户节约资源、提高资源利用效率；对农业生产过程中产生的废弃物进行综合利用；根据农业资源条件，合理延长或拓宽农业产业链条，促进农业产业内部以及农业与其他产业间的生产链纵向延伸、横向衔接、互利共赢，形成产业集群；每一个农业产业链尽可能形成独立的"闭环清洁流动模式"。

（2）农业循环经济模式

根据"闭环清洁流动模式"跨行业流动运转情况的差异，农业循环经济模式可分为两大类型，即农业产业内部循环经济模式和农业产业与其他产业间的共生组合循环经济模式。前者包括农业地域循环经济模式和农业关联

循环经济模式。后者包括农工循环经济模式、农贸循环经济模式和农工贸循环经济模式。

农业地域循环经济模式，就是在一定的农业地域范围内农业各产业间相互关联衔接使农业资源得到充分利用的一种"闭环清洁流动模式"。农业地域循环经济模式主要有以下3种。①种（种植业）养（养殖业）循环经济模式。即一般地域范围内种植业与养殖业的共生组合模式。例如，水源区出现的"稻鸭鱼种养模式"，种植业与养鸡、养猪等养殖业有机结合而形成的种养模式，等等。②庭院循环经济模式。即农村家庭院落范围内形成的循环经济模式。例如，我国现阶段大力推广的家庭养殖业—庭院种植业—家庭生活用沼气—家庭特色经济等"四位一体"循环经济模式（见图6-1）。③农业园区循环经济模式。河南省西峡县推广的"规模养殖（种植）场—沼气配套—有机肥料（能源）—特色种植园"循环经济模式，目前已形成"一个山头一座房，一片果园一口塘，一池沼气一群羊（猪）"的良好态势。

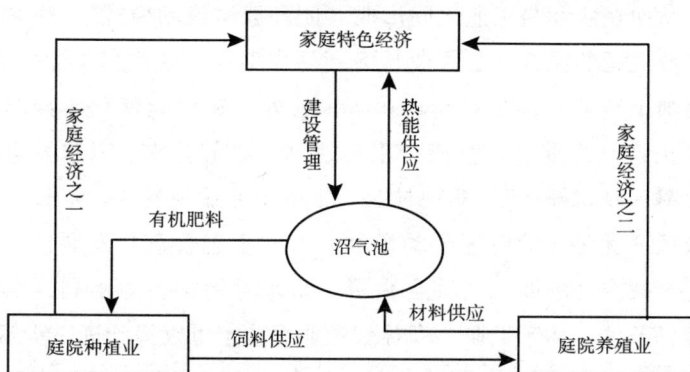

图6-1　"四位一体"循环经济模式

农业关联循环经济模式，就是在农业产业内部将生产季相能够先后错开、生长期相互影响不大的各产业有机地组合在一起，最终使农业资源得到充分利用的一种循环经济模式。农业关联循环经济模式主要有：①种植业间作套种模式。我国华北平原等地区经常出现的冬小麦蔬菜间作模式。即，在小麦播种后撒播相关种类的蔬菜，这些蔬菜往往在次年春天来临之前（小麦返青前）已收获完毕，不会影响小麦的正常生长。另外，还有麦（小麦）棉（棉花）套作模式，烟（烟叶）薯（红薯）套作模式等。②农林复合模式。也就是人为地将多年生木本植物与栽培作物（如农作物、药用植物以及真菌等）在空间上有机地组合在一起。主要包括经济林木（果园）与小麦、花生等栽培作物的组合。③农牧复合模式。也就是将农区种植业生产而形成的秸秆以及其他废弃物用于养猪、养羊、养牛等，发展农区畜牧业，牛、马、驴等可以为农业提供畜力，牲畜产生的废弃物可以肥田，最终形成农牧复合循环经济模式。④生态恢复模式。该模式就是运用生态学原理和系统科学方法，把现代科学技术与传统方法通过合理投入和时空方面的巧妙结合，使农业生态系统保持良好的物质能量循环，从而达到人与自然和谐发展。生态恢复模式主要有土壤改造、植被的恢复与重建、防治土地退化、小流域综合整治、土地复垦等多种类型。

农工循环经济模式，就是将农林牧渔等农产品的生产作为相关工业的上游产业、下游产业或旁侧产业，通过农业发展推动或促进相关工业发展；与此同时，相关工业的发展又可以带动农业发展，反哺农业，为农业发展创造良好条件，从而在农业与工业之间形成"闭环清洁流动模式"。例如，种植业与食品加工业之间的耦合，畜牧业与肉制品加工业、畜禽加工业之间的耦合，林业与木材加工企业之间的耦合，等等。另外，在水能资源丰富的山区可以以水电电气化建设为重点，坚持"以地造林，以林蓄水、以水发电、以电促工、以工生财、以财补林"，实现林业—水电工业循环发展。不仅使山区水资源优势变成经济优势，同时还带动了经济林和生态公益林发展，由于森林覆盖率提高，区间空气湿度、土壤含水量、蓄水量增加，为水利、水电事业发展创造了良好条件，林产工业、森林旅游业因此也可以得到进一步发展。

农贸循环经济模式，就是指农产品生产与第三产业之间的有机组合。随着我国市场经济体制的进一步完善，农产品生产必须与市场需求有机地结合在一起，农产品品种、质量必须与市场需求趋势相吻合。我国农业生产现阶段呈现出经营规模小、技术含量低、产品质量差等特点，这种小农经营模式根本无法与瞬息万变的大市场进行有效对接。例如，2003年全国农户人均经营耕地1.96亩、经营山地0.19亩、经营园地0.07亩、经营牧草地4.4亩、经营养殖水面0.02公亩，我国农、林、牧、渔业发展除个别地区、个别部门外，绝大部分是各自为政、小农经营，这样不仅给农业生产管理和指导造成很大困难，而且缺乏规模效益和集群竞争优势（郭荣朝，2006）。农贸循环经济模式侧重于建立专业化农产品贸易市场，成立农村专业化中介组织，传递农产品销售信息，及时销售农产品。农贸循环经济模式有利于将我国的小农经营模式与瞬息万变的大市场有机地衔接起来，推动农业生产的持续发展。例如，河南淅川香花模式就是一种农贸循环经济模式。香花镇自1978年引进种植"枥木三鹰椒"以来，几经培育、改良，在国内外市场享有盛名，形成了角小、肉厚、色鲜、味浓、油高五大特色。1992年淅川县建成了全国最大的辣椒市场——香花辣椒城。1993年淅川"枥木三鹰椒"在国家工商总局注册定名为"香花小辣椒"，1994年荣获全国优质产品金杯奖。香花模式有利于促进农业分散经营向规模经营、集约经营转变，与市场进行有效对接，满足市场需求。另外，观光农业等模式的形成也都是农业产业与第三产业有效对接的结果。

农工贸循环经济模式，就是农业生产、工业生产以及第三产业之间的有机组合，并形成"闭环清洁流动模式"。例如，南街村模式就是农工贸循环经济模式的典范（见图6-2）。南街村模式侧重于三个方面：①在"农"字上大做文章，围绕优势农产品——小麦、水稻，形成农业循环经济系统。②围绕农业发展工业。以农产品为原料发展龙头产品，再围绕龙头产品带动旁侧产品。③抢占市场，发展相关产业。南街村利用临颍县城较好的城镇基础设施和紧邻京广铁路、京港澳高速公路等便利的交通通信条件抢占国内外方便面、锅巴、啤酒、彩印、包装等市场，大力发展科技教育，大力推进精神文明建设等，从而使南街村的发展实现了农、工、贸一体化，产、供、销一条龙，并使农业

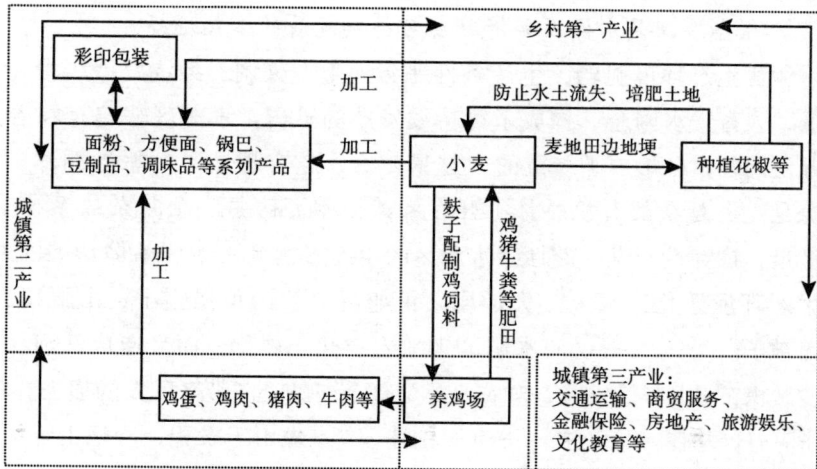

图6-2　南街村农、工、贸循环经济模式

产业化、乡镇龙头企业发展、小城镇建设联结成一个有机整体，三者相互促进，形成可持续发展的良好局面（郭荣朝，2006）。南街村农工贸循环经济模式为水源区产业协调发展提供了经验借鉴，湖北襄阳太平店镇等一些地方相继成立了农工贸经济综合体等经济组织，为农工贸循环经济发展奠定了良好的基础。

2. 生态农业模式

（1）生态农业内涵

生态农业内涵包括三个方面：①生态农业是在传统农业成功经验与现代科学技术进步相结合的基础上产生和发展起来的一种高科技、高生态位、高起点、有序协调的可持续发展的新型农业发展设想。②生态农业是一种大面积推广大棚（温室）、菜篮子工程、清洁（绿色）食品生产、试验无土栽培等先进的生产方式。③生态农业模式是紧密结合所在地区的生态环境特点，采用先进科学技术，将种植业、养殖业以及相关的林业、牧业、渔业有机地结合起来的循环型立体农业，是一种因地制宜、多种经营、综合发展的全新产业结构。生态农业模式是在特定的自然、经济、社会、文化、环境条件下，农业发展处于良性循环状态的可持续发展模式，既能较好地满足生存与发展、生产与生活的全面需要，使生活和收益水平不断提高，而且又能使整体生态经济巨系统的生态效益、经济效益、环境效益、社会效益和景观效益等相互兼顾、协同持续增长。这里的生态效益是基础，经济效益和景观效益是条件，环境效益是保证，社会效益是目标（于法稳，2005）。

（2）生态农业是水源区经济社会可持续发展的必然选择

水源区生态环境脆弱，生产条件恶劣，生态失调，经济发展缓慢，人口素质低，人畜饮水困难，构成了可持续发展的障碍。水源区普遍存在着过度片面开发问题，已形成了严重的"越垦越穷、越穷越垦"的恶性循环。水源区本身是一个复杂的有机整体，开发和建设水源区是一项复杂的系统工程。滥伐滥垦，掠夺性开发，破坏了水源区的生态平衡和水源区整体功能的发挥，导致生态环境恶化，水土流失加剧。正如俗语"山顶揭帽子、山腰拉肚子、山脚盖被子"所言，不仅使水源区土地岩石化、裸化，而且造成江河、湖泊的泥沙淤积，引起旱涝灾害，对农业乃至整个国民经济带来巨大的损失。对此，清代学者赵仁基在《论江水》中有所论述，"水溢由于淤积，沙积由于山垦"。事实证明，水源区森林植被的破坏，是造成水土流失、旱涝灾害的最终根源。同时，水源区产业结构动摇不定，多数仍以农为主，往往造成种粮上山现象，有的地方甚至到山顶开地种粮，不符合水源区的自然条件。水源区山多川少，发展粮食经济作物面积狭窄，绝大部分土地宜于发展林、牧。因此，水源区经济的发展应以林、牧为主。调整水源区的产业结构是个根本问题，以农为主的方向不改变，水源区存在的滥伐滥垦、生态恶化、水土流失等问题便无法解决。

水源区的根本问题就在于生态环境恶化、水土流失，不解决这个问题，就难以走出"越穷越垦、越垦越穷"的怪圈，无法实现水源区脱贫的艰巨任务，走上可持续发展之路。因此，水源区的脱贫，首要任务是水源区脆弱生态环境的恢复。生态农业由于重视生态学原理的根本特点，决定了它在生态脆弱的、环境恶劣的水源区必然受重视；同时它根据"宜农则农、宜林则林、宜牧则牧、宜渔则渔"的原则合理布局产业结构，根据植被最大化原则，从改善生态环境入手，有利于创新扶贫开发模式，达到脱贫致富目的。

扶贫开发的主要内容是因地制宜，进行山水田林路综合治理，利用当地资源，培植支柱产业和拳头产品，发展商品生产，改变贫困面貌。因此，必须把治山、治水和治穷作为三位一体的系统工程来抓，治穷是治山、治水的目的，而治山、治水又是治穷的手段和内容，这些又恰恰是生态农业措施的具体体现。水源区有特殊的自然条件和生态环境特点，以及消除贫困任务繁重的现实情况，决定了水源区生态经济的发展必须走生态农业之路，建立起适合水源区特点的可持续发展新型生态农业模式。

（3）生态农业模式

根据生态农业内涵，水源区生态农业模式主要有：①"围山转"的立体生态农业模式。山顶栽松，山腰栽油茶，山脚栽果树，实现用材林、经济林优势互补，共同发展。②"围田转"的共处互利生态农业模式。从改革种植制度入手，实行轮作间种，一田多种。如"粮—菜—菜"、"粮—瓜—粮"、"菜—瓜—粮"、"烟—粮"等多种轮作间种模式，同时搞好田埂综合利用。大量田埂种植了一年生作物，如黄豆、绿豆、玉米等，部分傍宅、傍塘、傍田埂种植树势直立、树冠紧凑的多年生果树。③"围水转"的种养相辅生态农业模式。充分利用低丘岗区有限的水面，发展养鱼等水产养殖。按水体稳定程度，调整鱼种和饵料投放量，大水面养鸭，水面消落区种黑麦，堤岸种植果树、瓜菜、饲草，为鱼类提供饵料和水体营养，提高水产品产量和经济效益。④"围棚转"的设施生态农业模式。主要围绕发展塑料大棚，开展春提早、秋延迟、越冬育苗等反季蔬菜生产，实行多茬套种间作。⑤ "围院转"的庭院生态农业模式。主要以家庭沼气为纽带，把庭院种植业、养殖业有机地结合起来，使每个庭院成为一个生态圈，形成 "栏里猪成群，院中鸡鸭欢，塘里鱼儿跃，宅旁瓜果香" 的种养格局，既改善环境，提高生活质量，又增加经济收益。

与此同时，农村种植业、养殖业、林业、农产品加工业以及新兴旅游业、服务业等有机衔接，完全可以利用生态良性循环原理形成立体闭环生态农业循环经济模式，使农村经济社会发展与生态环境相互协调、相互促进、共同发展。

（4）水源区农业地域结构

水源区受自然地域分异规律的影响，具有地带性规律；同时，因地形起伏、地形类型多样还形成一些非地带性规律。在地带性规律和非地带性规律的共同作用下，形成水源区特有的农业地域结构模式。主要有：山地农林牧渔业地域结构（见图6-3）、丘陵农牧林渔业地域结构（见图6-4）和平原农牧渔业地域结构（见图6-5）。在地面高差很大的秦巴山区，自然上存在垂直地带性规律。适应这种自然规律，农业立体地域结构也极为明显。例如，神农架林区就形成独特的农业立体布局模式（见图6-6）（叶学齐、刘盛佳、唐文雅等，1987）。

3. 现代农业模式

现代农业是指广泛应用现代科学技术、现代工业提供的生产资料和科学管理方法的社会化农业，是最新发展阶段的农业。其基本特征是：现代农业机械广泛应用，基本上替代了人畜力作业；有完整的高质量的农业基础设施，如良好的道路和仓储设备；在植物学、动物学、遗传学、化学、物理学等学科高度发展的基础上建立起一整套先进的科学技术，并在农业生产中广泛应用；无机能的投入日益增长；生物工程、材料科学、原子能、激光、遥感技术等最新技术在农业生产中开始运用；农业生产高度社会化、专门化；经济数学方法、电子计算机等在农业经营管理中的运用越来越广。现代农业的产生和发展，大幅度提高了农业劳动生产率、土地生产率和农产品商品率，也使农业生产和农村面貌发生了重大变化。

现代农业模式除上述我们所说的农业循环经济模式、生态农业模式之外，还有以下6种模式。

（1）绿色农业模式

绿色农业是将农业与环境协调起来，促进可持续发展，在增加农户收

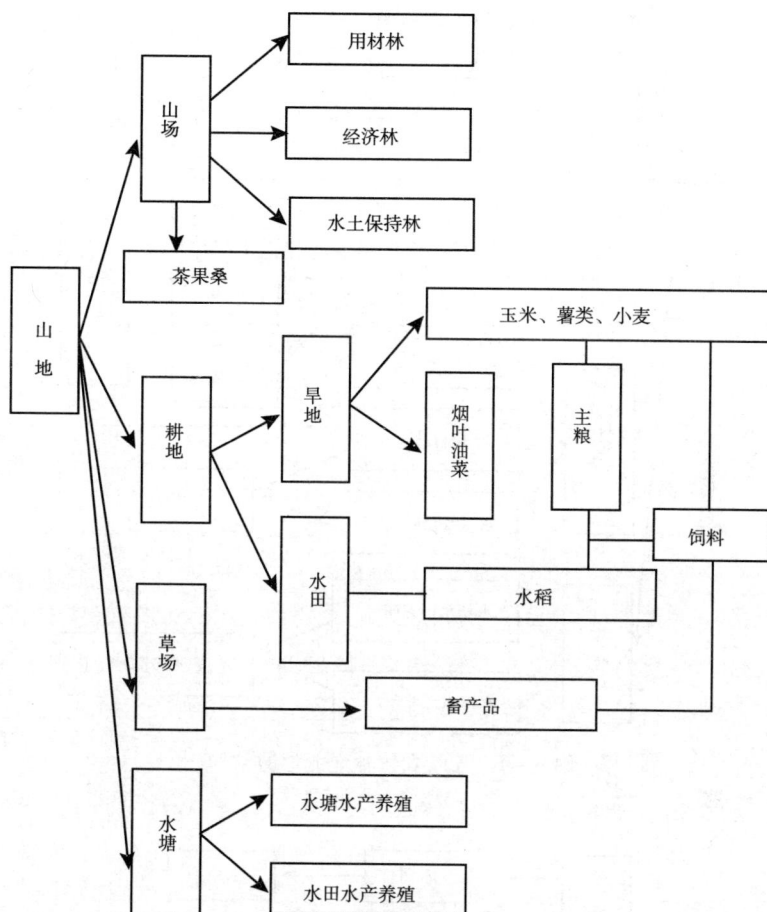

图 6 - 3　山地农林牧渔业地域结构

资料来源：叶学齐等，1987。有修改。

入、保护环境的同时又保证了农产品安全性的农业。"绿色农业"是灵活利用生态环境的物质循环系统，实践农药安全管理技术（IPM）、营养物综合管理技术（INM）、生物学技术和轮耕技术等，从而保护农业环境的一种整体性概念。绿色农业大体上分为有机农业和低投入农业。

（2）休闲农业模式

休闲农业是一种综合性的休闲农业区。游客不仅可以观光、采果、体验农作、了解农民生活、享受乡间情趣，而且可以住宿、度假、游乐。休闲农业的基本概念是利用农村的设备与空间、农业生产场地、农业自然环境、农

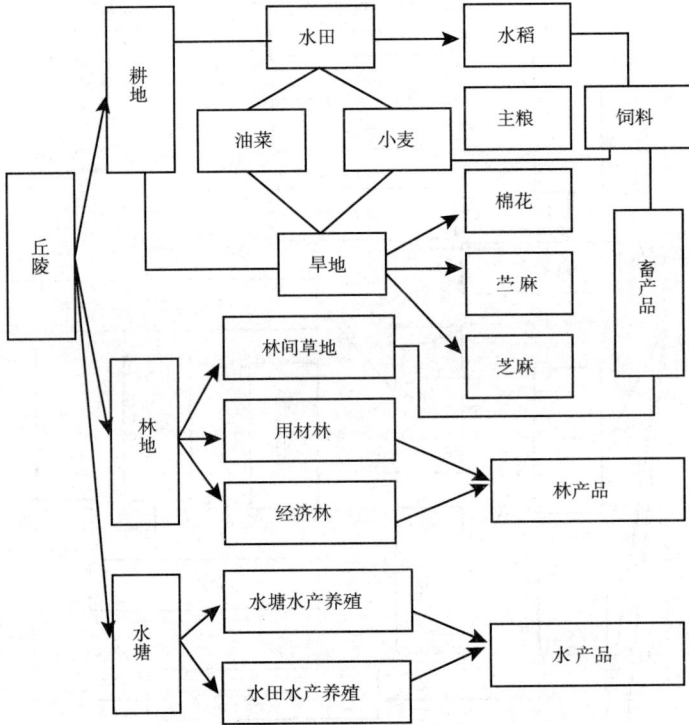

图 6-4　丘陵农牧林渔业地域结构

资料来源：叶学齐等，1987。有修改。

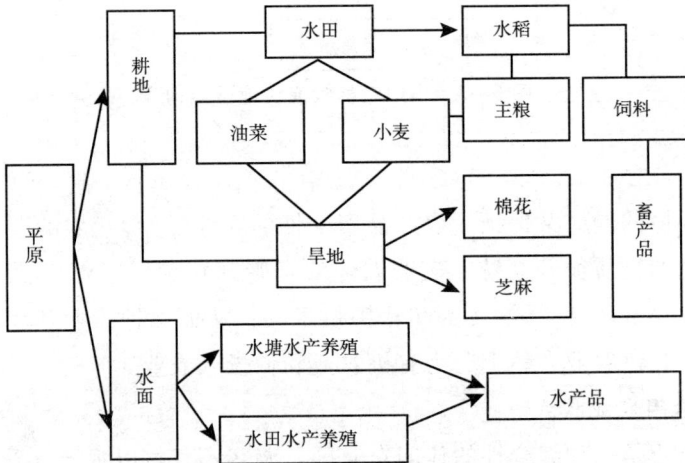

图 6-5　平原农牧渔业地域结构

资料来源：叶学齐等，1987。有修改。

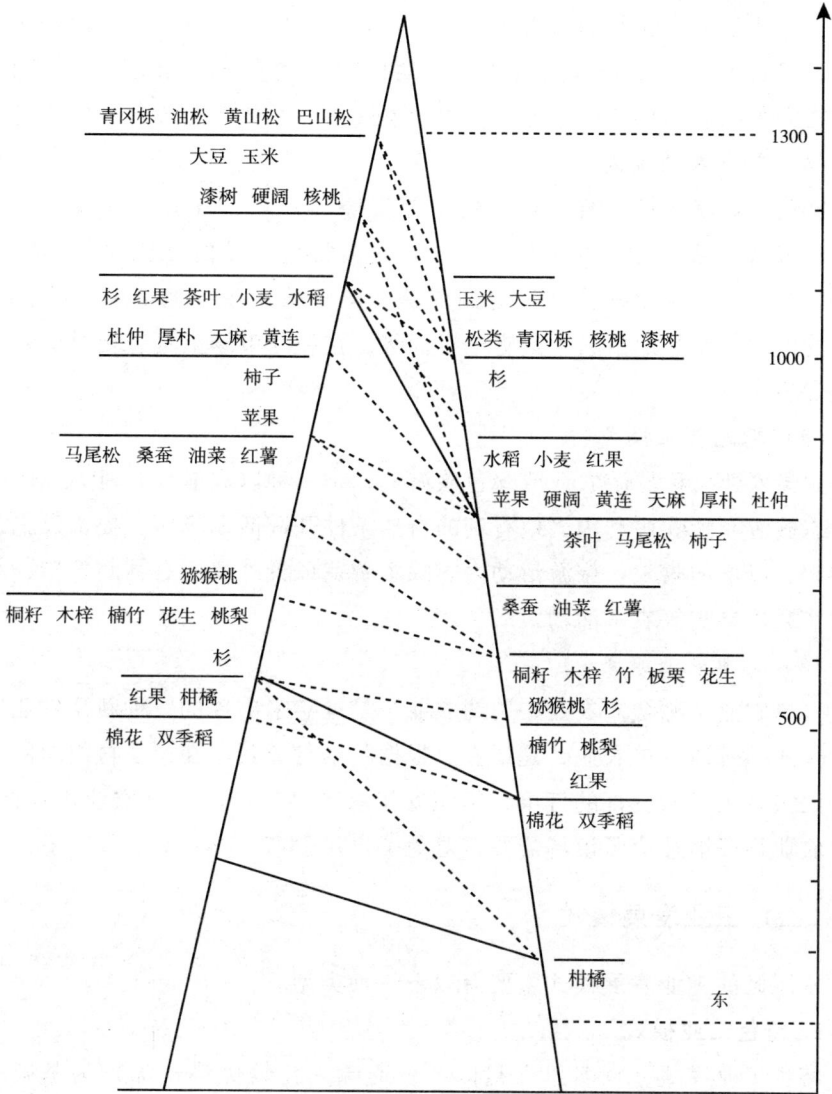

图 6 - 6 神农架林区农业立体布局示意

资料来源：叶学齐等，1987。

业人文资源等，经过规划设计，以发挥农业与农村休闲旅游功能，提升旅游品质，提高农民收入，促进农村发展的一种新型农业。

（3）工厂化农业模式

工厂化是设计农业的高级层次。综合运用现代高科技、新设备和管理方法而发展起来的一种全面机械化、自动化技术（资金）高度密集型生产，能够在人工创造的环境中进行全过程的连续作业，从而摆脱自然界的制约。

（4）特色农业模式

特色农业就是将区域内独特的农业资源（地理、气候、资源、产业基础）开发成区域内特有的名优产品，转化为特色商品的现代农业。特色农业的"特色"在于其产品能够得到消费者的青睐，在本地市场上具有不可替代的地位，在外地市场上具有绝对优势，在国际市场上具有相对优势甚至绝对优势。

（5）观光农业模式

观光农业又称旅游农业或绿色旅游业，是一种以农业和农村为载体的新型生态旅游业。农民利用当地有利的自然条件开辟活动场所，提供设施，招揽游客，以增加收入。旅游活动内容除了游览风景外，还有林间狩猎、水面垂钓、采摘果实等农事活动。

（6）订单农业模式

订单农业又称合同农业、契约农业，是近年来出现的一种新型农业生产经营模式。所谓订单农业，是指农户根据其本身或其所在的乡村组织同农产品的购买者之间所签订的订单，组织安排农产品生产的一种农业产销模式。订单农业很好地适应了市场需要，避免了盲目生产。

（二）工业发展模式

水源区的工业发展模式主要有以下三种类型。

1. 特色工业模式

特色工业模式，顾名思义是以特色资源（比较优势资源）为基础形成的工业生产模式。其要义为：①发展内容上突出一个"特"字。要立足比较优势资源，打造特色产品。②发展方向上突出一个"精"字。要牢固树立名优品牌等精品意识，全力推进特色工业品标准化质量工作，整合产品品牌，强化市场拓展，努力提高特色产品市场竞争力和占有率。③发展方式上突出一个"深"字。努力拓展发展空间，拉长产业链条，切实提升产品附加值。要进一步强化工业企业技术改造，切实增强其创新能力，引进、研发先进技术，推动特色工业品上等升级，提升赢利能力，增强其抗逆性和市场竞争力。④发展方法上突出一个"创"字。充分发挥人的主观能动性，求实创新，创造性开展工作。要坚持以科技为支撑，以改革为动力，狠抓管理创新、科技创新与体制创新。切实强化服务意识，努力提升服务质量，强力推动工业经济健康发展。⑤发展策略上突出一个"放"字。牢固树立"无工不富、工业强县（市、水源区）"的思想，开放式办工业，办开放式工业。解放思想，更新观念，扩大开放，筑巢引凤，借力发展，用思想的大解放促工业的大发展（王国库，2009）。

2. 绿色工业模式

绿色工业模式是以 ISO14000 环境管理系列标准为准绳，为企业产品生产构建一套完整的环境体系，从而为企业在各项活动、产品和服务中消除环境污染提供依据和方法，最终使企业产品完全符合 ISO14000 认证的绿色产品。

绿色工业模式实施的基本思路为：政府辅导，企业实施；先增量资产，后存量资产；管理在前，验证在后。具体步骤是，首先，在政府环境主管部门建立 ISO14000 的辅导机构（不用专设）；其次，选择大型新建项目，在项目审批建设时由辅导机构协助制订环境管理体系框架；再次，依靠政府监督和自我调节，将绿色管理融汇于企业的日常经营管理之中；然后，进行验证，获取绿色企业标志；最后，大力宣传绿色企业获得的良好经济效益、社会效益和环境效益，使更多的企业将 ISO14000 纳入经营管理中，经过良性循环，建立更多的绿色标志企业。

3. 生态工业模式

生态工业模式是以循环经济为基础，以工业为载体的一种生态经济模式。所谓工业生态链是指工业生态系统中同时存在的多种资源通过类似于生物食物营养关系而联系起来的一种生态工艺，这种关系相互依存、相互制约。它既是一条能量转换链，也是一条物质传递链。物质流和能源流沿着"工业生态链"逐级逐层次流动，原料、能源、废物和各种环境要素之间形成立体环流结构，能源、资源在其中反复循环获得最大限度的利用，使废弃物资源化，实现再生增值。在工业共生体内，企业利用上下环节的主副产品和原料的衔接关系构成了若干生态工业链；同一链上某个企业所生产的废弃物，经过必要的处理，回用于原来的生产过程，构成了链条的纵向闭合；不同链上的消费者、企业之间利用主、副产品和原料之间的横向耦合、协同共生关系，组成一个纵横交错的生态网络（于成学，武春友，2007）。

（三）低碳经济模式

1. 低碳经济模式

英国是世界上最早提出"低碳经济"的国家（2003 年）。所谓低碳经济是碳生产力（单位碳排放的经济产出）达到一定水平的经济形态，着眼点是未来几十年的国际竞争力和低碳技术产品市场，目标是低碳高增长，是通过能源技术跨越式发展和制度约束得以实现，表现为能源效率提高、能源结构优化以及消费行为理性。低碳经济是以低能耗、低污染、低排放为基础的经济模式。其实质是能源高效利用与清洁能源结构问题，核心是能源技术创新、制度创新和人类生存发展观念的根本性转变。

2. 低碳经济特征

低碳经济是针对碳排放量来讲的，提高能源利用效率和采用清洁能源，尽可能提高单位碳排放的经济产出。低碳经济通过减少碳排放量，使得地球大气层中的温室气体（CO_2）浓度不再发生深刻的变化，保护人类生存的自然生态系统和气候条件。低碳经济是以低能耗、低污染为基础的经济，其核心是能源技术创新、制度创新和人类消费发展观念转变。

3. 低碳经济发展

发展低碳经济是全面贯彻落实科学发展观，实现水源区经济社会环境可持续发展的必由之路。之前述及的农业循环经济模式、生态农业模式、特绿色工业模式、生态工业模式等均属于低碳经济范畴。同时，我国相继成立了"上海低碳经济实践区"（2008）、"广东低碳经济示范区"（2008）、"河北保定——内地首个低碳城市"等低碳经济发展模式。为水源区低碳经济发展提供了有益借鉴。低碳经济在我国的实践进一步明确了水源区的经济社会可持续发展方向。

（四）产业集群模式

1. 产业集群模式

产业集群，又叫产业簇群，它是指相关产业形成地理上的集中性，包括上下游产业的制造商，互补性产品的制造商，专业化基础设施的供应商，以及相关机构（政府、大学、科研机构、行业协会等）。

由图 6-7 可以看出，某区域的四个主导产业集群为：金融商务服务（银行、基金、债券、保险）；权力部门（政府机构、贸易协会、经济组织）；旅游业（宾馆饭店、旅游景点、娱乐场所）；创造性制造业（研发机构、高新技术产业、传统产业的改造）。除此之外，还分布着一系列相关产业集群，对四个主导产业集群起着加固作用。其中，四个产业集群间具有很强的互补性，其间相互支撑，相互促进，并通过创造性制造业、金融商务、旅游业等特色产业集群与全球产业链进行链接，从而对区域乃至世界经济发展产生一定影响。

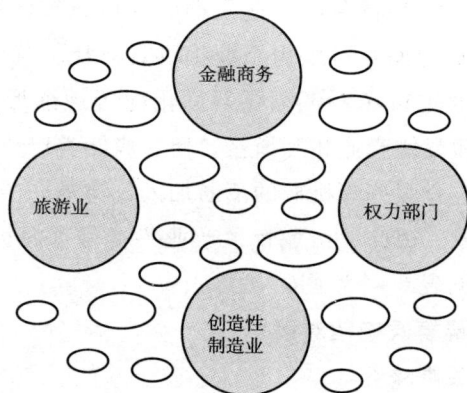

图 6-7　某区域特色产业集群示意

2. 特色产业集群模式

特色产业集群形成大致经历以下四个阶段：①单个企业发展阶段（企业层面）。工业化初级阶段，工业产品供不应求，企业形成主要依据各个地点的资源情况和交通状况等，企业空间分布呈比较均匀的散点状。改革开放初期，我国村办企业的快速发展就是一个典型的例证。②产业集群发展阶段（小城镇层面）。随着工业化的不断推进，工业产品供应不断增多，市场竞争日趋激烈。企业发展规模由小变大，以规模效益取胜于市场。与此同时，上下游产品衔接、相关企业合作加强，产业发展进入集群阶段。即，企业不断向城镇工业园区集聚。由于园区基础设施配套，中介服务完善，上下游以及旁侧产业有机整合，集群效益大为提高。③城市特色产业集群阶段（城市层面）。特色产业集群形成于城市比较优势资源（特色资源）基础之上，各城市资源环境条件、原有经济基础、社会历史文化背景有着很大差异。不同城市的同一产业集群效益存在很大差异。因此，根据城市比较优势资源，培育和发展特色产业集群将使城市产生比较竞争优势，产生更好的经济效益和社会环境效益。城市特色产业集群是城市地域范围内包括小城镇层面产业集群整合的结果。城市地域范围内分工合理将促使城市特色产业集群形成。④区域特色产业集群阶段（区域层面）。区域特色产业集群是区域比较优势资源（特色资源）得以合理利用的集中体现。特色产业集群具有很强的地域性，不同区域其资源条件、经济基础、科技水平、社会文化习俗等资源要素有着很大差异，适宜于发展不同产业，从而形成各具特色的产业集群。区域比较优势资源作为生产要素存在或者作为消费者偏好可以为企业提供具有比较优势的生产要素和较稳定的广阔市场，通过市场对资源要素优化配置逐渐形成特色产业，特色产业的上下游产业和旁侧产业相互衔接，便形成同类产业的不断集聚。集群效应将引导研发、中介服务等机构的不断加入，将进一步提高集群效益，特色产业集群逐步形成。因此，区域特色产业集群是水源区各城市分工合作、协同发展的结果（见表6-7、图6-8）。

3. 特色产业集群模式构建对策

（1）特色产业集群培育

①根据水源区比较优势资源（特色资源）培育特色产业集群。要围绕水源区的比较优势资源（特色资源）发展壮大相关主导产业，拉长产业链

表6-7　区域空间结构演变过程

产业集群演化阶段	单个企业	产业集群（企业集群）	城市特色产业集群	区域特色产业集群
空间演变形式				
产业分布特点	均匀分布	以城镇工业园区集群分布为主	以城市产业集聚区集群分布为主	以区域产业集聚区集群分布为主
产业集群形成动因	供不应求卖方市场	供应增加，出现竞争	市场竞争日趋激烈	全球范围竞争更加激烈

单个企业阶段
（企业层面）

产业集群阶段
（城镇层面）

城市特色产业集群阶段
（城市层面）

区域特色产业集群阶段
（区域层面）

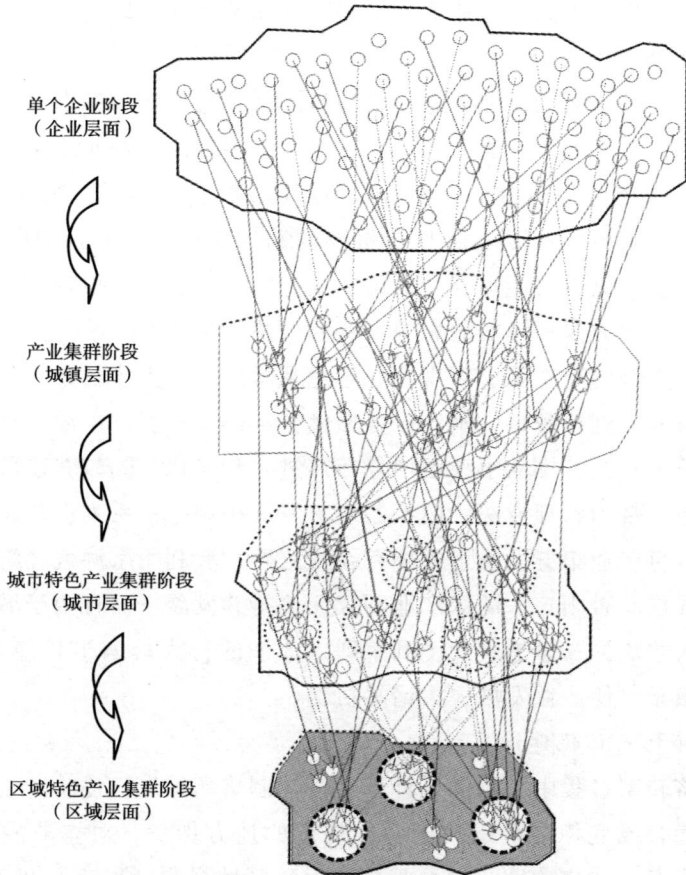

图 6-8　区域特色产业集群与空间结构优化关系

条，围绕特色产业链条使水源区各城镇之间形成合理分工，有相关配套产业支撑的特色产业集群。即水源区内各城镇就同一产业或相近的几个产业能够分工合作，形成密切的产业联系。②改善影响特色产业集群发展的要素条件。水源区核心城市与一般城市、城镇与乡村之间存在着较大差异，空间集聚能力也存在着较大差异，因此，各城镇应从改善要素条件入手，通过市场机制打造水源区特色产业集群。③加强水源区各城镇之间的协作与联动发展。水源区各城市政府应对本区域的比较优势资源进行梳理，通过水源区各城市之间的规划与协调，实现城市之间的错位发展和互补发展，避免盲目发展与重复投资，并从构建水源区特色产业集群的高度出发，进行有效的资源配置和利用，达到水源区产业协调发展、合作发展的共赢目标。

（2）思想观念创新

创新是一个民族的灵魂，是一个地区经济社会发展的根本动力，是率先发展、加快发展、科学发展的动力和源泉。思想观念、企业或企业集团组织及其行为（朱英明、于念文，2002）、行政因素（陈德宁、沈玉芳，2004）等社会文化对水源区产业发展具有重要的制约作用。只有通过创新思想观念、创新社会文化，才能克服社会历史文化制约。创新思想观念需要破除一切地方利益、地方保护等旧的思维方式和做法的束缚，形成与水源区产业可持续发展相吻合的新思维、新观念。思想观念开放，人才云集，城镇，尤其是核心城市成为创新源地，水源区各城镇分工协作，促进水源区特色产业集群形成并发展壮大，推动水源区产业布局进一步优化。同时，还可以通过思想观念创新，带动管理方法、政策制度、发展机制等一系列创新，协调解决好水源区特色产业集群发展过程中存在的问题，有利于水源区经济社会环境的可持续发展。否则，水源区产业不仅无法持续发展，而且由于城镇处于衰落阶段，人才流失，思想观念受到束缚，人们的行为禁锢于某种思维方式，形成僵化教条，使产业发展失去诸多机遇。

（3）市场一体化建设

在经济转型过程中，水源区计划经济体制烙印很深，逐步产生了不同程度的各种隐含或变相甚至是政府明文规定的地方保护，对企业发展危害极大。实施市场一体化建设，就是要打破行政区域界限，以市场机制为基础，按照要素流动和利益相关的客观要求，不断形成特色产业集群，实现水源区经济社会环境的优化重组，并产生要素集聚规模效应。在这一过程中，市场将发挥主要作用，地方政府应侧重于规划引导、优化环境，提高服务质量，加强公共物品的建设管理保护。因此，市场一体化建设就是要通过市场竞争机制优化水源区资源配置，实现多赢局面：①淡化行政区经济，突出各自产业特色，实现优势互补。根据水源区各城市的资源优势和发展潜力，通过产业横向联合和纵向优化重组，实现互通有无，重点是通过生产要素的自由流动形成产业集聚，产生规模效应，通过产业升级形成品牌效应。②克服体制障碍，按照市场主导、政府推动原则通过具体的协议和条约，实现水源区各城市之间的紧密合作。③突破"囚徒困境"。水源区各城市人民政府应根据国家出台的相关政策，制定相应细则，惩罚地方保护，激励相互协作，摒弃地方保护主义。通过协作改变现有的以行政版图为主导的"中心—次中心……次中心—中心"的经济格局，建立以经济为主导的"中心—次中心……次中心—中心"的区域经济社会环境发展新格局（陆大道、姚士谋、刘慧等，2007）。

（4）城乡统筹发展

"城与乡，不能截然分开；城与乡，同等重要；城与乡，应当有机结合在一起"（芒福德、刘捷，2004）。城市与乡村在思想理念、产业发展、建筑景观、生态文化等方面有着重要区别，互补性很强。乡村是城市原材料的供应地、二三产业产品销售市场、人力资源的输送地、生态环境保护的屏障，城市是乡村经济社会可持续发展的"火车头"、产品深加工的集聚地、农村剩余劳动力的吸纳场所、农业现代化技术设备的支撑点。统筹城乡发展的实质内涵就是强化城乡互动，实现城乡双赢。城乡互动，在微观层面上就是要加强城乡工业、农业和服务业之间的对接和交流，以推进农村工业化、农业产业化为关键；在宏观层面上就是通过城乡政策调整，构建和完善城乡统一的户籍、财政、教育、医疗和社会保障体系。城乡统筹发展，使城乡基础设施统一建设、城乡信息共享、城乡资源得到有效整合利用。城乡统筹发展使水源区基础设施、劳动力资源、自然资源、经济社会发展等方面实现有效对接，城乡间人流、物流、资金流、技术流、信息流、生态流等生产要素流动畅通无阻，水源区比较优势得以凸显，水源区特色产业集群形成发展壮大，实现水源区经济社会环境协调可持续发展（郭荣朝、苗长虹，2010）。

四　水源区产业整合对策

产业整合就是加速产业的合理化进程。工业生产生命循环阶段论、雁行发展形态说、非均衡发展学说等产业结构高级化理论，并结合水源区产业发展现状、存在问题及其在全国（或世界）劳动地域分工中的地位，现提出水源区产业整合的具体对策（周起业，1989）。

（一）消除边缘屏蔽因素，统一产业规划

水源区隶属于豫、鄂、陕三个不同的"行政经济区"，产业发展各自为政、自成体系。因此，水源区应尽快消除省际边缘区的屏蔽因素，在遵循自

然社会经济规律的前提条件下，积极开展双边或多边对话，加强沟通交流，充分调动人的主观能动性，通过统一产业规划、交通规划等手段，疏导边缘区作用通道，拓展有益边缘区，创造、增殖边缘效应，加速人流、物流、资金流、技术流、信息流、生态流等各种流动，不仅有利于生产要素集聚，形成特色产业集群，产生规模效益，使水源区产业得到有序整合，同时也有利于水源区生态环境保护与经济社会环境可持续发展（郭荣朝，2006）。

（二）抢抓发展机遇，及时进行产业整合

水源区要抢抓西部大开发、中部崛起以及沿海地区产业向内地转移等发展机遇，加速产业整合，提高其产业竞争力。第一产业要全面推进农业产业化，及时调整农业结构，积极发展生态农业，增强农业有效竞争力。第二产业要依托襄樊国家级高新技术产业开发区和南阳等省级高新技术产业开发区，加快科技创新步伐，加强知识产权保护，积极引导企业在高新技术领域、环保领域选择合适的切入点，有重点地发展光纤通信、新材料、新技术及机电一体化等附加值高、水源区又具有比较优势的高新技术产业和环保产业，提高产业结构水平。第三产业要大力发展旅游业，充分利用水源区旅游资源丰富，区位条件较为优越等有利条件，有计划地开发旅游资源、发展生态旅游，尽快将其旅游资源优势转化为经济优势。积极发展现代服务业，加强交通基础设施建设，构建现代交通运输网络体系；建立区域性共同市场，构造以第三方物流为主的现代物流体系，组建大型商贸集团，积极参与国际竞争；加快金融、商贸、房地产等生产性服务业发展；加速发展信息服务业；大力发展科技教育，尤其是技术创新和高等教育。

（三）加强政策引导，尽快形成特色产业集群

在新经济环境条件下，国内外市场竞争日趋激烈，乡镇企业必须按照市场规律，适时进行空间重组，形成产业集群，以产生集聚规模效益，增强其市场竞争力和可持续发展能力。因此，要加强政策引导，从区位条件、科技含量、发展潜力、生态容量、经济效益、社会效益等方面对企业进行全面评价，看其是否符合产业发展趋势和水源区环境容量要求。对符合产业导向要求的企业，可通过政策法规等宏观调控措施引导其向城市或重点城镇的工业园区集中，形成特色产业集群。使上下游产业以及旁侧产业有机地衔接在一

起，促使企业内部、企业之间、产业集群内部和产业集群之间的"资源→生产→产品→消费→废弃物资源化"的清洁闭环流动模式逐步形成，使水源区以尽可能少的资源能源消耗、尽可能小的环境代价实现最佳经济社会效益，力求把经济社会活动对自然资源的需求、对生态环境的影响降低到最低程度，最终使经济社会环境之间形成良性循环。对不符合产业导向要求的乡镇企业要坚决实施关停淘汰（郭荣朝，2007）（见图 6-9）。

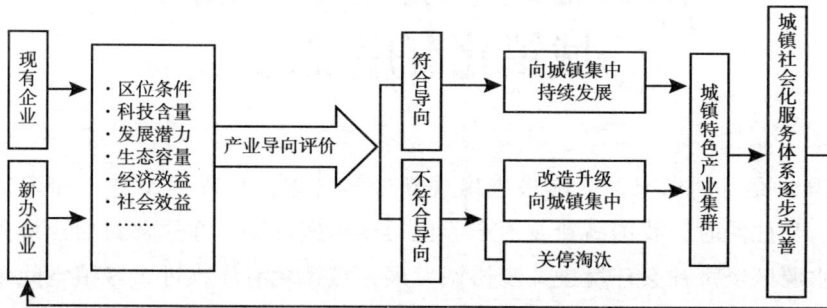

图 6-9　水源区产业集群形成机制

与此同时，还要通过政策引导，因地制宜地培育发展以循环农业、生态农业、现代农业为主要内容的水源区特色农业发展模式，不断培育发展以特色工业、绿色工业、生态工业为主要内容的低碳经济发展模式，推动水源区特色产业集群发展，保持水源区经济社会环境可持续发展。

（四）培育增长核心，带动水源区健康可持续发展

"增长极"理论、"点—轴"理论、梯度推移理论、产业集群理论等认为在经济发展水平较低时，为了增进整体经济实力，必须选择一些区位条件、原有基础等较好的地方优先发展，形成增长核心，然后带动或促进区位条件较差地区的发展，最终达到全面发展之目的。水源区要整合襄樊、南阳、十堰、汉中、安康、商洛 6 个地级市，以带动铁路等复合通道地带的经济建设，强化"廊道组团效应"，实现"点"→"轴线"→"廊道组团"的渐进式发展。即，及时构建"南襄城市群"，培育汉中"十字"形、安康"Y"形城镇组团以及商洛、西峡等增长核心，实现增长"点"、增长"轴线"与增长"组团"的有机耦合，以此带动水源区经济社会环境健康可持续发展（陆大道，1998）。

第7章
南水北调中线工程水源区
城镇化有序推进

20世纪末期以来，美国最先出现新经济现象，世界逐步进入知识经济时代。与此同时，我国高新技术产业也得到迅速发展。在这种新的经济条件下，水源区经济社会环境进一步协调发展，城镇化有序推进，城镇空间重组也是必然趋势。

一　水源区城镇化进程

从水源区的发展历史可以看出，社会稳定，政府重视，政策得当，"边缘效应"显现，经济社会和城镇得到较快发展；政府不重视水源区发展，政策不当，战乱频繁，生态环境遭到严重破坏，"边缘效应"处于屏蔽状态，水源区经济社会停滞不前，城镇发展也极为缓慢（郭荣朝，2006）。

改革开放以后，社会主义市场经济体制的建立和完善为水源区边缘效应显现创造了条件，水源区人流、物流、资金流、技术流、信息流、生态流流量逐步增大，城镇也得到较快发展。截至2004年底，水源区有6个地级市，5个县级市。其中，大城市1座（襄樊），中等城市2座（南阳、十堰），小城市8座。2004年，水源区所有城市（不含辖县）市域面积为24966平方公里，占水源区总面积的17.51%，所有城市（不含辖县）市域人口为1910.09万人，占水源区总人口的50.88%，市域实现的GDP、二、三产业产值却已分别占到水源区总量的46.23%、62.5%、58.1%。水源区共有乡（镇）人民政府1022个，其中建制镇577个，占乡镇总数的56.46%。城镇已成为水源区的经济政治社会文化中心。

二　水源区城镇化现状

2000 年末，水源区总人口 2497.48 万，其中，非农业人口 462.57 万（非农户籍人口），城市化水平为 18.52%（与 1978 年全国平均水平相当），低于全国平均水平（26.08%）7.56 个百分点。

水源区边缘效应长期处于屏蔽状态，决定了水源区城镇化水平较低。1978 年水源区人均 GDP 259 元，为全国平均水平的 68.44%，城镇化水平为全国的 65%；2000 年水源区人均 GDP 为全国平均水平的 70.86%，城镇化水平为全国平均水平的 71.01%，水源区城镇化水平和全国情况一样滞后于经济发展水平约 10 年。水源区城镇化现状特征如下。

（一）城镇体系尚不完善

从城市等级规模结构上看，水源区特大城市缺位，大城市和中等城市较少（见图 7-1）。唯一的 1 个大城市——襄樊市也只是在 1996 年才跨入大城市行列；另有 2 个中等城市，8 个小城市，577 个建制镇。

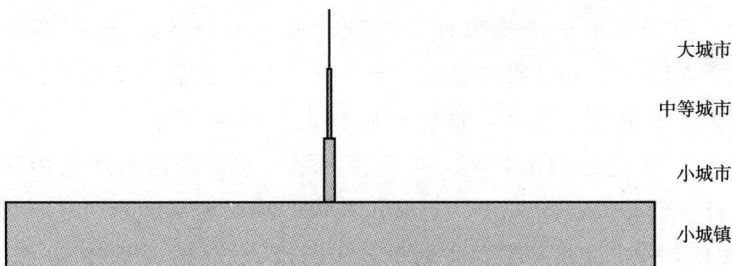

图 7-1　2004 年水源区城镇金字塔

从城市职能结构来看，由于行政区经济的作用，水源区城市职能多为地区性（地方性）政治、经济、文化中心，多为综合性城镇，特色专业城镇较少（见表 7-1）。水源区的这种城镇职能结构充分说明水源区社会分工滞后，专业化水平低，城镇经济活动中基本活动部分所占比重较少，致使水源区城镇间人流、物流、资金流、技术流、信息流等生产要素的流量和流动强度较小，城市首位度较低（2003 年水源区城市首位度只有 1.586），缺乏中心城市，水源区城镇化推进和社会经济环境可持续发展均受到很大制约。

表7-1 水源区部分城市职能结构比较

城市名称	城市职能
襄樊市	鄂西北地区经济文化交通中心,襄樊市域政治经济文化交通中心
十堰市	全国机械(汽车)制造工业中心之一,鄂西北经济中心,十堰市域政治经济文化交通中心
南阳市	豫西南(南阳市域)政治经济文化交通中心
汉中市	汉中市域政治经济文化交通中心
安康市	安康市域政治经济文化交通中心
商洛市	商洛市域政治经济文化交通中心

畸形的城市体系主要是由于水源区边缘效应长期处于屏蔽状态,致使交通网络等通道建设严重滞后,生产要素不能正常流动,城市间经济联系较少,封闭性强。在缺乏大城市与中小城市实力较弱的条件下,水源区主要城市间吸引辐射功能受到了极大的限制和削弱。

(二) 城镇空间分布"东密西疏"

由于受边缘效应以及自然条件、原有经济基础、社会历史文化背景等动力机制的作用,水源区城镇空间分布"东密西疏"。水源区东部南(南阳)襄(襄阳)盆地山前平原地带处于地理边缘区与行政边缘区的耦合地带,自然环境条件较好,开发历史悠久,已形成一定的社会经济基础,因此其城镇规模较大、城镇数量较多、城镇密度较大,2004年平均每1万平方公里土地上约有1.31座建制市和48.14个建制镇。水源区西部秦巴山区自然条件、原有社会经济基础均较差,其城镇规模较小、城镇数量较少、城镇密度较小,2004年平均每1万平方公里土地上只有0.52座城市和40.50个建制镇(见表7-2、图7-2)。

表7-2 2004年水源区城镇密度

	面积/万平方公里	城市(个)	大城市(个)	中等城市(个)	城市密度(个/万平方公里)	建制镇(个)	建制镇密度(个/万平方公里)
南襄盆地	4.57	6	1	1	1.31	185	48.14
秦巴山区	9.68	5	0	1	0.52	392	40.50

注:为了计算方便,从行政区划的完整性出发,南襄盆地包括襄樊市、南阳市;秦巴山区包括十堰市、神农架林区、汉中市、安康市和商洛市。

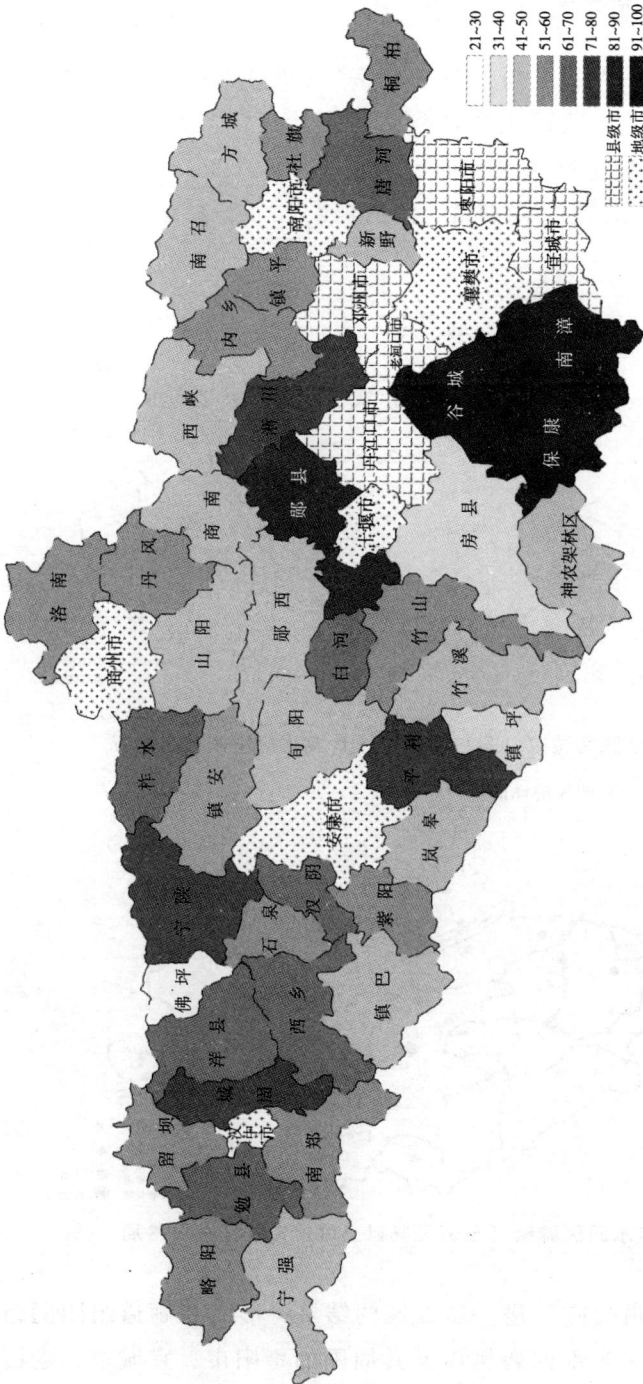

图7-2 水源区各县市建制镇占乡镇总数的百分比（%）

（三） 城镇建设"廊道效应"显著

水源区城镇建设存在着明显的"三沿现象"（沿铁路线、沿公路主干道、沿河流两岸）。水源区城镇主要沿汉丹—襄渝—阳安铁路（汉江）、焦枝铁路、宁西铁路和汉十高速公路（武汉—十堰）、312 国道、316 国道等通道复合带分布，城镇空间分布"廊道效应"显著（见图 7 - 3、图 7 - 4）。

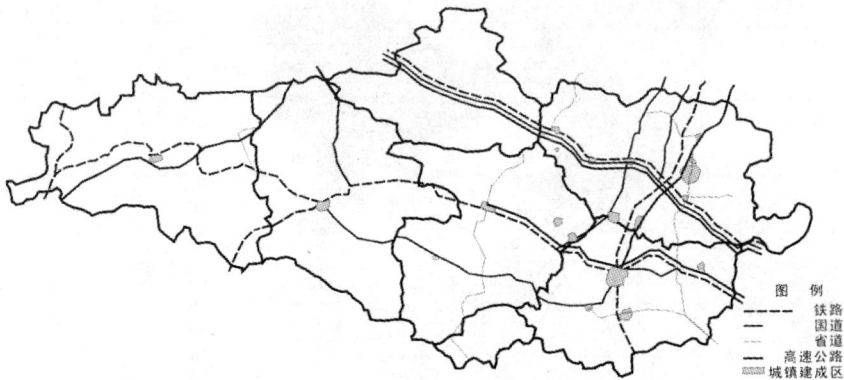

图 7 - 3　2000 年水源区城镇（县城及其以上）建成区空间分布状况

资料来源：根据 2000 年 TM 图像解译而成。

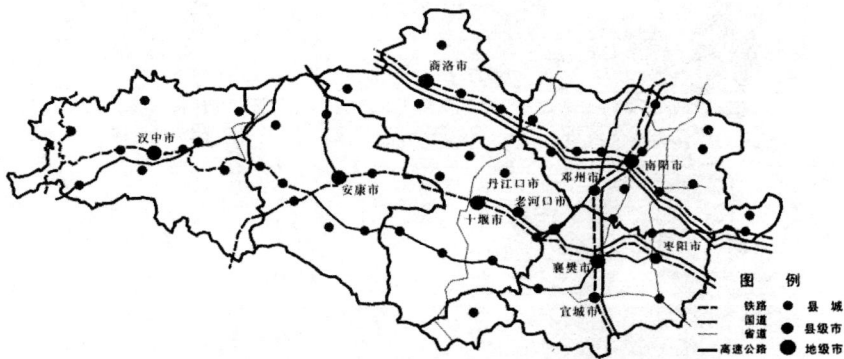

图 7 - 4　2004 年水源区城镇（县城及其以上城镇）空间分布格局

城镇空间分布"廊道效应"进一步发展的结果将形成"廊道组团网络化"模式。目前，水源区东部的襄樊市及其周围的枣阳市、宜城市、老河口市，南阳市及其周围的邓州市，十堰市及其周围的丹江口市已有机地联系在一起，"廊道组团网络化"模式的雏形已经显现。

（四）城镇化水平"东高西低"

水源区城镇化水平"东高西低"。水源区东部南襄盆地处于边缘耦合地带，加之改革开放后社会主义市场经济体制的逐步建立，行政区经济等边缘屏蔽因素逐步消除，"边缘效应"显现。改革开放 20 多年来南襄盆地城镇建设发生了较大变化，城镇数量倍增，城镇建设速度加快，建成区面积扩大。水源区现有设市城市 11 个，南襄盆地 6 个，占 54.55%，水源区唯一的大城市（襄樊）也在南襄盆地。其中，襄樊市人口城镇化水平已达 40%以上。水源区西部秦巴山区城镇数量少，城镇建设速度也极为缓慢，安康、商洛两地的城镇化水平还不到 20%（见表 7 - 3）。

表 7 - 3　2004 年水源区城镇设置情况

		襄樊	南阳	十堰	神农架	汉中	安康	商洛	总计
乡镇情况	乡政府所在地（个）	4	103	43	4	94	130	67	445
	建制镇（个）	73	112	61	4	132	103	92	577
	乡镇总数（个）	77	215	104	8	226	233	159	1022
	建制镇占乡镇总数百分比（%）	95	52	59	50	58	44	58	56
城市情况	县级市（个）	3	1	1	0	0	0	1	6
	地级市（个）	1	1	1	0	1	1	0	4
	建制市总数（个）	4	2	2	0	1	1	1	10
	人口城镇化水平（%）	42.9	14.1	32.5	33.2	19.51	18.9	12.47	—

注：表中南阳、汉中、商洛三地人口城镇化水平由非农户籍人口数比总人口数计算所得。

（五）城镇质量有待提高

1. 城镇规模小

2000 年底，水源区西部秦巴山地部分县城建成区面积仍不到 1 平方公里（见表 7 - 4），建制镇建成区面积不足 0.3 平方公里，人口规模不到 1 万人。城镇规模小，致使城镇集聚效益不足，辐射半径过小，难以形成较为完善的基础设施和社会化服务体系，继而进一步影响生产要素集聚和产业集群的形成，最终使水源区巨大乡村人口压力和相对不足的城镇吸纳能力之间的矛盾更加突出（见图7-3）。

表7-4　水源区部分城镇（县城及其以上）建成区面积一览

单位：平方公里

	1986	2000		1986	2000		1986	2000
南　阳	13.85	35.36	老河口	7.34	26.48	平　利	—	1.63
邓　州	9.52	14.68	南　漳	2.28	5.39	汉　阴	—	1.87
镇　平	4.68	8.56	保　康	1.71	3.03	镇　坪	—	0.49
桐　柏	1.64	3.53	谷　城	2.40	7.53	岚　皋	—	1.45
唐　河	4.88	9.87	十　堰	15.06	51.00	紫　阳	—	1.87
方　城	4.61	7.16	丹江口	3.69	9.01	宁　陕	—	0.75
社　旗	3.78	5.08	郧　县	2.86	6.01	石　泉	—	2.20
新　野	8.77	11.04	郧　西	2.21	2.67	镇　安	—	1.78
内　乡	4.33	5.06	房　县	2.81	3.70	柞　水	—	0.98
南　召	2.93	5.35	竹　山	1.79	2.33	商　州	—	6.40
西　峡	3.63	8.72	竹　溪	0.70	0.94	商　南	—	1.76
淅　川	3.97	6.29	神农架		1.10	山　阳	0.94	2.02
襄　樊	25.29	59.98	安　康		19.76	丹　凤	—	4.24
枣　阳	4.85	11.90	旬　阳	0.77	3.15	—		
宜　城	6.03	9.64	白　河	0.41	1.27	—		

注：以上数据由1986年、2000年TM图像解译所得，空白部分为数据缺失。

2. 城镇生态效益差

水源区城镇规模小，乡镇企业分布分散，没有形成产业集群，不仅经济效益差，而且生态效益也很差。2000年水源区40%以上的县（林区）GDP不足10亿元，20%的县（林区）GDP不足5亿元，其中镇坪县GDP只有1.43亿元。经济发展缓慢，城镇化滞后，剩余劳动力大量滞留于农村，致使乱垦滥伐现象屡见不鲜，水土流失程度不断加剧，环境污染日趋恶化，生态系统极其脆弱。

3. 城镇特色不突出

水源区小城镇多为综合型城镇，小城镇一般是乡镇域范围内的政治、经济、文化、交通中心，城镇职能类同，没有特色。城镇社会分工滞后，专业化水平低，继而导致恶性竞争，生态环境日趋恶化，不仅使地方优势无法充分发挥，而且也严重影响城镇化的可持续发展。

三　水源区城镇化趋势

根据水源区边缘区位条件、自然生态环境条件、社会经济文化条件，结合世界城镇化发展趋势，水源区城镇化趋势如下。

（一）　城镇体系日趋完善

随着我国社会主义市场经济体制的逐步完善、国家宏观调控机制的日趋健全、水源区人民生态环保意识的进一步增强和对外联系交通信息通道的快速建设——宁（南京）西（西安）铁路、汉（武汉）十（十堰）高速公路、许（许昌）樊（襄樊）高速公路、襄（襄樊）荆（荆门）高速公路、宁西高速公路、襄（襄樊）渝（重庆）高速公路、宛（南阳）洛（洛阳）高速公路、西（西安）汉（汉中）高速公路以及呼和浩特至北海、西安至武汉两条国家一级光缆干线和兰州经西安至武汉国家一级数字微波通信干线等，襄樊、南阳、十堰等城市的边缘优势将进一步显现，襄樊将成为水源区的中心城市，南阳、十堰将成为水源区的副中心城市，其他中小城市和富有特色的重点小城镇也主要集中于宁西铁路沿线、汉水沿线（汉丹铁路、襄渝铁路、阳安铁路沿线）、焦枝铁路和宝成铁路沿线等通道复合带，水源区城镇等级规模结构体系和职能结构体系将日趋完善（见表 7 - 5、图 7 - 5）。

（二）　城镇空间分布趋向合理

水源区城镇体系日趋完善，社会分工越来越细，专业化水平逐步提高，大、中、小城市和重点小城镇集中分布于南襄盆地和秦巴山区的通道复合带，使城镇间人流、物流、资金流、信息流、技术流、生态流等生产要素的流动更加便捷，流量进一步增加，交易成本则逐步降低，"边缘效应"充分显现，城镇"廊道组团网络化"格局逐步形成，城镇空间分布趋向合理（见图 7 - 5）。

（三）　城镇化水平逐步提高

随着国家西部大开发战略、中部崛起战略的逐步实施和改革开放的进一

表 7 - 5　水源区城镇体系结构发展趋势

中心城市		襄樊市(特大城市)
副中心城市		南阳市、十堰市(大城市)
中等城市		老河口市、汉中市、安康市、商洛市、枣阳市、邓州市
小城市		宜城市、丹江口市、谷城县城、镇平县城、新野县城、西峡县城、旬阳县城
重点小城镇	综合型	南漳城关镇,保康城关镇,桐柏城关镇,唐河城关镇,方城城关镇,社旗城关镇,内乡城关镇,南召城关镇,淅川城关镇,西坪镇,湍东镇,郧县城关镇,房县城关镇,竹溪城关镇,竹山城关镇,郧西城关镇,白河城关镇,平利城关镇,汉阴城关镇,镇坪城关镇,岚皋城关镇,紫阳城关镇,宁陕城关镇,石泉城关镇,洛南城关镇,镇安城关镇,柞水城关镇,商南城关镇,山阳城关镇,丹凤城关镇,南郑城关镇,城固城关镇,洋县城关镇,西乡县城关镇,勉县城关镇,宁强县城关镇,略阳县城关镇,镇巴县城关镇,留坝县城关镇,佛坪县城关镇
	交通枢纽型	阳平关镇
	旅游娱乐型	武当山镇,柏松镇
	农业产业化牵引型	小河镇,月河镇
	商贸流通型	白浪镇(鄂)、白浪镇(陕)、紫荆关镇(豫)——一镇跨三省,凤凰镇,穰东镇,石佛寺镇
	工矿辐射型	平氏镇,蒲山镇
	工业主导型	双沟镇,牛首镇,石花镇,武安镇,吴店镇,五山镇,仙人渡镇,云阳镇
	中心城市辐射型	太平店镇,柳陂镇

步深化以及南水北调中线工程的顺利实施,水源区人民生态环境保护意识逐步增强,交通信息等基础设施日趋完善,市场经济体制逐步形成,水源区通道屏蔽因素逐步消除,"边缘效应"在城镇发展中的作用越来越重要。水源区生产要素加速流动,产业集群逐步形成,城镇发展逐步走上"规模经济"轨道,水源区产业结构重构,城镇空间结构重组,城乡之间由隔离状态进入良性互动状态,城镇化与区域社会经济环境之间互利共生、协同进化,城镇化水平逐步提高。

(四) 城镇质量日渐好转

城镇化的最终目标是为人类提供更好的、更加舒适的生产生活环境,城

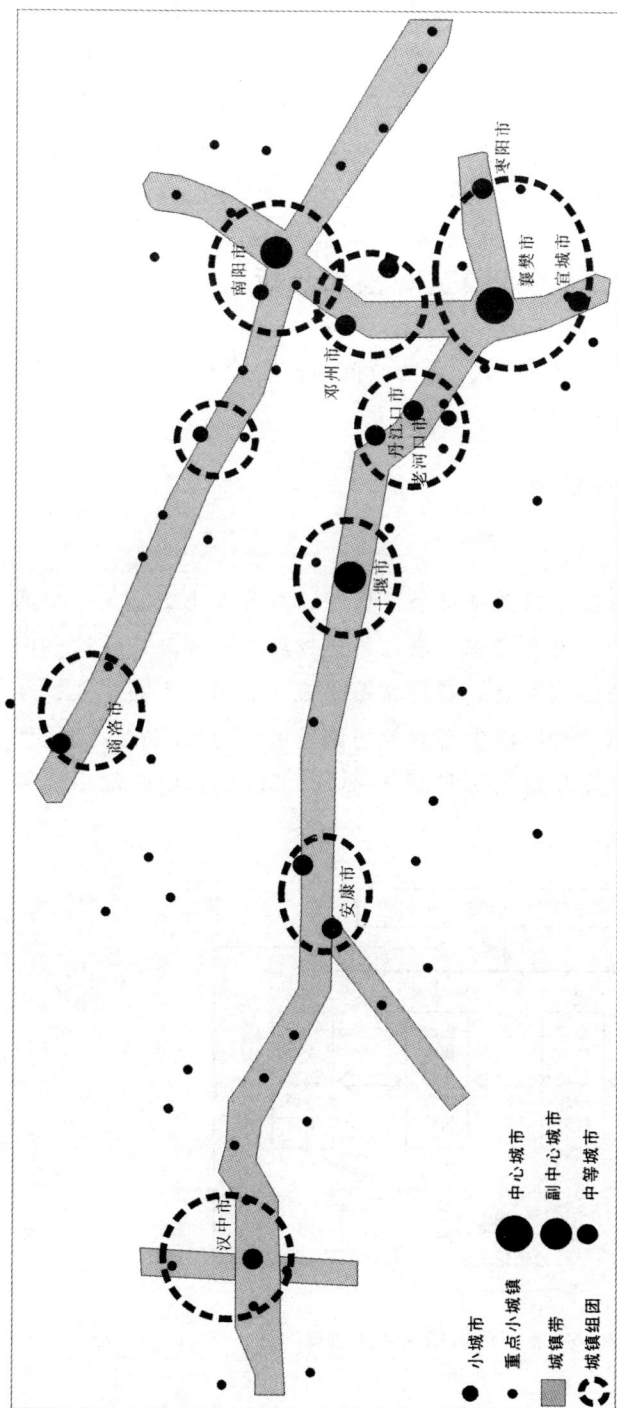

图 7 - 5　水源区城镇空间发展趋势

镇生态化已成为城镇发展的必然趋势，尤其是生态环境脆弱的省际边缘区，对生态城镇建设已经形成共识。随着水源区乡镇企业的逐步集中，农村剩余劳动力的逐步转移，水土流失、"三废"物质排放等生态环境问题将得以根治，以及绿色农业、绿色工业、绿色第三产业等绿色环保产业的发展和生态城镇规划的实施，水源区城镇质量将日渐好转。

四　水源区城镇空间重组分析

产业重构必然引发城镇空间重组，城镇空间重组是产业整合的空间响应。

（一）水源区城镇形成机理

1. 内生型

内生型，是指某一区域由于自然环境条件良好，其开发历史悠久，交通便利，具有一定的经济基础，人文资源丰富，科技发展水平较高；在这些内部力量的推动下，城镇得到迅速发展。随着城镇建成区面积的不断扩大，区域城镇密度逐步提高，城镇社会经济生态效益协调发展，形成适宜人们居住的良好环境，城镇化水平也逐步提高（见图7－6），如南襄盆地西部山前平原地带的襄樊市、南阳市等。

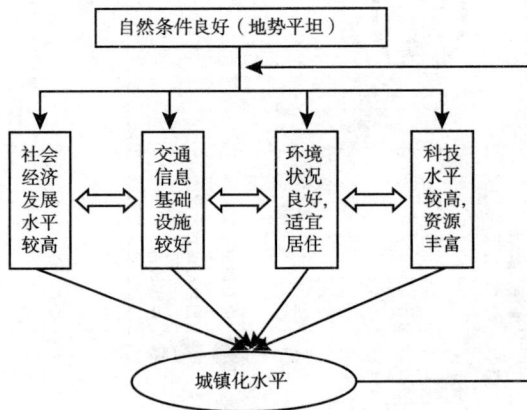

图7－6　水源区城镇化内生机制

2. 外生型

外生型，即外力嵌入型。因某种外力作用，在某一地区强行植入一个城镇，使其生产生活环境得以改善，社会经济同时得到发展，科技水平也逐步提高。但这种类型的城镇在发展初期以及城镇化推进过程中，由于自然环境条件约束，其基础设施建设投资较大、效益较差，社会、经济以及生态环境较难进入良性循环状态，城镇化推进缓慢，城镇发展带动作用较弱（见图7-7），如我国"三线建设"时期在水源区的鄂西北山区嵌入的十堰市，东风汽车公司（原第二汽车制造厂）不仅对周围山区县的带动能力较弱，而且也约束了自身发展；改革开放后，东风汽车公司部分职能部门已逐步外迁。20世纪80年代建立襄樊二汽基地，发展发动机和轻型车；20世纪90年代在武汉成立神农富康公司，重点发展轿车，2004年东风汽车公司总部已在武汉汉阳奠基；第三步将在"珠三角"和"长三角"发展零部件和其他事业，现已在上海浦东、广州花都等地成立分公司（甘泉、蔡斌、黄勇，2004）。

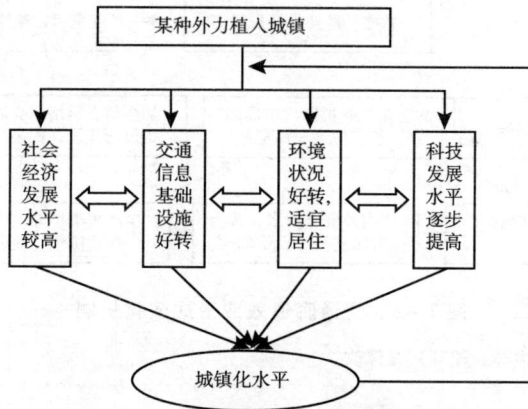

图7-7　水源区城镇化外生机制

（二）水源区城镇空间重组趋势

1. "廊道组团效应"进一步强化

某种交通运输方式建设前，因生产要素流动通道不畅，致使沿线地区经济差异大、城镇少、实力弱、产业结构水平低、企业规模小、布局松散、缺乏市场竞争力。某种交通运输方式的建设，将激活区域间的交流活动，加速生产要素流动与转移，增强城市吸引辐射能力，高新技术产业相应也会得到较快发展，产业结构重构，空间结构重组，城镇群体显现，城镇化水平快速提高，区域整体经济实力增强。地方财力增强，又使区域信息高速公路、交通网络体系、环境保护等基础设施建设进一步完善，从而带来生产规模扩大，产业结构升级，产业间、地区间关联度增大，形成分工合作的产业群体、统一发达的市场和完善的信息体系；同时国内外资金技术、智力资源支持流入量加大，形成具有特定内在联系和功能的带状高等级开放经济系统（见图7-8）（韩增林、尤飞、张小军，2001）。最终使通道沿线地区经济实力增强，区域竞争力进一步提高，逐步跨入良性循环轨道。

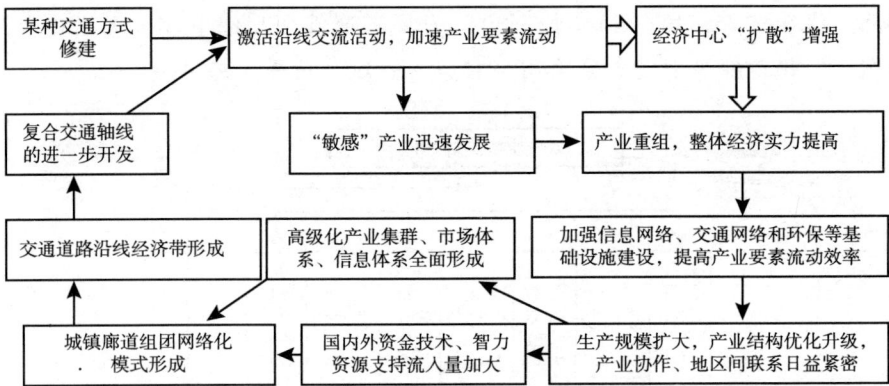

图7-8　交通廊道效应形成演化机制

资料来源：韩增林，2001，有修改。

西部开发的一个重要任务就是加强基础设施建设。目前水源区正在建设以及计划建设的大型基础设施项目有：宁（南京）西（西安）铁路、襄渝铁路复线等；汉口—十堰—安康—重庆、荆州—襄樊—南阳—许昌、南阳—洛阳、312国道沿线等高速公路；汉江航道整治与港口、泊位改扩建；襄樊、南阳、安康机场飞行区扩建；以及"南水北调"中线工程等。上述基础设施项目的建设，将使312国道沿线、汉江沿线、焦枝铁路沿线成为多种交通信息通道复合密集地带，使沿线城镇的内外部交通信息通信条件进一步改善，将进一步推动沿线城镇快速发展，城镇空间分布的"廊道效应"将进一步加强。但由于汉中、商洛、安康、十堰等地的山区县经济普遍落后,沿交通走廊全面推进将不利于重点地段的发展和中心城市产业经济间的联系,而应当围绕重点地段和中心城市采取组团发展模式,在带动周围区域经济增长的同时,壮大廊道实力,城镇空间分布逐步形成"廊道组团网络化"模式(见图 7-9),以促进水源区经济社会环境整体持续协调发展。

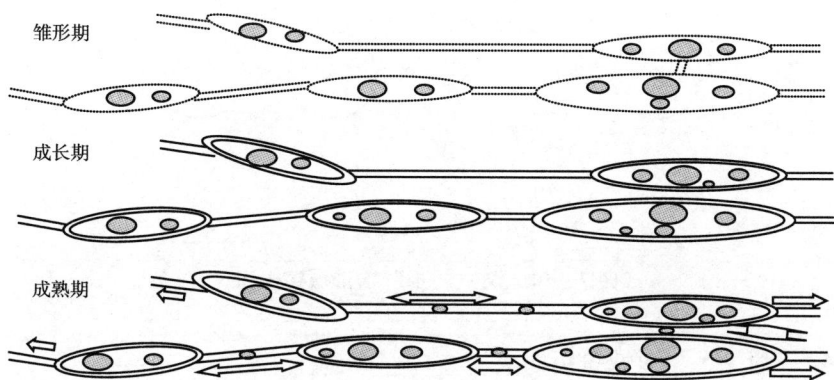

图 7-9　水源区城镇发展"廊道组团网络化"模式

2. 南襄城市群雏形显现

以襄樊市、南阳市、十堰市以及其管辖的老河口市、枣阳市、宜城市、邓州市、丹江口市等形成的南襄城市群的雏形已经显现。2004 年底该区域拥有 3 个地级市,7 个市辖区、5 个县级市、206 个建制镇,总面积1.8 万平方公里,总人口为 855.94 万人,GDP853.28 亿元,人均 GDP9969 元,分别为水源区总面积的 12.56%、总人口的 29.52%、GDP 的40.04%、人均 GDP 的 1.59 倍;南襄城市群城镇化水平 35.6%(按"五普"数据计算)。在省际边缘区和山地平原边缘区的耦合力的作用下,南襄城市群将逐步发展壮大,成为水源区乃至中国区域发展的一个新的增长点。

3. 汉中"十"字形城镇组团

西(西安)汉(汉中)高速公路、阳安铁路等组成的汉水复合通道与省道 211 组成的"十"字形通道网络,使汉中"十"字形城镇组团将逐步形成（见图 7 - 10）。其中，位于汉水复合通道上的重要城镇主要有城固县城、洋县县城、勉县县城等，位于省道 211 通道上的主要城镇有南郑县城、留坝县城等，汉中市成为本区的中心城市。

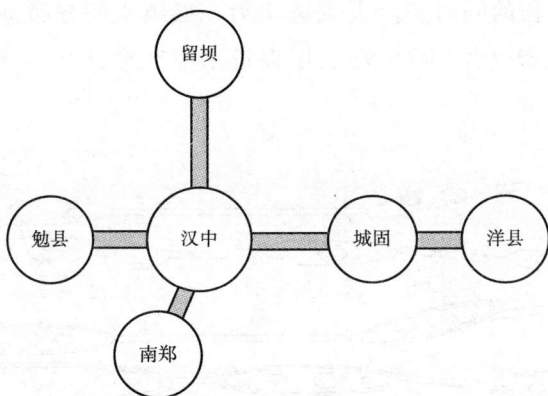

图 7 - 10　汉中"十"字形城镇组团

4. 安康"Y"形城镇组团

在山地与山地之边缘效应的作用下，交通廊道效应机制进一步强化，安康"Y"形城镇组团将逐步形成（见图 7 - 11），即以安康市区为中心，以东部旬阳县城、西北部石泉县城、西南部紫阳县城为副中心，连同汉江、阳（阳平关）安（安康）线、襄（襄樊）渝（重庆）线、西（西安）康（安康）线等交通走廊上的重点镇，形成安康"Y"形城镇组团[①]。

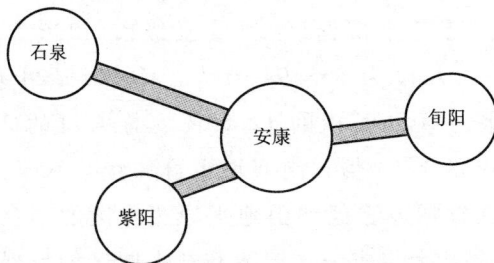

图 7 - 11　安康"Y"形城镇组团

---

① 西安城市设计规划研究院、安康市规划局：《安康市城市总体规划》（草案）（2000～2020）；安康地区城乡规划设计院：《安康地区城镇体系规划》（1995～2010）。

5. 商洛增长极

商洛地区 2002 年升格为商洛地级市。随着宁（南京）西（西安）铁路的建成通车和宁西高速公路的建设，水源区通道的进一步建设，水源区屏蔽因素逐步消除，边缘效应进一步强化，商洛市将得到快速发展，成为水源区新增长极。

6. 重点小城镇建设日益凸显

水源区小城镇过多，规模过小，乡镇企业布局分散，不仅严重限制了城镇的吸纳能力，使大量剩余劳动力滞留于农村，乱垦滥伐现象时有发生，生态环境极其脆弱。非均衡增长理论认为，"只要总的发展水平低，市场力量的自然作用在任何时候都将增加国内和国际不平等"，要促进落后地区发展，必须依赖于强有力的政府干预和周密的经济发展计划，如在落后地区建立增长极，培养自我发展能力，然后利用市场力量实现这些地区的积累增长。筛选重点小城镇进行重点建设将成为水源区城镇空间重组的重要趋势。

（三）水源区城镇发展空间重组对策

1. 科学定位、合理规划水源区城镇体系

科学定位。尽管水源区城镇在世界城镇体系格局中只是一微小分子，所起作用微不足道，但应积极参与到亚太地区城市群体格局的分工中去，与周边四川盆地城市群、关中地区城市群、中原地区城市群、武汉地区城市群做好分工，协调好与它们之间的关系，摆正襄樊、南阳、十堰等城市在这一城市群体分布格局中的位置，突出水源区生态区位优势，营造良好的投资环境，经营管理好城市；其产业发展也必须着眼于国际市场供求变化，生产适销对路、符合市场需求变化趋势、有利于发挥自身比较优势的产品，逐步提高城市竞争力，最终在经济全球化、全球城镇化进程中争取到南襄城市群应有的地位。

合理规划。根据水源区城镇建设现状、经济基础、交通区位条件、生态环境条件以及今后发展趋势，应重点建设"两横一纵"通道复合带上的城镇，逐步形成"廊道组团网络化"城镇空间分布格局。"两横"即 312 国道沿线和汉江沿线，"一纵"即焦枝铁路沿线。"两横一纵"已成为或即将成为该区域通道复合带（集水陆空运和信息通道于一体），交通信息通讯条件便利，经济实力较强，城镇发展潜力很大，应重点建设。

2. 整合襄樊、南阳、十堰、汉中、安康、商洛六个地级市

水源区自然环境条件较差，主要以山地为主，致使其交通仍比东部发达地区不便，铁路、公路在总体上质量等级低、路况差；经济发展水平远低于全国平均水平，区内差异大，部分山区县至今仍未完全脱贫，一些地区脱贫尚不巩固且极易出现返贫现象，尤其是商洛、安康、汉中人均 GDP 只有2000 多元（2000 年），仅相当于同期全国平均水平的 1/3；体制改革滞后，在部分干部和群众中自然经济和传统观念仍比较严重，固守中庸，随遇而安，对大开发存在"等、靠、要"思想，寄希望于国家上项目给资金，整体动作差，工作效率低；城市首位度比较低（2003 年为 1.586）。因此，应赋予中西部经济技术协作区一定的决策权（如交通规划、资源综合开发利用规划、生态环境规划以及城镇体系规划等方面的行政管理权），整合襄樊、南阳、十堰、汉中、安康、商洛六个地级市在区位、生态、旅游、资源、交通等方面的优势，着力培育襄樊——区域性中心城市，南阳、十堰——区域性副中心城市，尽快构建南襄城市群，使其成为水源区经济社会可持续发展的新的增长点。

3. 充分发挥县级市和县城优势，使其逐步发展成为中等城市或小城市

县城介于城市与乡村之间，具有多种优势：①县城是县域经济中心。改革开放 20 多年来，水源区县域经济发展和建成区面积增长速度明显快于周边其他小城镇。②县城是县域文化中心，也是县域内最具吸引力的地方。县是我国行政单位中一个超稳定层次，在不同的县域内形成不同的特有的地域文化（语言、服饰、饮食及其他习俗），而县城则是县域文化的中心，各种文化设施比较完备；加之老百姓对县城的认同感，县城作为家乡"最大的城市"往往是迁居者首先考虑的对象。③县城具有城乡过渡优势。县城是城市等级中级别最低，具有明显的城乡过渡优势——经济结构和经济发展上的过渡性、行政建制上的过渡性、交通区位上的过渡性。④县城规模优势。县城的城乡过渡优势，使县城成为县域范围内最具吸引力的地方，其建设规模远大于周边小城镇，基础设施建设水平和配套情况是县域范围内最好的地方（田明、张小林、汤茂林，2000）。县城的上述优势将在水源区经济社会环境持续协调发展和城镇化有序推进过程中进一步显现。

县城的上述优势，使其建设规模和基础设施的配套水平成为县域范围内最好的地方。县级市往往都是近年来由县改制而成，仍具备县城优势。因此，在水源区城镇空间重组过程中，要充分发挥县级市和县城的城乡过渡优势，通过宏观调控手段（政策引导、规划引导、法制约束等）引导产业要素向县城集聚，形成产业集群，产生规模效益，带动县域社会经济环境健康持续协调发展，使其逐步发展成为中等城市或小城市，形成舒适的人居环境。

4. 筛选重点小城镇进行重点建设

城镇规模越小，基础设施越差，经济效益也越低。同时，还可导致乡镇企业分散布局，对生态环境造成严重影响（见表 7 – 6）。因此，水源区应综合考虑生态环境、城镇综合实力、城镇发展潜力、城镇社会水平、城镇管理水平等影响因素，建立评价指标体系，对小城镇发展进行综合分析评价，并结合区域发展战略、区域生态环境规划、城镇体系规划、城镇总体规划等对小城镇进行筛选分级，对筛选出的重点小城镇进行重点建设。在条件较好、经济实力较强的南襄盆地，每个县（市）可筛选 2 ~ 5 个重点镇进行重点建设，以便与中心城市、县级市和县城形成良好的衔接，形成科学合理的城镇体系。

表 7 – 6　镇区人口规模与各主要经济指标的关系

组别指标	镇区人口 ≤7000 人 （含 69 个镇）	7000 人 < 镇区 人口 < 15000 人 （含 37 个镇）	镇区人口 ≥15000 人 （含 38 个镇）
第三产业比重(%)	0.254	0.299	0.407
每公顷镇区面积上的利税(万元)	6.424	10.093	13.101
全镇居民人均纯收入(元)	2315.754	2464.378	3149.842
百元固定资产提供利税(元)	21.531	24.093	32.125
人均文教卫生投入(元)	55.44	86.88	68.98
污染物处理率(%,污水、垃圾处理率平均值)	22.067	43.635	42.224
上下水管道铺装率、生活燃气普及率、道路铺装率三者平均(%)	68.178	69.269	87.020
每百人拥有病床数(张)	0.164	0.138	0.433
每百人拥有电话部数(部)	5.725	8.363	19.353
参加医疗、人寿保险比例	0.1595	0.2223	0.2762

资料来源：赵连阁、朱道华，2000。

5. 强化生态意识，加强低碳城镇建设

道萨迪斯（C. A. Doxiadis）在人类聚居学中预测，影响聚居区位的首要因素是自然景观的吸引力，这一现象已被发达国家的城镇化进程所佐证，而发展中国家的疗养中心、休闲度假村建设发展势头很旺也充分证明了这一点。保护生态环境，维持生态平衡，促进经济社会环境持续协调发展已成为世界各国政府和人民的共识（见图7－12）。因此，开发可再生资源，发展特色产业（绿色产品、旅游业等），发展低碳基金，进一步加强低碳或零碳城镇建设。

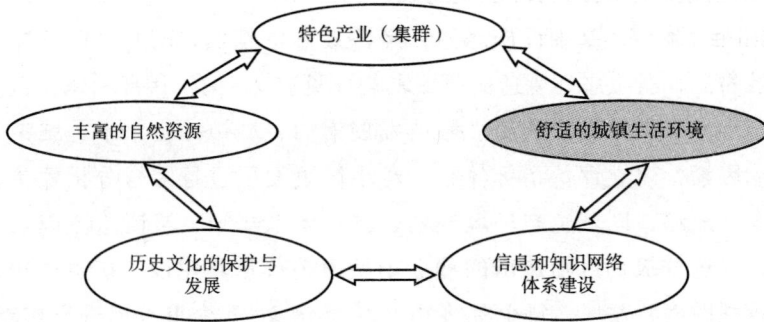

图 7－12 城镇良性循环发展示意

资料来源：国家发展改革委地区经济司、日本国际协力事业团，2001，有修改。

6. 新型工业化成为水源区城镇发展的重要支撑力量

所谓"新型工业化"是指在重点发展信息化、高科技化、资本技术集约型产业的同时，走一条"经济效益好、资源消耗低、环境污染少、人力资源优势得到充分发挥"的新型工业化道路。国际资本要求新型工业化经济配套运转，形成产业集群效应，产生规模效益，提高产品市场竞争力。加强信息基础设施建设，利用高新技术改造传统产业，是水源区经济社会环境持续协调发展的唯一出路，也将成为水源区城镇持续发展的重要支撑力量。

7. 实行生态移民，异地致富，异地实现城镇化

深山及贫困山区居民由于所处环境条件差，基础设施建设滞后，基本上与外界隔绝联系，属于自给自足的自然经济，相当一部分地区仍处于"越贫越垦，越垦越贫"的恶性循环状态。例如，商洛地区大于25°的陡坡耕地仍占耕地总面积的45%，境内仍有7099平方公里的水土流失面积，加之山区农民毁林垦殖现象仍未杜绝，一些地方边治理边破坏，致使水土流失面积还在扩大，强度还在加剧，生态环境进一步恶化（商洛地区行政公署，

1997）。动员深山及贫困山区居民下山进川，退耕还林（草），在条件优越的地区发展，异地致富，实现"山民变村民，村民变居民"，既解决了山区生态环境进一步恶化问题和平原丘陵土地闲置撂荒问题，又可以进一步推动城镇化，调整城镇空间分布格局，最终实现"十六大"提出的宏伟目标：全面建设小康社会。

8. 加强生态环境建设，培育绿色支柱产业，促进城镇化

加强生态环境建设，就是要把城镇建设和生态环境的治理保护结合起来，有计划有步骤地实施山川秀美工程，实行"退耕还林（草）、封山绿化、个体承包、以粮代赈"措施；实现米粮下川，林果上山，草场满坡，逐步提高生态环境质量；近期主要做好秦巴山区天然林保护和乡镇企业集中布局，以解决"三废"物质随时随地排放问题，远期使水源区山绿、水清、人富；加强生态环境意识教育，提高全民素质，使其能够自觉保护生态环境。培育绿色支柱产业就是要在城镇总体规划引导下，以市场为导向，由政府制订出台相关的产业发展战略及政策，以优势特色产业（如生态旅游、绿色工业、绿色农业、绿色第三产业等）为支撑，大力推进新型工业化进程，实施产业升级计划；完善产业空间分布的综合配套项目建设，缓解农村剩余劳动力转移对城镇化造成的就业压力。最终以加强生态环境建设为基础，以培育特色产业为支撑，优化城镇空间组合，合理有序地推进水源区城镇化进程。

五　水源区城镇化分区导引策略分析

水源区自然生态环境条件存在很大差异。在自然生态环境条件较好的南襄盆地构建南襄城市群，在自然生态环境条件较差的秦巴山区筛选重点小城镇进行重点建设。根据水源区生态环境承载能力，分区指导，合理推进水源区城镇化，才能使水源区城镇化与社会经济环境之间互利共生、协同进化，最终实现城乡一体化。

（一）南襄城市群建设分析

1. 南襄城市群建设的意义

充分发挥"边缘效应"，构建南襄城市群，加强国际交流，培育新的发展极，对促进水源区经济社会环境持续健康协调发展，推动水源区快速崛起将产生积极影响；同时，还可以使位于武汉地区城市群、关中地区城市群、中原地区城市群、四川盆地城市群、长江产业带、陇海产业带之间的鄂豫陕省际边缘区的边缘优势得到充分利用，使其成为全国经济可持续发展的一个新的增长点（顾朝林，2005；苗长虹，2005；陶希东，2005）。

2. 南襄城市群建设范围界定

根据新的经济环境条件和水源区城镇群落间的联系等综合分析，南襄城市群建设范围主要包括襄樊市区以及其周边的老河口市、枣阳市、宜城市，南阳市区以及其周边的邓州市，十堰市区以及其周边的丹江口市（见图7－13）。

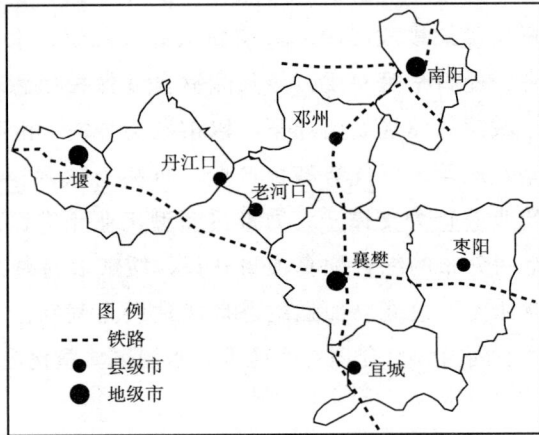

图 7－13　南襄城市群范围示意

3. 南襄城市群建设条件分析

（1）边缘区位优势

从边缘效应理论来看，南襄城市群正好处于鄂豫省际边缘区与秦巴山地南襄盆地山前平原边缘区的耦合地带，襄樊、南阳、十堰等城市正好处于秦巴走廊东端喇叭形出口处的山前平原地带，边缘区位优势显著。

（2）通道区位优势

襄樊、南阳是我国重要的区域性交通枢纽、物资集散基地和信息港之一。现已形成铁路运输、公路运输、水路运输和航空运输等多种运输方式相互衔接的立体交通运输体系。同时襄樊、南阳还是全国"八纵八横"骨干

140

光缆干线网络中的重要节点，鄂西北、豫西南地区的通信中心。

2004 年底该区域拥有 3 个地级市，7 个市辖区、5 个县级市、206 个建制镇，总面积 1.8 万平方公里，总人口为 855.94 万人，GDP 853.28 亿元，人均 GDP 9969 元，分别占水源区总面积的 12.56%、总人口的 29.52%、GDP 的 40.04%、人均 GDP 的 1.59 倍；南襄城市城镇化水平为 35.6%（按"五普"数据计算）。

（3）经济地位优势

2004 年底，南襄城市群的 GDP 为 853.28 亿元，人均 GDP 9969 元。与襄樊市、南阳市、十堰市、汉中市、安康市、商洛市、神农架林区七地市（林区）的平均水平相比，南襄城市群经济地位突出（见表 7-7）。

表 7-7　南襄城市群在水源区的经济地位

指标	南襄城市群	襄樊市	南阳市	十堰市	汉中市	安康市	商洛地区	神农架林区
GDP(亿元)	853.28	503.31	724.02	242.34	163.44	103.60	75.59	2.82
人均 GDP(元)	9969	8694	6788	7044	4392	3523	3183	3525

（4）基础设施优势

1996 年襄樊市跨入大城市行列。2003 年年底襄樊市建成区面积已达 80 平方公里；城市道路面积、人均道路面积、自来水普及率、每万人拥有公交车辆数、人均实用住房面积、建成区绿化率、人均公共绿地面积等基础设施指标在全国同等规模城市中均居领先地位。南阳市作为中等城市，近年来由于宁西铁路建设和南水北调中线工程实施所带来的机遇，城市建设快速发展，潜力巨大。十堰市作为全国重要的汽车制造基地之一，有着雄厚的经济基础和良好的基础设施（见表 7-8）。

表 7-8　2004 年南襄城市群中心城市基本情况

城市	建成区面积（平方公里）	市区人口（万人）	GDP（亿元）	地方财政预算内收入（亿元）
襄樊市	80.00	218.49	241.46	8.35
南阳市	67.00	168.45	174.50	6.48
十堰市	53.00	50.00	143.60	6.68

资料来源：国家统计局城市社会经济调查总队：《中国城市统计年鉴 2004》，中国统计出版社，2004；地方财政预算内收入为 2001 年数据。

（5）文教科技优势

襄樊市、南阳市都是国务院公布的全国历史文化名城；各类名胜古迹众多，主要有楚文化、汉文化、三国文化、道教文化等，其中国家级景点11处、省级景点23处，为提高城市文化品位奠定了坚实的基础。南襄城市群现有湖北汽车工业学院、郧阳医学院、襄樊学院、南阳师范学院、南阳理工学院等多所本科院校，是水源区高等学校较为密集的地区，每年为水源区发展输送了大批各类专业人才。同时，襄樊、南阳、十堰分别设有国家级高新技术产业开发区和省级高新技术产业开发区，为城市产业结构重构和城镇空间重组提供了较好的科技支撑。

4. 南襄城市群构建对策

（1）加强中心城市规划建设

襄樊作为南襄城市群的中心城市，南阳、十堰作为副中心城市，应进一步强化自身功能、巩固中心地位、营造经济发展极，通过全面加快现代化进程，把襄樊建设成为规模更大、实力更强、辐射带动作用更为显著的区域性特大城市，把南阳、十堰建成带动能力较强的大城市，三城市要相互协调，优势互补。围绕公路建设主骨架、水运主通道、港站主枢纽，加强运力、运量、运距和中转集散功能的开发，实现向国内外运输并举的综合型交通枢纽跨越。集中发展一批具有较大影响的大型专业批发市场，使之成为区域性商品集散中心、名优特新产品汇聚中心和市场价格形成中心。积极发展新兴流通业和营销方式，提高商贸流通的科技水平。加快城市信息基础设施建设，充分发挥电信、广电、联通、铁通等信息网络优势，扩展网络覆盖范围，适时推进网络互联互通。坚持科学预测，科学引导投资计划，搞好城市供水、排水、煤气、供电、通讯、邮电、有线电视、互联网等各种管网的综合布置，各种管线、配套设施与城市道路同步建设。建设现代化生态园林城市，提高城市生态环境水平，完善城市功能，提升城市价值形态，提高市民生活质量，不断推进城市建设。认真做好新一轮城市总体规划的修编工作；处理好中心城市规划与国土规划、土地利用规划和区域城镇体系规划之间的衔接与协调，合理部署城镇体系空间格局；研究编制城乡一体化规划，促进中小城市的合理集聚；加强城市设计工作，增强城市精品意识和创新观念，尽快形成城市标志性地段和标志性建筑，建立健全城市规划法规体系，严格规划审批制度。

（2）加速推动城镇化进程，尽快形成城市群的基本框架

老河口、邓州、枣阳、宜城、丹江口各市要围绕各自的功能定位，加快构筑特色鲜明、功能互补、有利于形成组合优势的城市体系，加快规划建设，扩张非农人口总量，全面提高规模等级和城市发展水平。各城市应依托铁路、公路、内河航道等交通干线，加快发展特色鲜明的小城镇，带动农村经济发展。在城市群形成发展过程中，各城市既要按照所属行政系统运作，服从各自省域的总体规划、产业布局和城市功能定位，成为省域经济社会完整的有机组成部分，又要充分考虑发展壮大水源区城市群的需要，按照市场经济法则和城市发展规律，积极参与城市群的战略分工和城市协作，使省域发展、自身发展和城市群建设三者之间相互促进、共同发展。

（3）加快快速通道建设

坚持交通先行、适度超前原则，加快形成南襄城市群内快速畅达的国家公路大动脉和区内交通主骨架；积极采用世界先进技术，加快现有信息网络的升级改造，力争在南襄城市群范围内，尽快建成快捷畅达、宽带化、智能化、个性化的信息平台和网络，加快南襄城市群国民经济信息化进程。加强铁、公、水、空运输系统建设，依托南襄城市群内的高速公路、汉丹铁路、焦枝铁路、襄渝铁路、宁西铁路、内河及机场等设施，形成强大的集疏港运系统。围绕把襄樊建设成为区域金融中心，南阳、十堰为副中心，加快区内多元化金融组织体系建设。在全面提高各类商品市场规模和集散水平的同时，加快科技市场、产权市场、人才市场、劳务市场的建设，为集聚优质生产要素创造更好条件。

（4）优化城市群产业结构，重点培育企业竞争能力

产业结构调整与优化的重点应放在工业领域。抓好城市群内汽车、高新技术、纺织、食品、化工等优势产业高度化，针对各县市普遍存在的建材、化工、纺织等产业趋同、产品雷同、技术落后等问题，要以现有骨干企业和名牌产品为龙头，以资产为纽带，以专业化分工协作为基础，积极培育和组建跨地区、跨所有制的企业集团，形成市场竞争的组合优势。依靠现有国家级、省级工程研究中心和大型企业技术研究中心及各类大学，加快建立以资产为纽带，以高新技术为依托，以现代企业制度为规范的"三位一体"的产学研紧密结合的科技生产联合体，加快高新技术成果向现实生产力的转

化。应集中力量加快发展具有一定基础的电子信息、生物工程、新材料、高科技农业等，促进现有高新技术产业成长壮大，形成气候。广泛利用高新技术改造传统产业，积极推进新型工业化进程。大力加强以襄樊、南阳为主体的历史文化古迹和自然旅游资源的开发，使区内三国文化、楚文化、汉文化、国家森林公园、山水自然风光融为一体，在旅游景区、线路、服务等方面连线联动，经营运作一体化，力争用较短的时间使其成为支撑城市群发展的又一经济增长点。

企业竞争能力的培育应重点抓好襄樊高新区对高新技术企业的孵化功能，提升企业技术结构；充分发挥十堰东风汽车公司、襄樊东汽基地的作用，整合各汽车配件厂（企业）的优势，与武汉汽车产业相对接，形成"十堰—襄樊—武汉"汽车产业走廊；整合襄樊、南阳等棉纺集团公司的优势等，以此带动城市群经济社会的健康快速发展。

（5）注重城市群内外的紧密配合与协作

城市群在发挥自身辐射带动作用的同时，必须从武汉地区城市群、关中地区城市群、中原地区城市群、四川盆地城市群乃至世界城市体系分工中找准自己的位置，自觉地接受其辐射带动，使自身发展同国内外城市相融合、相衔接。各个城镇要充分发挥自身辐射带动作用，加倍重视与其他城镇的配合协作，自觉地消除和避免产业同构、资源浪费、市场壁垒和不正当、不公平的竞争，以及由此带来的市场内耗，以形成互补效应和整体优势，进一步增强城市群的聚合力和辐射力。

（6）努力保持城市群经济社会环境的协调发展

积极营造有利于城市群形成和发展的社会人文环境，提高人们的科学文化素质，严格控制人口过快增长。切实加强资源和环境保护，加强对开放空间、绿化空间、传统空间的开发建设，在城市间建立生态走廊和生态保护区，力争"十二五"期间8个城市全部成为全国卫生城市，南襄城市群成为全国生态环境最好的地区之一。

（二）秦巴山区重点小城镇建设分析

1. 小城镇建设在经济社会环境可持续发展中的作用

小城镇是联系城市与乡村的纽带，建设小城镇是解决"三农"问题的关键所在，是全面建设小康社会的必经之路。同时，城镇在保护生态环境方面还具有重要作用：在资金、技术上给环境保护以重要支撑；生态移民要求水源区必须合理有序地推进城镇化（邓光奇，2005）。

江泽民同志在十五届三中全会上明确指出："建设小城镇，是带动农村经济和社会发展的一个大战略，有利于乡镇企业相对集中，更大规模地转移农业富余劳动力，避免向大中城市盲目流动，有利于提高农民素质，改善生活质量，也有利于扩大内需，推动国民经济更快增长。"筛选重点小城镇进行重点建设将成为秦巴山区现阶段经济发展的一个新的增长点，也是治理水源区环境问题的有效途径之一。

2. 小城镇建设的思路和原则

城镇建设的根本目的是为人类提供更加舒适的生活环境，使更多的人能够在城镇生活，其他一切都是为此服务的。因此，小城镇建设应当以优化城镇生活环境、投资环境这一根本目标为中心，才能凝聚人气，增强规模效应，带动农村经济社会环境持续协调发展，使城镇化健康有序地向前推进。

城镇建设过程中要遵循的原则包括：①筛选重点小城镇进行重点建设。②高标准规划，发挥比较优势，突出地方特色，搞好配套建设，完善社会化服务体系。引导乡镇企业和私营经济向城镇集中，带动农村经济发展。③强化经营城镇理念，探索城镇建设的新途径。④建设生态城镇，为人们创造舒适的生活环境（吴良镛，1996）。

3. 小城镇建设发展模式

根据秦巴山区的具体情况，在筛选重点小城镇进行重点建设时主要有以下几种模式可供借鉴。

（1）旅游娱乐型

秦巴山区旅游资源得天独厚，在自然生态环境和人文生态环境有效承载能力（有效容量）范围内大力开发自然旅游资源和人文旅游资源，完善旅游基础设施，大力发展旅游经济。旅游经济的发展不仅有利于解放思想、加强封闭落后地区的对外交流、带动落后地区发展，而且还有利于促进城镇建设，及时转移农村剩余劳动力，保护生态环境，使社会经济环境与城镇化之间协调推进。例如，秦巴山区的武当山镇（武当山特区所在地）、柏松镇（神农架林区政府所在地）旅游业发展成为城镇建设的重要产业支撑。

（2）农业产业化牵引型

以农业产业化为催化剂，汇集人流、物流、资金流、技术流、信息流等生产要素，拉长产业链条，兴办农副土特产品深加工企业，形成产业集群，产生规模效益，推动农村工业化。以此增强农业与工业的关联度，加速城乡链接，实施城乡互动，加速分流农村剩余劳动力，有序推进农村城镇化。例如郧县柳陂镇的"农业产业化＋乡镇企业发展＋小城镇建设"联动发展模式。

（3）商贸流通型

这种模式的特征是伴随生产资料等各类市场的兴起和蓬勃发展，人口因为市场而聚集，经济依托市场而繁荣。呈现出"建一处市场，活一片经济，兴一个城镇，富一方百姓"的格局（梁亚民，2001）。秦巴山区可利用当地名优土特产品等商品资源的比较优势，加快交通通讯设施建设，兴办特色专业市场，尽快将资源优势转化为经济优势，并发展成为一定区域内的商品集散地，通过人流、物流、资金流、信息流的集聚，带动城镇经济发展。例如河南省淅川县香花小辣椒市场建设对集镇建设的带动模式。

（4）交通枢纽型

借助交通区位优势，利用交通便利、流动人口多、运输成本低等有利条件，大力发展第二、三产业，并由此逐步形成新型小城镇。例如，宁强县阳平关镇就位于宝成铁路与阳安铁路的丁字形枢纽地点，历来为蜀北主要门户，当时兵家必争之地，借助交通枢纽优势，现已发展成为仅次于宁强县城的一座新型城镇。

（5）工矿辐射型

在工矿企业周围，依靠地缘优势，积极发展适应工矿企业需求的二、三产业，使小城镇与工矿企业相互依赖、相互促进、共同发展。例如桐柏县平氏镇碱矿开采对二、三产业的带动作用。

（6）工业主导型

引进高新技术，改造传统工业，积极推进新型工业化进程，在乡镇工业园区围绕主导产业发展，加快生产要素集聚，以产生集群效应，实现以工兴城，工农互动。例如湖北省谷城县石花镇的酿酒工业对石花镇建设起到很大的推动作用。

（7）中心城市辐射型

以中心城市为依托，充分发挥其辐射带动作用，在郊区和农村地区逐渐形成以中心城市为核心的中小城镇、卫星城镇群。例如襄樊市樊城区的太平店镇依托中心城市大力发展纺织、化工等第二产业，有力地带动了第三产业和农业产业化的有序推进，推动城镇快速建设。

秦巴山区内部客观情况不尽相同，上述模式还需要在实践中不断完善。另外，各模式之间有着必然的内在联系，不可截然分开。因此，小城镇建设不一定非得拘泥于某一模式。

4. 小城镇建设对策

（1）前景要生态化

道萨迪斯（C. A. Doxiadis）在人类聚居学中分析预测，目前的聚居区位主要受到三种新的因素影响。第一是自然景观的吸引力，第二是交通干道的吸引力，第三是现存城市中心的吸引力。在这三个力的作用下，目前全球城市人口正在逐步向大城市周边、交通干线周围和自然景观较好的地区转移。建设生态城镇是今后城镇发展的必然趋势。

（2）规划要高起点

①适度超前。小城镇发展规划要有战略眼光、超前意识，既要考虑当前的客观条件，又要着眼于长远发展需要，要从城镇化大趋势中科学定位，按未来发展前景和现代化的要求来构思、规划、设计小城镇建设。②合理布局。树立统筹城乡发展、统筹区域发展、统筹经济社会发展、统筹人与自然和谐发展、统筹国内发展和对外开放的科学发展观，按照城镇化发展的普遍规律，立足地方优势，合理规划小城镇布局，以便发挥小城镇的最佳效应。③协调统一。坚持秦巴山区（水源区）、市区、县城、中心镇、一般乡镇 5 个层次统一规划，总体规划与详细规划、专业规划相配套，并协调好与各自所在省份各种规划的关系，使各个层次的不同规划协调一致。④突出特色。坚持在城镇体系规划、总体规划前提下，突出地方特色，搞好特色定位，因地制宜建设小城镇。

（3）发展要梯度式

根据区域社会经济发展水平，因地制宜，小城镇建设要坚持梯度推进，不能搞"一刀切"，即县城→重点镇→一般集镇要合理有序发展。

（4）建设要一体化

农业产业化是基础，工业小区建设是关键，城镇市场建设是载体。三者相互促进，互为一体，其间的有机结合才能促动小城镇健康发展。

（5）运作要市场化

加快小城镇建设，必须打破传统的思维方式和做法，善于运用市场机制，搞好市场化运作。①建立多元化投融资机制。②改革户籍管理制度，实现城乡人口自由流动。③完善土地使用制度，实现离乡又离土的彻底的城镇化。

（6）管理要规范化

发展小城镇，不仅要重建设，更要重管理，要做到建管同步。要赋予小城镇特别是中心镇更宽的管理权限，以增强其管理职能和协调能力。各乡镇要建立健全各项城镇管理制度，成立必要的管理机构和管理队伍，负责对规划、国土、房产、环卫、环保的协调管理，使小城镇建设有章可循、有人来管，实现规范化管理。

第8章
南水北调中线工程水源区新农村建设

南水北调中线工程水源区城镇化水平较低，农村经济社会发展在水源区发展过程中占据着重要地位，新农村规划建设将成为水源区经济社会环境可持续发展的重要内容。由于水源区面积辽阔，对村庄进行全面实地踏勘的工作量相当巨大，因此，本章主要以西峡县域为例对水源区新农村建设进行深入分析。

一　新农村建设背景

（一）国际背景

1. 经济全球化

当今世界经济活动已超越国界，通过对外贸易、资本流动、技术转移、提供服务、相互依存、相互联系等使全球经济发展成为一个有机整体。随着经济全球化与跨国公司的深入发展，给世界经济发展带来了巨大推动力，它有利于资源和生产要素在全球范围内合理配置，有利于资本和产品的全球性流动，有利于科学技术和产品的全球性扩张，有利于促进不发达地区经济发展（芭芭拉·思多林斯，2002）（见图 8-1）。

经济全球化是一把双刃剑，在对全球经济发展带来机遇的同时，对相关国家和地区的发展也会带来一些严峻挑战。尤其是 2008 年以来的全球性金融危机，给世界经济发展产生严重冲击。相对于西方发达国家来说，我国在这次金融危机中受到的影响较小；与此同时我们也应抢抓危机中的机遇，重

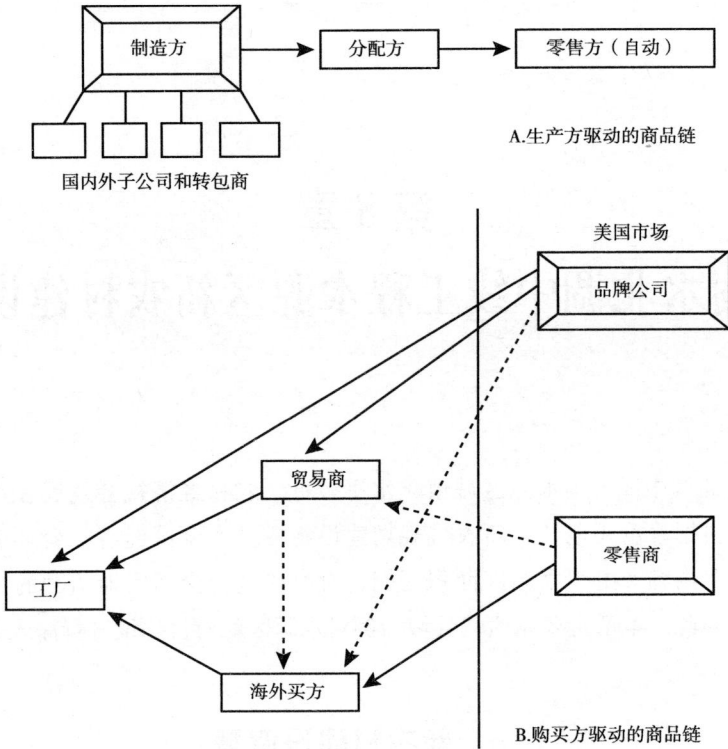

图 8 - 1　生产方驱动和购买方驱动的全球商品链结构示意

说明：实线箭头代表首要关系；虚线箭头代表辅助关系。

点做好国内相关建设。经济全球化是人类发展进步的表现，也是世界经济发展的必然结果。

2. 全球城市化

　　全球已经历过三次城市化浪潮。第一次浪潮发端于欧洲，以英国为代表，伴随着工业革命，1750 年英国城市化水平为 20%，1850 年达到 50%，到 1950 年基本完成城市化，整整历时 200 年。第二次浪潮是以美国为代表的北美洲城市化。1860 年美国城市化水平为 20%，到 1950 年达到 71%。美国仅用了 100 年时间就完成了城市化。第三次浪潮发生在拉美及其他发展中国家，1930 年南美诸国城市化水平为 20% 左右，到 2000 年也已经基本完成城市化历程。我国城镇化发展从 1978 年的 20% 开始，2008 年末城镇化水平已达 45.68%，目前正处于快速发展过程中。当今世界已进入全球城市化时代（郭荣朝，2007）（见图 8 - 2）。

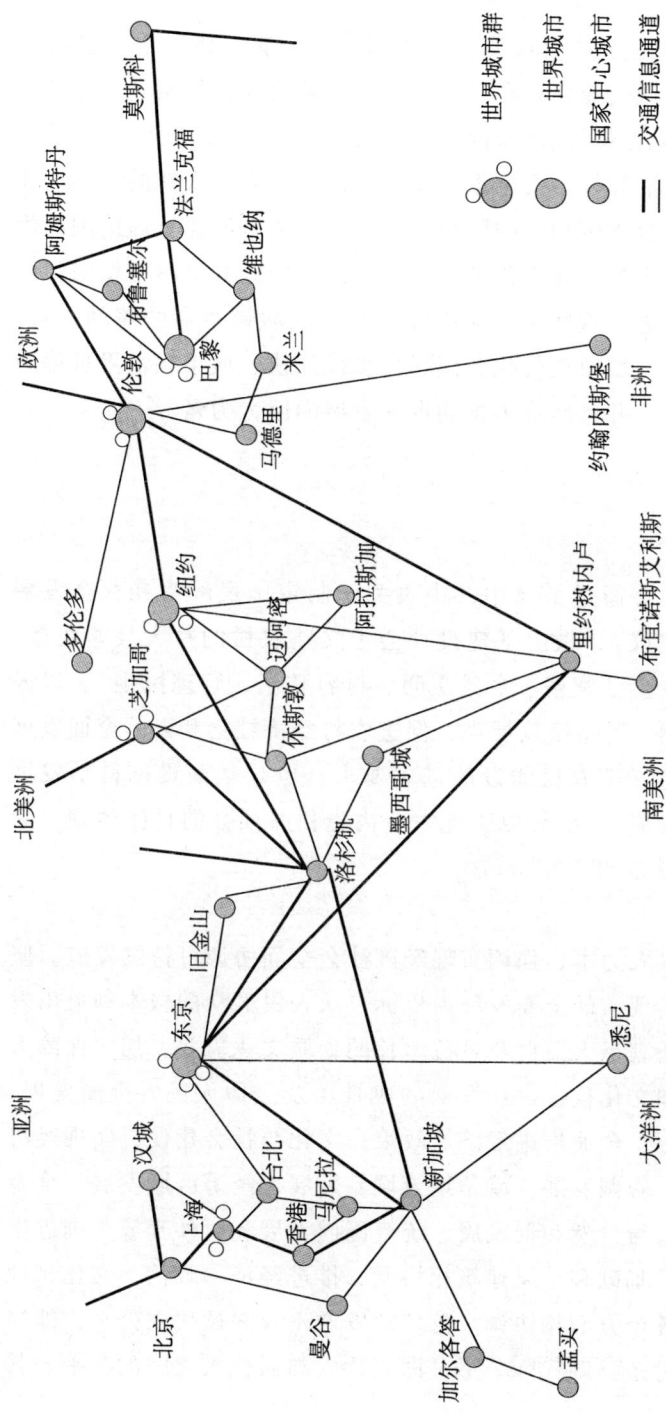

图 8-2　全球城市化

3. 新经济

所谓"新经济"是建立在信息技术革命和制度创新基础上的经济持续增长与低通货膨胀率、低失业率并存，经济周期的阶段性特征明显淡化的一种新的经济现象。20 世纪末以来，新经济引起的全球化正以不可逆转的趋势，推动世界经济、政治和社会发生重大变革，世界发展进入新的格局。在这一背景下，国际形势趋于缓和，国际交往频繁；经济资源在全球范围内优化配置和高效流动；科学技术和文化创新空前活跃，国际共享程度增强；国家发展与竞争向纵深推进。这些新变化引发了新一轮城镇革命的蓬勃兴起，城镇发展模式不断创新，城市现代化和国际化步伐加快，城市在世界进程中扮演的角色越来越重要，并已经成为推动世界发展的巨大力量。

（二）国内背景

1. 新农村建设

党的十六届五中全会通过了《中共中央关于制定国民经济和社会发展第十一个五年规划的建议》，做出了建设社会主义新农村的重大战略决策，其目标为"生产发展、生活宽裕、乡风文明、村容整洁、管理民主"。以人为本，树立全面、协调、可持续发展观，促进农村经济社会和人的全面发展成为现阶段我国社会主义新农村建设的基本要求，也是全面贯彻科学发展观、落实"统筹城乡发展"、实施以工促农、构建和谐社会的具体体现，为彻底解决"三农"问题指明了方向。

2. 科学发展观

科学发展观强调以人为本，强调实现经济社会全面协调可持续发展。坚持以人为本，就是以实现人的全面发展为目标，从人民群众的根本利益出发谋发展、促发展，不断满足人民群众日益增长的物质文化需要，切实保障人民群众的经济、政治和文化权益，让发展的成果惠及全体人民。全面发展，就是以经济建设为中心，全面推进经济、政治、文化与社会建设，实现经济发展和社会全面进步。协调发展，就是统筹城乡发展、统筹区域发展、统筹经济社会发展、统筹人与自然和谐发展、统筹国内发展和对外开放，推进生产力和生产关系、经济基础和上层建筑相协调，推进经济、政治、文化、社会建设的各个环节、各个方面相协调。可持续发展不仅强调代内公平，即当代人之间的公平；同时还强调代际公平，即当代人与后代人之间的公平。其目的就是促进人与自然和谐相处，实现经济社会发展和人口、资源、环境相协调，坚持走生产发展、生活富裕、生态良好的文明发展道路，保证一代接一代地永续发展。

科学发展观是从全局高度把握中国特色社会主义事业的重要体现。深入贯彻落实科学发展观，必须坚持全面协调可持续是我国经济社会发展的必然要求，按照中国特色社会主义事业总体布局全面推进各项建设，坚持生产发展、生活富裕、生态良好的文明发展道路，努力促进现代化建设的各环节、各方面相协调，全面推进社会主义经济建设、政治建设、文化建设、社会建设以及生态文明建设。

3. 国内发展格局

从地域差异上我国被分为东部、中部、西部三大地带，呈现出由东向西的梯次发展格局。东部地区经过改革开放 20 多年的高速发展，经济实力已经大大增强，进一步参与全球分工、增强区域竞争力，推动产业结构升级、积极发展资本密集型和技术密集型产业是东部地区未来发展的必由之路。在此推动下，东部的劳动密集型和资源型产业，为寻求新的发展机会，必然向中西部地区转移。

4. 中部崛起战略

2004 年 3 月，温家宝总理在政府工作报告中，首次明确提出促进中部地区崛起。2005 年 3 月政府工作报告中再次提出：抓紧研究制定促进中部地区崛起的规划和措施，充分发挥中部地区的区位优势和综合经济优势，加强现代农业特别是粮食主产区建设；加强综合交通运输体系和能源、重要原材料基地建设；加快发展有竞争力的制造业和高新技术产业；开拓中部地区大市场，发展大流通。2009 年 9 月 23 日，国务院主持召开常务会议，讨论并原则通过了《促进中部地区崛起规划》，标志着中部崛起战略已经正式成为国家战略。中部崛起战略的实施为河南乃至西峡县的进一步发展带来难得机遇。

5. 西部大开发战略

1999 年 6 月，中共中央为贯彻邓小平"两个大局"思想和促进国民经济协调发展，江泽民总书记提出，加快开发西部地区对于推进全国的改革和建设是一个全局性战略，加快中西部地区发展的条件已经基本具备，时机已经成熟。1999 年 11 月，中央经济工作会议正式提出开发西部战略，并决定成立西部开发领导小组。2000 年 1 月 19～22 日，国务院西部地区开发领导小组召开会议，部署了需要集中力量进行的重点工作。2000 年 10 月 26 日，国务院又发出《关于实施西部大开发若干政策措施的通知》，提出西部大开发要坚持从实际出发，按客观规律办事，积极进取、量力而行，立足当前、着眼长远，统筹规划、科学论证，突出重点、分步实施，防止一哄而起，反对铺张浪费，不搞"大呼隆"。要加快转变观念，加大改革开放力度，贯彻科教兴国和可持续发展战略，把发挥市场机制作用同搞好宏观调控结合起来，把西部地区广大干部群众发扬自力更生精神同各方面支持结合起来。实施西部大开发的重点任务是：加快基础设施建设；加强生态环境保护和建设；巩固农业基础地位，调整工业结构，发展特色旅游业；发展科技教育和文化卫生事业。实施西部大开发，要依托亚欧大陆桥、长江水道、西南出海通道等交通干线，发挥中心城市作用，以线串点，以点带面，逐步形成我国西部有特色的西陇海兰新线、长江上游、南（宁）贵（阳）昆（明）等跨行政区域的经济带，带动其他地区发展，有步骤、有重点地推进西部大开发。

二　西峡县域农村发展现状

（一）农村现状特征

1. 村庄人口分布差异巨大

西峡县域 16 个乡镇共下辖 289 个行政村，人口规模在 500 人以下的有 23 个，占村庄总数的 8%；人口规模在 500～1000 人的村庄有 101 个，占村庄总数的 34.9%；人口规模在 1000～2000 人的村庄有 120 个，占村庄总数的 41.5%；人口规模在 2000～3000 人的村庄有 28 个，占村庄总数的 9.7%；人口规模在 3000 人以上的村庄有 15 个，占村庄总数的 5.2%。大部分村庄主要沿公路展开，山区村庄主要沿山涧沟渠分布，全县村庄人口规模主要集中在 500～2000 人之间，占村庄总数的 76.4%。五里桥镇、回车镇靠近县城区，地势平坦开阔，村庄规模较大。

2. 村庄空间分布受地形交通影响大

村庄分布受地形影响明显，具有较强的交通指向性。大部分村庄沿公路展开分布，山区村庄主要沿山涧沟渠分布，且公路沿线的村庄由于交通便利的有利条件，往往发展较好并对周围的村庄产生一定的辐射带动作用。

3. 城乡差异较大

西峡县域村镇发展仍然存在较大差异。一是乡村基础设施落后。农村基础设施薄弱，主要表现在交通条件差。位于深山区的一些村庄居住极为分散，交通道路等基础设施建设投资巨大，而教育、卫生、饮水、文化娱乐等生活条件却较差。二是城乡收入差距较大。三是对乡村发展支持力度不够。

4. 人口转移呈多元化趋势

随着经济发展水平的进一步提高，对外交流大大增强，农村居民生活观念发生了较大变化，农村人口向城镇转移的力度和广度都在加大。农村人口通过外出务工、直接移民等方式走向城镇。山区居民向外转移十分明显，由于山区自然条件差、交通不便等，致使部分居民自发地或有组织地外迁。总体来说，搬入西峡县城的占大多数，农村居民最理想的迁移地为西峡县城。

5. 交通条件差异巨大

受地形影响东西向交通除宁西铁路沿线复合通道地带交通便捷外，南部、北部山区交通不畅。山区干线公路少，路网密度低，线路技术等级低，边远农村居民出行极为不便。

（二）村庄发展面临的主要问题

1. 村镇体系规划滞后

村镇体系规划是村庄建设规划的上位规划。西峡县域尚无这样的区域规划。现在进行的村庄建设规划，往往是就村庄论村庄。缺乏上位规划指导，必将造成一定的盲目性。村镇体系规划编制工作迫在眉睫。

2. 农村发展动力不足

工业经济、城镇发展是带动农村经济发展的主要动力。以农业经济为主或者以采矿业为主的农村地区，城镇发展缓慢，对周边村庄发展很难产生大的推动作用。

3. 农村教育面临着严重问题

随着计划生育政策的深入贯彻落实，农村生育水平稳步下降，农村学生数量减少较多，加之农村人口转移（部分为小学、中学移民），农村教学点就学人数急剧减少，个别教学点只有一二两个年级，八九个学生，一个教师。农村教师少，专业更为缺乏，多年来教师队伍无补充，教师年龄老化。同时，农村教育设施极为落后，教学仪器少，教学场地少。

4. 农村医疗条件较差

农民生病多是就近去村卫生所。近年来，省市对村卫生所进行了规范和整合，卫生条件改变较大，但跟城镇相比仍十分落后。

5. 农村生态环境缺乏治理

污染企业多分布于农村，农村环境面临挑战。煤炭开发、铝土开发、洗煤、选矿等都位于矿产地或农村，对农村水源和大气造成较大污染。

目前，西峡县域农村环境卫生未实行统一治理，垃圾乱堆乱放，秸秆乱堆乱放，各自为政，脏乱差现象十分普通。

6. 农村建设无序化倾向显现

近年来，农村房舍建设缺少管理，占用耕地，甚至是基本农田，沿路建设、超面积建设、独家独院等现象比较普遍，亟待规范约束。

三　西峡县域村庄规划建设

（一）村庄分类

村庄是一个非常复杂的系统，不同的村庄有不同特质，但它们又有相似性，可以归为几个类型，同类村庄具有较多的相似性，可以针对这些群体提出共同的对策。分类的目的就是针对不同类型的村庄提出不同的整治原则，便于因地制宜地进行村庄整治。结合西峡县域实际情况，规划提出了中心村、基层村、搬迁村、合并村、城中村或城镇化改造村等 5 个类型。

1. 中心村

中心村，即人口规模较大，经济社会发展具有一定基础，交通区位条件较好，地形地貌等自然条件适宜，综合发展潜力较大，适合于进一步发展的村庄。

2. 基层村

基层村是指人口规模、经济社会发展、交通区位等方面具有一定基础，但由于受经济社会发展水平、政府财政支付能力、村民自身经济实力等因素制约，在规划期内仍需要保留的村庄。

3. 搬迁村

该类村庄或交通条件较差，或地质灾害较多，或饮水困难，或地下埋藏有价值的矿产资源，等等，村民被迫从上述地方搬迁到条件较好的村镇。

4. 合并村

由于村庄毗邻，其空间距离较近或已经连在一起，需要合并为一个村庄。

5. 城中村或城镇化改造村

城中村是指位于城市或城镇包围中的村庄，应进行相应的社区改造。城镇化改造村，是指城镇扩展过程中将被城镇覆盖的村庄，应按照城镇规划进行建设改造。

中心村、基层村、搬迁村、合并村均可进一步细分为山地、丘陵和平原类型。其中搬迁村还可以进一步细分为：

（1）退耕还林型

为了从根本上遏制生态环境恶化，保护生物多样性，促进经济社会环境可持续发展，国家实施天然林保护工程。对居住在深山天然林保护区的农村居民一要严格执行国家退耕还林政策，兑现经济补贴；二要广辟就业门路，拓展生活来源；三要妥善搬迁安置，使其有组织、有计划地搬迁到生产、生活环境较好的地区。

（2）交通不便型

一些村庄处在深山区，交通非常不便，生产生活环境恶劣，应实施异地重建。对异地重建的应以政府为主体，既要满足基本住房需求，也要考虑就业和实现小康的目标。

（3）地质灾害型

一些村庄处于滑坡、泥石流、地震等地质灾害频发地段，应及时进行搬迁。

（4）矿区影响型

矿区影响型，即村庄处于矿产资源埋藏区，村庄搬迁将有利于资源的进一步开发。该类村庄搬迁应侧重于政府引导、市场主导，由相关企业出资实施搬迁。

（5）环境污染型

由于受尾矿成分影响，西峡矿产开发区的水源环境受到较为严重的污染，村庄饮水等生活问题更加凸显。该类地区的首要问题是加大环境整治力度，其次对相关村庄要有计划地搬迁。

（二）村庄发展潜力评价

1. 村庄发展条件评价指标体系

根据村庄发展的自然、经济、社会条件，我们构建了村庄发展潜力评价指标体系，并根据专家打分法，提出了相应的参考权重（见表 8 - 1）。

表 8 - 1　村庄发展潜力评估指标体系

第一层次指标	第二层次指标	参考权重	第一层次指标	第二层次指标	参考权重
村庄规模	总人口	20	文教卫设施	学校	7
	居民点用地	15		文化大院	5
基础设施水平	道路硬化情况	10		卫生所	5
交通条件	—	20	其他特色	—	8
地理区位	—	10			

2. 村庄综合评价模型

$$U_i = \sum_{m=1 \to n} W_j X_{ij}$$

式中：U_i 是 i 个村庄的综合评价值，数值越大，发展条件越优越；W_j 为第 j 个因子的权重，W_j 数值越大越重要；X_{ij} 为第 i 个村庄中第 j 个因子的标准值；m 为因子数；n 为村庄数。

3. 村庄评价指标权重

确定评价指标的权重采用特尔斐法，打分采用百分制。我们将各项指标值分为 5 个等级，分别赋值为 5，3，2，1，0。然后对照各村庄发展潜力评价指标的分值进行综合计算并排序。

4. 村庄发展潜力计算结果

根据村庄评价指标体系和各个指标的权重，我们采用特尔斐法聘请相关专家对各指标进行打分，最后利用综合评价模型，计算出各个村庄发展潜力分值，并进行相应的排序。

（三）中心村的确定

中心村为具有一定规模，对其周围地区具有一定辐射能力和服务功能的农村居民点，是农村局部地区人口、产业集聚中心。

1. 村簇

为了更好地进行中心村规划建设，这里首先给出一个农村居民点的概念——村簇。村簇，是由空间上相互临近，社会、经济上存在密切联系的若干村落构成的村庄群。它具有以下特点：①空间上簇内自然村间相互临近，簇间自然村相对距离较远；②交通上，簇内自然村间交通顺畅，道路网络化，簇间以一些乡、镇或县级交通干线联系；③簇内自然村经济社会联系密切，共享教育、商业等社会设施；④簇内自然村间具有局部的共同利益（见图8-3）。

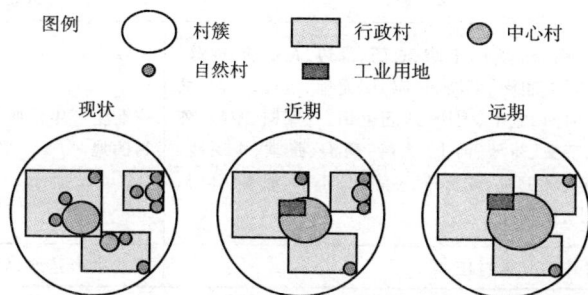

图8-3　中心村结构与发展模式

界定中心村之前，首先将市域中的农村居民点划分为若干个村簇。然后在村簇中找出现状基础条件、发展潜力具有优势的一个自然村或建设用地上连片的若干个自然村作为中心村。图8-3描绘了村簇、行政村、自然村、中心村的结构关系和中心村的发展过程及其对周围地区人口、工业的集聚作用。

2. 中心村的确定

中心村选择培育应充分考虑到自然地理条件、经济社会发展水平、村庄建设与管理以及历史沿革和居民生产生活习惯等诸多因素的综合评价。

（1）自然条件。地势平坦，自然资源丰富，具有较大的发展空间。

（2）经济基础。经济发展水平在本市处于上游水平，发展潜力较大。村经济实力较强，农民从事二、三产业的比重较高，生活较为富裕。

（3）交通区位。有较好的区位条件。一般处于几个村的几何中心，并与周边村庄、城镇交通联系较为便利。

（4）村庄规模。相对于周边村庄，规模大，人口较多，具有较强的集聚辐射能力。

（5）基础设施。交通、通讯、供水、教育、卫生等基础设施和服务功能较为完善，有一定数量的社会服务设施，能为周边村庄提供基本的生产、生活服务。

通过上述原则以及村庄发展潜力分值评定，选择确定了西峡县域44个中心村（见表8-2）。

表8-2　西峡县域村庄等级体系

级　别	名　称	职能分工
中心村	化山、土桥岗、瓦房庄、七峪、袁店、豫边、瓦房店、前营、封店、郝岗、老庙岗、吴岗、花园、回笼寺、东坪、三湾、塘峁、黄沙、河西、堂平、大庄、八庙上街、杜家岗、奎岭、陈阳、邪地、奎文、蒲塘、河上、大岭、靳沟、张堂、牛王庙、杜岗、大庙、汉王城、黄龙庙、冬青树、小寨、通渠、孙门、鱼库、方庄、界牌	农业生产生活服务基地，农村集聚目的地
基层村	除中心村外的其他村庄	农业生产基地，农村生活基地

（四）村庄建设标准

1. 建设原则

村庄建设要坚持"统一规划、合理布局、量力而行、分步实施"的原则，中心村规划要与所在镇的相关规划进行有效对接。

2. 道路建设标准

2015年，村村通道路完好率在95%以上，30%以上的住户通水泥路或油路。建设公交停靠站。

2020年，村村通道路完好率在100%，实现户户通水泥路或油路。根据需要建设公交首末站。

3. 建设用地标准

村庄建设用地宜选在生产作业区附近，要调整挖掘原有村庄居住用地资源，充分利用原有用地，并与基本农田保护区规划相协调。当需要扩大用地规模时，宜选择荒地、薄地，不占或少占耕地、林地（见表8-3）。

表 8 - 3　村庄建设用地标准

单位：平方米/人

现状人均建设用地水平	允许采用的规划指标		允许调整幅度
	指标级别	规划人均建设用地水平	
≤50.0	I	50.1 ~ 60	应增 5 ~ 20
	II	60.1 ~ 80	
50.1 ~ 60	I	50.1 ~ 60	可增 0 ~ 15
	II	60.1 ~ 80	
60.1 ~ 80	II	60.1 ~ 80	可增 0 ~ 10
	III	80.1 ~ 100	
80.1 ~ 100	II	60.1 ~ 80	可增减 0 ~ 10
	III	80.1 ~ 100	
80.1 ~ 100	IV	100.1 ~ 120	可增减 0 ~ 10
100.1 ~ 120	III	80.1 ~ 100	可减 0 ~ 15
	IV	100.1 ~ 120	
120.1 ~ 150	IV	100.1 ~ 120	可减 0 ~ 20
	V	120.1 ~ 150	
>150	V	120.1 ~ 150	应减至 150 以内

资料来源：中华人民共和国住房和城乡建设部：《村镇规划标准》（GB50188—93），1994。

4. 宅基地分类标准

中心村宅基地建设尽量使用荒滩用地，严格控制占用耕地、林地，不得占用基本农田。依据《河南省实施〈土地管理法〉办法》（2004），中心村宅基地控制标准（见表 8 - 4）。

表 8 - 4　村庄宅基地分类标准

单位：平方米

条件	每户宅基地控制面积
城镇郊区和人均耕地 667 平方米以下的平原地区	<134
人均耕地 667 平方米以上的平原地区	<167
山区、丘陵地区	<200

使用未利用土地建设住宅的，宅基地可适当放宽，但不得超过前款规定的 1 倍。

5. 公建设施配套标准

进一步加大中心村公建设施配套建设力度，基层村进行相应的完善。公共设施建设的标准见表 8 - 5。

表 8 - 5　西峡县域规划期内村庄公共设施建设标准

项目	中心村	基层村
村委会	●	●
小学	●	○
幼儿园、托儿所	●	○
文化站(室)、青少年之家	●	○
灯光球场	○	—
科技站	○	—
卫生所(室)	●	●
防疫、保健站	○	—
计划生育指导站	○	—
便利店	●	○
生产资料、燃料建材、日杂店	●	—
粮店	●	—
药店	○	—
银行、信用社、保险机构	○	—
饭店旅馆、饮食店	●	○
理发、浴室、洗染店	●	○
综合修理、加工、收购店	○	○
蔬菜、副食品市场	○	○
畜禽、水产市场	○	—

注：●——应设项目；○——可设项目。

（五）村庄整治策略

1. 中心村整治策略

鼓励中心村发展，加强交通、电力、给排水、环卫等基础设施和科技、教育、卫生等公共服务设施的配套建设，是社会主义新农村建设资金的主要投放地，三农政策主要倾斜对象。中心村必须建设小学、卫生所、百货店、文化大院、水冲式公厕、垃圾中转站和垃圾填埋点等。

2. 基层村整治策略

有条件的发展、完善基础设施和公共服务设施，进一步整合"空心村普遍、自然村分散"等现象，重点侧重于内部挖潜。加强村庄环境治理，消除"脏乱差"现象。

3. 搬迁村整治策略

冻结宅基地划拨，控制村庄建设，原则上不再建设农舍。减少投入，不再建设道路等基础设施，人口逐步向外地转移。充分利用国家退耕还林、扶贫开发、生态建设等政策，妥善实施村庄搬迁。制定积极政策帮助村民在目的地建设新家园，保障村民享有耕地等生产资料。村庄搬迁后的土地要因地制宜，进行相应的复耕、还林、还草等土地修复整理工作。

4. 合并村整治策略

应统一进行村庄建设布局规划，统一进行基础设施建设、公共服务设施建设，统一进行空心村整治，完善配套设施，为农村居民生产生活提供应有的便利条件。

5. 城中村或城镇化改造村整治策略

城中村要逐步取消村级管理模式，实行社区管理模式。依据城乡规划，分阶段实施"脏乱差"村庄拆迁，暂时保留设施较完善，多层楼房集中等不易改造的村庄。加强村庄环境治理，完善路、水、电、气、暖、信息等设施，完善文化、娱乐设施，建设健身场地。城镇化改造村，要及早按照城镇规划要求进行相应的建设，宣传要深入，执法要严明，对于不符合规划要求的"乱搭乱建"现象要坚决杜绝，以免造成不必要的人力、物力、财力损失。

四　西峡县域新农村发展指引

（一）新农村建设目标

根据水源区村庄发展潜力评价，近期应加强农村地区基础设施建设，逐步实现农村经济繁荣、村庄布局合理、中心村服务功能完善的建设目标。

全面提升新农村建设内涵，远期应调整改造农村传统产业，使其成为具有竞争力的高效产业，建设拥有现代文明生活及自身特色的新型农村社区，培养适应市场经济发展要求的有文化、有技能、高素质的新型农民。

（二）新农村建设战略重点

积极发展中心村，充分发挥中心村的辐射带动作用。根据西峡县村镇体系中选定中心村，加强公共服务和基础设施配套建设，鼓励其他行政村或自然村的村民向中心村聚集。

有序引导乡村整合，加强村容村貌建设。逐步合并小型村，整理空心村，缩减自然村，搬迁偏远村，形成梯次合理的农村居住点布局。

建设各具特色的新农村，注重提升建设内涵。按照体现文化内涵、反映区域特色要求，以各种类型乡村的功能为导向，进行各具特色的新农村建设。

（三）新农村发展指引

根据西峡县农村发展实际和农村资源特色，其中心村建设要分类引导发展。主要包括以下五种类型。

1. 特色种植型

特色种植型村庄应首先依托自身特有的生态优势，开发利用生态资源，发展生态经济，以生态农业为重点，逐步推进农业产业化进程。

其次，促进农业向规模经营方向发展。对于种植香菇、猕猴桃等成规模连片的村庄应考虑对产品进行食品加工，以提高销售价格，增加利润。积极探索公司加农户的生产模式，促进产业联动，推进城乡统筹发展。

2. 工业型

原则上村庄不得新布局有污染的工业，现有污染工业应逐步向镇以上工业园区集中；村庄现有工业已经形成规模且具有较大发展潜力的应结合乡镇工业园区统一考虑。适宜发展的村庄手工业、加工业，应选择基础设施条件较好、交通便利的区域集中布置，并与村庄适当隔离。

3. 资源型

资源型村庄大多地处山区，交通条件不便利，除应逐步实施搬迁计划外，应加强对资源开采的监管力度，杜绝私人开采，保护生态环境。同时应提高技术水平，改善落后的生产设备，对矿产资源进行深加工，提高其附加值，从而更好地带动村庄经济的发展。

4. 商贸服务型

历史上形成的农村商品集散地和各类专业化农产品集散地的功能以及良好的区位条件，为这些村庄发展商贸服务业提供了得天独厚的条件。故商贸型村庄在发展第三产业的同时，可以发展一定的农产品加工业，使农产品加工、贸易、物流形成一个整体。

5. 旅游服务型

此类村庄由于临近景区，有较好的旅游资源带动，在充分发挥景点经济效益的同时，可以充分利用农户庭院空间以及周围的鱼塘、树林、菜地等农家资源，增设一些农家乐服务项目，让游客吃农家饭、住农家院、享农家乐。

第9章
南水北调中线工程水源区旅游资源开发

南水北调中线工程水源区资源丰富，尤其是生物等旅游资源极为丰富。随着经济发展水平和人们生活水平的逐步提高，其旅游资源优势逐步转化为经济优势，成为水源区经济社会可持续发展的助推器。

一 水源区旅游资源联动开发优势

水源区是我国集中连片的贫困地区之一，其根源在于生态脆弱和退化，以及经济增长点的缺乏。因此，在国家调整发展战略的 21 世纪初期，研究水源区旅游资源联动开发有利于形成新的经济增长点，加强落后地区发展，构建和谐社会。

（一）边缘区位优势

水源区位于鄂豫陕三省之间，属省际边缘区。同时，水源区还处于武汉地区城市群、关中地区城市群、中原地区城市群、四川盆地城市群之间，长江产业带、陇海产业带之间的交接带（见图 9-1），边缘区位明显。随着社会主义市场经济体制的逐步完善，行政区经济的逐步淡化，"边缘效应"进一步显现，水源区旅游资源联动开发的边缘区位优势进一步凸显。

（二）内在关联优势

旅游资源是旅游发展的基础。区域旅游联动发展的内在关联性有两层含

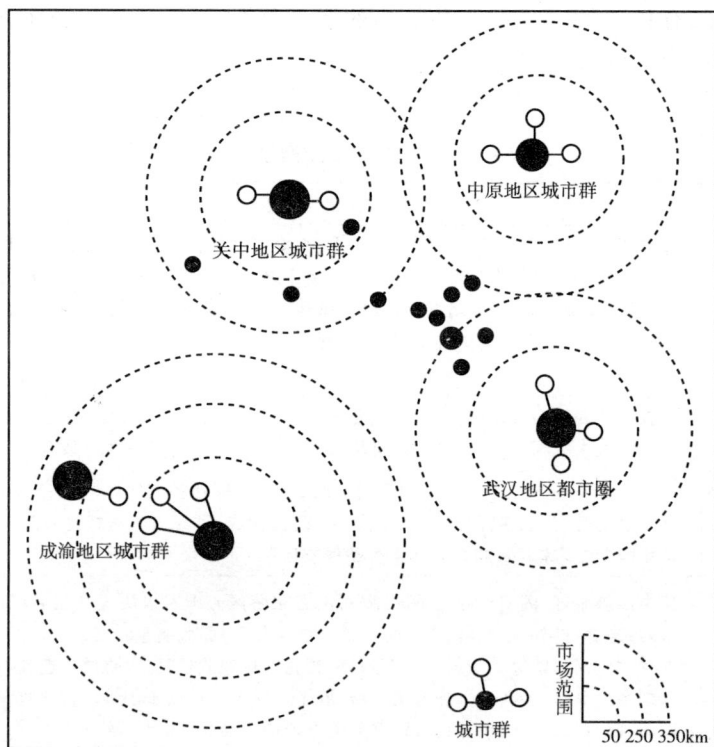

图 9-1　水源区边缘区位优势

义：一是指各旅游地资源类型的相似性，这样便于共同对外宣传促销，共同
开发市场。二是指各旅游地资源类型的差异性。如果区域内各旅游地之间
资源类型完全相同，一方竞争优势突出，往往会抑制区域内其他旅游地的
发展，联动发展缺乏必要的基础条件和存在前提。即使进行联动发展，也
只是区域内部分工的协调，实际上并不利于各旅游地的发展，特别是不利
于相对弱势旅游地的发展。因此，旅游资源类型的差异性也是联动开发的
重要基础。水源区同处秦巴山地和南襄盆地，加之历史悠久，该区拥有国
家级自然保护区、国家级风景名胜区、国家级森林公园、国家级历史文化
名城和数百个省级风景区、自然保护区、旅游度假区，具有较大的相似
性。同时还具有一定的差异性。例如：以神农架为代表的动植物景观，以
襄樊、南阳等为代表的三国文化，以武当山为代表的地貌山岳景观，以汉
水为代表的水文景观，以及遍及秦巴山地的民俗风情、名优土特产，等

等。这种既有相似性，又有互补优势的资源搭配为水源区旅游资源联动开发奠定了良好的基础（见表9－1）。

表9－1　水源区主要旅游资源一览

	主要景点景区
襄樊	保康原始腊梅、永兴洞、五道峡、汤池观、赤岩观、望佛山、三景庄、十姑洞、水镜湖、大薤山景区、茬山风景区等。国家级历史文化名城。古迹遗址类：古隆中、水镜庄、徐庶故居、庞统故居、学业塔、王粲故居、风林关、马跃檀溪遗址、汉滨楼。红色纪念类：萧楚女执教处、中共襄樊特支旧址、中共鄂西北省委旧址、杨洪胜烈士墓、张自忠将军纪念地等
十堰	道教圣地武当山古建筑群（世界文化遗产名录）、"郧阳人"遗址、恐龙蛋化石群、亚洲第一大人工湖、鸟脚类恐龙骨架化石、东风汽车总装厂流水生产线等
神农架	1990年被联合国教科文组织列为"国际人与生物圈保护网"成员；1995年世界自然基金会定为"生物多样性保护示范点"。现已构成了"东方天然植物园"、"东方天然动物园"、"国家森林和野生动物类型保护区"
南阳	伏牛山旅游区、桐柏淮源旅游区、宛西生态旅游区。国家级历史文化名城。楚文化系列：楚都丹阳故址龙城、春秋楚墓群。汉文化系列：张衡墓地/故里、医圣张仲景墓地/祠堂、汉画馆等。三国文化系列：诸葛亮躬耕地武侯祠、火烧博望遗址、新野诸葛亮刘备议事台、关羽拴马遗迹汉桑城、后主刘禅出生地太子阁等。古建筑系列：南阳府衙、内乡县衙、社旗山陕会馆、荆紫关古街道、"金棺、银椁"等
汉中	天台、黎坪、五龙洞等国家级森林公园；长青、佛坪等国家级自然保护区；南湖、南沙河、午子山等省内外知名风景名胜区
安康	瀛湖、香溪洞、南宫山、汉水公园、擂鼓台、三道门、凤凰山、灵崖寺森林公园等各级各类景点景区32处
商洛	天竺山森林公园、洛南猿人遗址、三秦西塞武关、东龙山双塔、玉虚洞、柞水溶洞、丹江漂流、四龙戏珠、"一脚踏三省"白浪街、船帮会馆、丰阳古塔、松云寺、韩文公祠、湘子洞、商鞅封邑等

（三）　空间临近优势

临近性主要指水源区各旅游地在空间上呈"廊道组团网络化"分布格局。"廊道"是指各旅游地可以凭借交通干道（312国道、汉水、焦枝铁路、316国道等）、历史事件（三国时期、楚国时期）或其他因素（生态旅游等）而加以联结；"组团"是指某一旅游地各级各类景点、景区间的距离非常近，它们的有机联合则形成"组团"。旅游资源地理空间上的临近优势，实际上便于构建"廊道组团网络化"开发模式，继而将水源区各旅游地连接为有机统一体（见图9-2）。

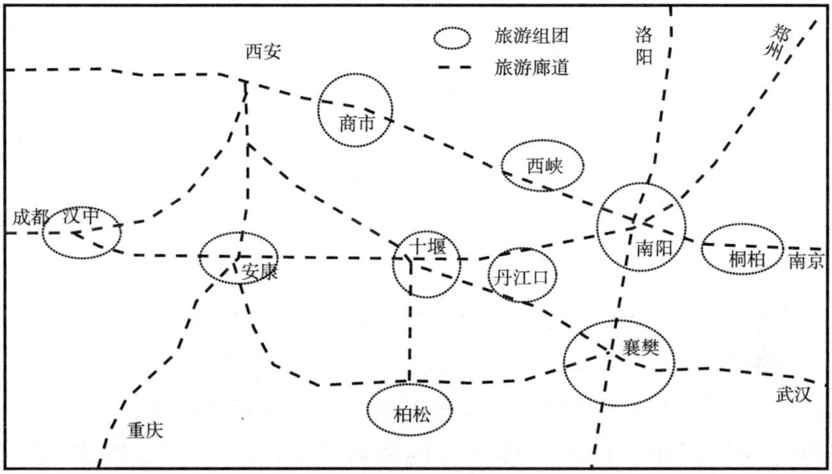

图9-2　水源区空间临近优势

（四）产品互补优势

旅游资源的差异性非常有利于旅游产品互补优势的发挥。那么，在旅游资源存在较大雷同情况下，如果各旅游区域有条件在资源的产品转化中，按照资源本身的细微差异，进行有针对性和各有侧重的产品开发，从而在整体效应上能够形成相互补充、旅游产品体系完备的大旅游区，则往往会有利于整个旅游区的大发展。在旅游开发中，可以根据客源市场细分的具体情况，在线路编排上不能期望游客在一次出行中游完所有的旅游景点、景区，而是通过时间不同、进出口不同、旅游吸引点不同、产品搭配不同等手法，开发出一系列的二级旅游线路，以满足各个细分市场的具体要求。即，在大前提一致的情况下，多样化的发展才能有利于区域旅游的真正联动发展。

二　水源区旅游资源价值

水源区是我国集中连片的贫困地区之一，水源区旅游资源开发利用对水源区经济社会可持续发展具有重要的推动作用。

（一） 带动区域经济社会发展

水源区旅游资源开发在解放思想，更新观念，扩大与外界交流等方面具有很强的带动作用。一是旅游资源开发本身将带来一定的经济效益。二是通过与游客的交流，以及游客提供的信息增强了对外交流，在解放思想，引进外部技术资金、先进的管理方法等方面架起了一座桥梁。三是旅游商品的开发在带动本区土特产品销售方面将起着积极的作用。

（二） 创新扶贫开发模式

水源区旅游资源开发将有利于创新扶贫开发模式。例如，商南县原为国家级贫困县，通过"借旅发展"、"借力发展"、"借钱发展"、"借智发展"，使商南经济发展后劲不断提升。仅旅游直接收入就非常可观，金丝峡旅游景区自开发建设以来，已累计接待省内外游客 280 万人次，累计门票收入 8100 万元。间接效益更为明显，带动商贸三产收入 5.8 亿元，2008 年商南县旅游收入占 GDP 的 17.6%，使农民收入翻番增长、村镇面貌焕然一新、外商投资热潮高涨。

（三） 创新生态旅游与环境保护实践模式

随着南水北调中线工程顺利建设，水源区生态环境保护将被提到重要议事日程。随着生态旅游的日益火暴，对生态旅游的概念、内涵、运行模式等都存在着很大争议。例如商南县金丝峡以资源生态化、建设生态化、管理生态化、人文生态化的"全面生态化"为核心，探索出了一条如何发展真正意义上的大众化的生态旅游和生态环境保护路子，对生态旅游的理论研究和开发建设，对南水北调中线工程实施都具有重要的实践价值，创新了生态旅游发展与生态环境保护实践模式。

三　水源区旅游资源开发机遇

（一） 南水北调中线工程建设

南水北调中线工程一期建设工期 8 年，总投资 920 亿元，2003 年开工建设。南水北调中线工程水源区包括陕西省汉中市、安康市、商洛市、湖北省十堰市、神农架林区（省直辖林区）、襄樊市、河南省南阳市等七地区，包括 6 个地级市、5 个县级市和 44 个县、1 个省直辖林区。2008 年水源区总人口 2919.57 万人，GDP 3894.8 亿元，人均 GDP 13340 元，只有全国平均水平（22640 元）的 58.92%；商洛市人均 GDP 只有 7421 元，不到全国平均水平（22640 元）的 1/3；尤其是一些山区县人均 GDP 水平更低。水源区是我国相对落后的地区之一，其根源在于生态脆弱和退化。南水北调中线工程建设将为水源区（包括金丝峡景区）发展带来相应的政策倾斜、技术扶持、对口支援等不可多得的机遇。

（二）全面建设小康社会

党的"十六大"报告明确提出，到 2020 年我国将全面建设小康社会，其目标是：在优化结构和提高效益的基础上，GDP 到 2020 年力争比 2000 年翻两番，综合国力和国际竞争力明显增强；基本实现工业化，建成完善的社会主义市场经济体制和更具活力、更加开放的经济体系；城镇人口的比重较大幅度提高，工农差别、城乡差别和地区差别扩大的趋势逐步扭转；社会保障体系比较健全，社会就业比较充分，家庭财产普遍增加，人民过上更加富足的生活。全面建设小康社会将使国内旅游需求量大幅度增加，为金丝峡景区持续开发利用提供了良好的外部环境。

（三）社会主义新农村建设

党的十六届五中全会明确提出建设社会主义新农村的重大战略，其目标为"生产发展、生活宽裕、乡风文明、村容整洁、管理民主"。农村经济社会环境可持续发展成为新农村建设的关键内容，新农村建设又为水源区开展乡村旅游、发展城乡经济、推动经济社会环境健康协调可持续发展奠定了良好的基础。

四　水源区旅游资源联动开发对策

（一）对旅游资源进行合理定位

水源区旅游资源丰富多样，游客需求层次类型也千差万别。因此，应全面细分客源市场，根据旅游市场需求变化趋势及时调整旅游产品结构，进行规划整合；大力发展游客需求日趋增加的生态旅游、探险旅游、休闲旅游、民俗旅游等特色旅游，着力打造水源区旅游品牌；预测景点景区容量，对客流进行合理的引导分流，以保护生态环境，使其能够得以永续利用，这是水源区旅游走上新台阶的必由之路。为此，水源区必须及时构建联动协作机制，与海外知名旅游公司、旅游专业机构联姻合作，联合开发商南旅游资源和市场。

（二）构建水源区联动协作机制

成立水源区旅游联动开发协调机构，构建联动协作机制。协调机构职责包括：互通信息，互相协作；共同进行旅游资源规划整合；重点发展生态旅游、探险旅游、休闲旅游、文化旅游等特色旅游，着力打造水源区旅游品牌；与海外知名旅游公司、旅游专业机构联姻合作，联合开发水源区旅游资源；共同整顿开发规划旅游市场，开辟绿色通道，实现水源区无障碍旅游。协调机构可由水源区各地市的旅游管理部门和主要旅游景区的代表等相关部门组成。

（三）加快水源区旅游廊道建设

旅游廊道建设取决于交通通道建设与其沿线地区旅游资源内涵挖掘整合。①实施"联通工程"，构建水源区快速通道网。"联通工程"就是将水源区的死角公路连接起来，构成一个网络体系；加快形成水源区内快速畅达的国家公路大动脉和区内交通主骨架；积极采用世界先进技术，加快现有信息网络的升级改造，尽快建成水源区快捷畅达、宽带化、智能化、个性化的信息平台和网络，加快水源区旅游产业信息化进程。加强铁、公、水、空运输系统建设，依托水源区内的高速公路、汉丹铁路、焦枝铁路、襄渝铁路、宁西铁路、内河及机场等设施，形成强大的游客集散港运系统，同时还要进一步加强景点、景区内旅游基础设施建设，最终使游客能够进得来，出得去，散得开，玩得开心。②挖掘水源区旅游资源内涵，借助于历史事件或其他因素，使水源区旅游资源能够有机地联系在一起。

（四）实施"旅游整体形象工程"

由于水源区旅游资源的空间临近性和生态旅游资源的高品质、高密度互补性集聚，应及时推出"中国腹心地带世界级生态旅游资源富集区"这一旅游整体形象。从大旅游区的角度出发，建议将襄樊、十堰、南阳、汉中、安康、商洛和柏松镇（神农架林区政府所在地）设为七大组织服务中心。其中襄樊、十堰、南阳、汉中、安康、商洛是重要的游客进出通道和旅游中心服务地；武汉、西安、郑州、重庆、南京是主要客源地和主要进入口岸。在联动营销、宣传方面，也应形成统一的、鲜明的旅游新形象，通过水源区旅游整体形象的打造，为各个景区赢得新的发展空间。最终达到资源共享、市场共享和品牌共建的目的，形成"水源区旅游形象"品牌，以实现水源区旅游大发展。

（五）加大旅游产品宣传促销力度

宣传促销是连接旅游景点景区与游客间的媒体。水源区旅游产品要根据客源市场（尤其是细分后的客源市场）定位，充分利用 Internet、电视、广播、报纸、杂志、宣传小册子、广告等形式高频率、高效率地进行宣传；与中外著名旅游中介机构联姻，聘请中介旅游机构的人员到实地考察并进行宣传推销等。应多形式、多渠道地进行宣传促销，加大宣传促销投入力度（郭荣朝，2000）。

（六）进一步提高旅游产品质量

水源区要按照"大思路发展、大手笔规划、高起点建设"要求，对区内旅游资源进行深度开发，全面改善基础设施，完善服务功能，拉大景区框架，建设国家级著名景区。根据水源区各旅游景区的相关规划，近期应加强管理，完善功能，争创国家级旅游区；远期应侧重于资源整合，加强包装，树立水源区旅游整体形象；不断开发自然风光游、休闲度假游、文物考察游、体育探险游等旅游项目。各景区要建设旅游专用公路，开通环保观光游览车，最终使游客能够进得来、出得去、散得开、玩得开心，达到旅游目的。

（七）配备培训旅游专业人员

旅游管理服务质量是延长旅游产品生命周期的一个关键因素。水源区各旅游景区开发应进一步完善旅游规章制度，配备培训相应的旅游管理人员和服务人员，使旅游软件建设与旅游硬件建设成一条龙配套，以便于更好地发展旅游业，产生更好的经济、社会、生态效益。

（八）大力开发旅游小商品

开发旅游小商品，就是根据所在景区的特点特色以及游客的需求设计生产出的工艺美术品等。它不仅要设计精致，能够体现旅游地的特点特色，而且还要注意其颜色、规格与包装；既要便于游客携带，又能给人以华丽高贵之感，足以使旅游者显示自己的经历和身份，以便于留下或引起美好的回忆。通过旅游小商品开发销售这一窗口扩大对外交流以及经贸洽谈合作，最终带动地方经济发展（邹统钎，1993）。

（九）与周边地区进行有效对接

与周边地区旅游开发进行有效对接，共同进行旅游资源规划整合，重点发展生态旅游、探险旅游、休闲旅游、文化旅游等特色旅游，着力打造水源区旅游品牌；与海外知名旅游公司、旅游专业机构联姻合作，联合开发水源区旅游资源；共同整顿开发规划旅游市场，开辟绿色通道，实现水源区无障碍旅游。

第10章
南水北调中线工程水源区经济社会
可持续发展模式

积极培育水源区经济社会可持续发展模式，不仅有利于解决水源区乃至中西部贫困地区的脱贫致富问题，而且还将为南水北调中线工程的顺利实施奠定良好基础。第6章我们已经详细阐述了水源区的农业发展模式，工业发展模式，低碳经济模式与产业集群模式，本章我们结合水源区经济社会环境持续协调发展的典型地区予以详细说明。

一　循环经济与商洛现象

（一）循环经济

循环经济（recycle economy）是一种以资源高效循环利用为核心，以"减量化（减少资源利用量及废物排放量，reduce）、循环化（大力实施物料循环利用系统，recycle）、资源化（努力回收利用废弃物，reuse）"（简称3R）为原则，以低消耗、低排放、高效率为特征的新的可持续经济增长模式。其实质就是通过建立"资源→生产→产品→消费→废弃物资源化"的清洁闭环流动模式，以尽可能少的资源消耗、尽可能小的环境代价实现最大的经济和社会效益，力求把经济社会活动对自然资源的需求、对生态环境的影响降低到最低程度，最终达到经济社会资源环境相互协调的可持续发展状态。

20世纪80年代以来，循环经济逐步得到世界各国政府和企业的普遍重视。欧盟中的德国率先发展循环经济，其他国家如瑞典、芬兰、法国、丹麦、瑞士、西班牙、葡萄牙等也相继开始发展循环经济。资源稀缺的国家对循环经济更是高度重视。例如，日本已将循环经济作为基本国策，2003年日本环境省制定了《推进循环型社会建设基本计划》，进一步推行"建立循环型社会"的理念。我国也将发展循环经济提到重要的议事日程，循环经济在水源区各地区已得到不同程度的发展。

发展循环经济，宏观层面上要求对产业结构和布局进行调整，形成经济地域综合体；经济地域综合体乃至各国也相互成为规模宏大的"闭环清洁流动模式"中的一个环节，最终将循环经济发展理念贯穿于水源区经济社会发展的各个领域、各个环节，建立健全水源区资源循环利用体系，在减量化基础上实现资源高效循环利用。微观层面上要求企业节约资源、提高资源利用效率，对生产过程中产生的废物进行综合利用；根据水源区资源条件和产业布局，合理延长产业链，促进产业间共生组合，形成产业集群；每一个产业集群的产业链尽可能形成规模较小的独立的"闭环清洁流动模式"（王文臣，2005）。

（二）商洛现象

近年来，商洛市委、市政府按照"资源循环式利用、产业循环式组合、区域循环式开发"的思路，决策策划了商（州）丹（凤）循环工业经济园区，重点布局了10个循环产业链45个项目，力图通过产业链的延伸，最终形成产业之间、企业之间以及区内与区外部分项目之间相互关联、左右支撑、协作配套、循环发展的增长方式和"资源→产品→废弃物→再生资源→产品"的循环利用模式，达到了资源利用效率最大、环境保护质量最优和经济社会效益最佳的效果。

商洛市在资源循环综合利用上，按照"抓大限小、扶优扶强、整合资源、优化资产、强力推进企业重组"的思路，对全市的钼、钒、金、铁、钛等矿产资源进行整合，实施大企业大集团引领，规模开发，减少资源浪费，提高资源利用率，为发展循环经济奠定了基础。洛南黄龙铺王河沟钼矿的9个企业采用股份制形式，将矿山储量、有用资产和新注册资金分别计价作股，实行资产重组，组建成九龙矿业有限公司，实现了矿山布局由"遍地开花"向规划开采区聚集、生产规模由小而散向规模化集约、开采技术由原始手段向现代化发展、矿山环境由只开不治向边开边治转变，矿山回采率由原来的 50% 提高到 85% 以上，选矿回收率由原来的 65% 提高到 85% 以上，销售收入、上缴税金分别较整合前增长 3.2 倍和 4.5 倍。从政府到企业高度重视资源节约保护，对工业生产中的固体废弃物、矿渣、粉尘、余热、废水等进行回收利用，实现循环生产。商洛炼锌厂在实施 10 万吨电锌技改扩建过程中，通过技术攻关，对生产废水、废气、废渣实行综合利用，利用二氧化硫烟气制酸，对污水循环利用，从废渣中提取镉、铜、铅、铁等 10 多种有价金属，先后建成了硫酸铜、硫酸锌、氧化钴生产线，现已形成年产 800 吨硫酸铜、600 吨硫酸锌、15 吨氧化钴的生产规模，这些综合回收利用项目全部建成后，企业年产值可达 10 亿元，实现利税 3.24 亿元。

商洛市在发展循环经济中，引导企业按照循环经济要求，加大技术投入，积极构建产业链，实现跨产品、跨行业的循环增效，逐步形成了多条以矿产资源开发为主、向外延伸拓展的产业链条。商州化工有限责任公司、商洛市广达化工有限责任公司和商洛市鸿源化工有限公司，采用"资源－产品－再生资源"的运行模式，鸿源公司生产的硫酸产品作为商州化工的原料，商州化工的产品无水氟化氢又是广达化工的原料，通过 3 个企业间的配套合作，形成循环产业链，逐步实现了同产业间的配套生产。山阳县依托境内 9 家钒矿企业年产 6500 吨五氧化二钒的原料保障，积极引进实施千吨氮化钒和 2000 吨钒铁项目，使钒业开发由资源开发型向产品深加工型发展。

商洛市狠抓工程、结构、技术、管理四大节能减排措施的落实，推动循环工业经济的发展。商洛市一方面以淘汰"两高"企业为切入点，对要求淘汰的落后产能坚决予以关停，先后依法关闭了丹凤秦兴水泥厂、洛南县鑫昌黄金冶炼厂、柞水岭峰建材有限公司等 16 家污染严重企业和生产线；另一方面把科技创新、管理创新作为节能降耗和污染减排的实现途径，引导企业通过应用新技术，提高工业企业污染治理项目的科技水平，加大废水、废气处理力度，促进了化学需氧量和二氧化硫削减任务的顺利完成。陕西五洲矿业有限公司山阳分公司通过实行清洁生产，每年节煤 3040 吨，节电 120 万度，节水 68 万吨，氨氮减排 2178 吨，二氧化硫减排 30 吨，实现了环境效益和经济效益的"双赢"[①]。

---

① 商洛发展循环经济凸显后发优势，http://www.shaanxi.gov.cn/0/1/9/42/69058.htm。

二　旅游开发与金丝峡模式

（一）旅游开发

旅游产业，以旅游资源为凭借、以旅游设施为条件，向旅游者提供旅行游览服务的行业。又称无烟工业、无形贸易。旅游资源、旅游设施、旅游服务是旅游业赖以生存和发展的三大要素。旅游资源，包括自然风光、历史古迹、革命遗址、建设成就、民族习俗等，是经营旅游业的吸引能力；旅游设施，包括旅游交通设施、旅游住宿设施、旅游餐饮设施、旅游游乐设施等，同旅游服务包括各种劳务和管理行为相结合是经营旅游业的接待能力。狭义的旅游业，在中国主要指旅行社、旅游饭店、旅游车船公司以及专门从事旅游商品买卖的旅游商业等行业。广义的旅游业，除专门从事旅游业务的部门以外，还包括与旅游相关的各行各业。旅行游览活动作为一种新型高级的社会消费形式，往往是把物质生活消费和文化生活消费有机地结合起来的。旅游业从业务种类划分看，主要有 3 种类型：①组织国内旅客在本国进行旅行游览活动。②组织国内旅客到国外进行旅行游览活动。③接待或招徕外国人到自己国家进行旅行游览活动。后两种类型的旅游业务活动，都是涉外性质的业务。由于旅游业主要通过劳动服务的劳务形式，向社会提供无形的效用，即特殊的使用价值，以满足旅游者进行旅行游览的消费需要。其行业的基本特征是非生产性的，所以又称无烟工业。旅游业从整体上看，它不是实现商品流通的经济部门，而是凭借旅游资源，利用旅游设施，提供食、住、行、游、娱、购的劳务活动，去满足旅游者旅行游览消费的需要。所以，旅游业又称为无形贸易。旅游资源是旅游业发展的前提条件。

旅游资源开发包括狭义的和广义的两种概念。狭义的旅游资源开发是指单纯的旅游资源利用的技术。广义的旅游资源开发是指在旅游资源调查和评价的基础上，以发展旅游业为目的，以市场需求为导向，有组织、有计划地对旅游资源加以利用，发挥、改善和提高旅游资源对旅游者吸引力的综合性技术经济工程（邹统钎，1993）。

（二）金丝峡模式

2002 年，陕西省商洛市商南县文化管理部门组织人员对太吉河镇丹江南山七里峡进行资源调查时，发现一处长达 10 余公里，面积 20 平方公里的大峡谷。该峡谷因有金丝猴时常出没，故被称为"金丝峡"。金丝峡景区经过短短六年的开发，已累计接待游客突破 280 万人次，直接门票收入突破 8100 万元，间接效益可观。金丝峡景区先后被命名为省级森林公园，省级地质公园、陕西省文明森林公园，陕西省平安景区、国家级森林公园、国家 4A 级景区、消费者依赖品牌、生态中国王牌景区、生态中国先进单位，成为全国生态旅游的一颗璀璨的明珠。

1. 金丝峡景区特征

（1）长、幽、险、秀

金丝峡景区包括北峡、东峡、西峡三峡，其中，北峡长 3.5 公里，当地人称之为七里峡（又称白龙峡），东峡（又称青龙峡）长 3 公里，西峡（又称黑龙峡）长 7 公里，东峡和西峡原来很少有人涉足。峡谷四壁怪石嶙峋，危崖耸天，峡谷内林木葱茏，古木参天，原始生态资源极为丰富，有各类树种 120 多种，中药材上千种，珍禽异兽 60 多种。

（2）洞、潭、瀑、峰

金丝峡景区内有东西牛角山、东西蜡台山、旗杆山、魔儿崖、螺旋崖等 30 多座刀削斧劈般的山峰，垂直高度均在 300～1000 米，坡度在 80～120 度之间。谷底是造型各异、妙趣天成的石峡、石窟、石幢。峡谷最窄处不足 3 米，最宽处 30 余米；溪水从谷底湍流，时而化为金线，细水长流；时而飞流入潭、喷珠溅玉，绚丽多彩；时而倒挂于仞，如天外玉露，飞泻人间，令人叹为观止。众多的天然湖泊点缀于峡谷之间，清澈见底，鱼虾成群。峡谷内的太平洞，由 8 个秀石溶洞相连，长 500 余米，面积 1 万多平方米，可容纳两万多人。洞顶倒挂着各色笋状、球状、葫芦状、花状等千奇百态的钟乳石，数以万计的蝙蝠绣成无数个疙瘩悬垂在钟乳石上，构成一幅幅奇特的画卷。峡谷北段马刨泉，水质清冽甘甜，常年喷涌不断，如今水利部门已在此修建一座电站，使马刨泉成为造福于百姓的"宝泉"。

（3）景区容量大，空间组合良好

金丝峡景区面积达数十平方公里，由白龙峡、黑龙峡、青龙峡和石燕寨四大景区组成。景区内自然景点与人文景点相互搭配，形成良好的空间组合（见表 10-1）。景区紧邻宁（南京）西（西安）高速公路、宁西铁路和 312 国道，西距古都西安 216 公里，仅有 2 个小时车程；东与华东地区，尤其是长三角地区紧密联系在一起，为景区进一步开发提供了源源不断的客源。

表 10-1　金丝峡景区旅游景点一览

分　类		具　体　景　点
地表类	岩溶地貌	太平洞
	名山风光	石燕寨(东、西、南三面均为悬崖绝壁,北坡有狭路一条,包括:南天门、主寨道教圣地、三才峰、南天石鼓石桥凳、玉皇顶)、仙鹤峰、龙头山、牛角山、旗杆山、蜡台山、仙人峰
	峡谷	金丝峡(包括白龙峡、青龙峡、黑龙峡)
水体类	瀑布风光	马刨泉、水帘泉、黑龙瀑布、拂尘瀑布、翡翠瀑布、莲花瀑布、锁龙瀑布
生物类	珍稀植物群落	共有种子植物130多科,1696种,尤其兰科植物分布比较集中。属国家重点保护的植物就有20余种。诸如:洪桐、红豆杉、水曲柳、大果青插、鹅掌楸、秦岭冷杉、青檀、益钱槭、陕西鹅耳枥、大梁青插、连香树、水青树、独花兰、香果树、太白红杉、有领青木、野大豆、天麻等
历史类	古城遗址	新石器文化遗址
	古墓葬	汉墓群
	古建筑	唐石刻、闯王寨
现代类	现代建筑	马刨泉水电站
文化、游乐、体育胜地类	工艺品	推光漆工艺品、商山神鹿、水晶牛
	名菜名食	浆巴湖汤、锅盔、豆腐乳、搅团、锅溜子、浆粑、浆粑角子、神仙凉粉
	攀岩	金丝峡天然攀岩场
	漂流	丹江漂流
	土特产品	金丝源核桃油、小磨香油、商南珍眉绿茶、金丝雾茶、商南木耳、商南蕨菜、商南花菇、商南玉酿

2. 开发现状

　　金丝峡景区自2002年开发以来，已建设白龙峡、青龙峡、黑龙峡和石燕寨4大景区，各类景点100多处，形成三峡抱一寨的"火炬"状空间开发格局。主要景点有白龙门、月芽峡、一线天、莲心洞、穿山洞、穿心洞、莲花洞、金狮洞、蟒洞、昭阳洞、吊罐洞、月牙潭、太子池、娘娘沐浴潭、锁龙潭、黑龙瀑布、魔女瀑布、双溪瀑布、拂尘瀑布、锁龙瀑布、连环瀑布、彩虹瀑布、龙头峰、狮子峰、蜡烛峰、牛角峰、三才峰、驼峰、旗杆峰等。峡区景观融地质构造美、生物集群美、人类创造美于一体。真是：惊鸿一瞥金丝峡，人间奇景传天下。

金丝峡景区配套设施日趋完善。已在太吉河镇建成江都、利君、泰吉 3 个三星级酒店，接待能力达到 1000 多人，在停车场和太子坪建成农家乐 60 户。另外，景区内配备有景区环保车、登山索道，景区到商南县城开设直通车，从早 6 点到晚 6 点每小时一班。商南县城到西安、南阳等地可乘坐汽车、火车，然后转乘飞机等。景区内外部旅游基础设施配套逐步完善。

3. 开发经验

（1）科学开发

根据"科学规划就是特色，就是生命，就是效益"的理念，商南县认真学习借鉴九寨沟等著名景区开发经验，结合商南实际，突出商南特色，聘请知名的旅游规划设计研究机构的专家，对全县旅游资源进行一次全面普查，按照"理念围绕旅游变，产业围绕旅游办，城镇围绕旅游建，各业围绕旅游干"的旅游开发总体思路，精心研究编制商南县旅游开发总体规划、金丝峡景区总体规划，找准开发定位，明确建设主题，凸显地方特色，着力打造以金丝大峡谷景区为核心，以小河流域生态经济和农家乐、休闲服务项目为依托的小河流域旅游服务特色经济带；以县城为核心，以任家沟生态园为依托的县河流域生态休闲特色经济带；以泉茗度假区为核心，以桑树边界风情游为依托的 312 国道生态观光特色经济带，努力做到科学开发、有序开发、永续开发。健全融资长效机制，探索入股参营路子，形成多元化投资格局，确保景区开发资金所需。

（2）有序经营

①建设精品。商南县生态旅游业目标定位在打造中国生态旅游强县，努力建设精品。按照商南县旅游开发总体规划，全面实施好前坪栗园寨山门、丹江源景区、泉水沐浴等 16 项重点工程，努力将金丝峡打造成为国内一流、国际知名的生态旅游景区。任家沟生态休闲景区要尽快完善民居改造、农家乐培育、水岸庄园建设等工程，努力将任家沟打造成为全国新农村建设的示范点、西安市的后花园。泉茗生态旅游观光景区要重点实施好茶博物馆、仙茗茶街、泉茗山庄、景观茶壶、茶主题广场等 10 项重点工程，努力将其打造成为集生态观光、生活体验于一体的陕西省一流景区。同时，要根据旅游产业发展需要，统筹兼顾地实施好道路交通、宾馆酒店、超市店铺、讯视覆盖、水电供应等配套服务设施建设工程，进一步提高旅游承载能力，确保游

客到商南来赏自然景、品绿色茶、吃农家饭、购特色物，逐步把商南打造成为西安人的第二生活区、中国的生态旅游胜地、世界游客的度假乐园。

②规范经营。根据旅游业发展新形势的需要，商南县将把文化体育旅游局分设，成立县外事旅游局，并成立景区旅游协会和金丝峡旅游发展有限责任公司，实行政府所有权、部门管理权、企业经营权"三权分离"的管理体制。进一步整合工商、卫生、环保、公安等职能部门力量，加强景区安全、餐饮卫生、商品交易、污水排放等方面的管理，全面提高管理水平，不断规范旅游经营秩序。组建成立商南县旅游综合服务中心和3~5个具有一定规模的旅行社，筹建一家旅游商品公司，培训一批高素质的旅游管理人才、导游和农家乐厨师，包装一套土特产品，开发一批特色工艺纪念品，在宾馆酒店开设旅游商品专柜，策划具有地方特色的主题晚会，编印一本旅游服务指南，开通旅游彩铃短信服务，全方位为游客提供优质服务，提高旅游综合收入（"五个一工程"）。通过"五个一工程"建设，力争到"十二五"末，使商南县年接待游客突破150万人次，实现旅游门票收入7000余万元，带动商贸、餐饮、运输等服务业收入突破5亿元大关。

（3）持续发展

①正确处理保护与开发的关系。生态旅游是游客走进自然、欣赏自然、感知自然、保护自然的一种过程，是游客融入自然、陶冶情操、接受教育的一种形式。开发生态旅游资源，要坚持保护与开发同步并举的原则，既要对森林植被、珍稀动物、山体水体等原生态资源实施全面保护，对包装袋、污水、粪便等生活垃圾进行及时清理或无害化处理，引导游客不要践踏草坪、攀折花木、采挖花草、捕捉野生动物等，更要禁止低水平开发、破坏性开发、无序性开发。

②正确处理质量与数量的关系。对于生态旅游来说，量多质差的景区没有吸引力、辐射力、生命力，量少质精的景区缺乏容纳性、安全性、环保性。开发生态旅游资源，要根据生态资源的分布和特色等实际，科学分析和预测市场前景，合理确定开发数量和建设区域，集中精力建设精品景区，杜绝追潮跟风、滥竽充数现象，做到开发一个景区，打造一个亮点，培育一个产业，振兴一方经济。

③正确处理对内与对外的关系。要坚持对内搞活与对外借力并举，全力激活、用好旅游发展要素。对内应积极探索符合市场经济要求的新机制，创

新开发理念，聚合优势资源，一手抓景区开发和配套服务设施建设，一手抓宽松、诚信、和谐环境的打造，努力把资源优势转化为经济优势。对外要尽快完善融资和推介机制，加快实施对外开放战略，加大招商引资力度，广泛吸纳社会建设资金，加快景区完善提升步伐，提高景区品位和知名度；同时加大对外宣传推介力度，让商南走向世界，让世界了解商南，切实把商南打造成为中国旅游强县（李选良，2006；郭荣朝，2010）。

三　特色产业与西峡经验

（一）特色产业

所谓特色产业，是指具有较强资源禀赋优势和一定竞争优势的产业。特色产业应当满足以下几个条件：一是特殊的资源依托性；二是特定的市场占有率；三是较高的经济效益性；四是特有的全局适应性。而这四者又是紧密相连的，特殊的资源依托有利于占有特定的市场，特定市场的占有又有利于较高的经济效益，一般说来，前三者的满足有利于适应全局的需要。概括而言，特色产业是人无我有的产业，或者是人有我优的产业。因而，特色产业也是具有生命力的产业。特色产业是特色经济的载体，是特色经济最重要部分，它决定该地区的经济发展水平与发展方向。山区特色产业就是依赖山区特有的各种资源优势、地形优势、生态环境优势等，发展具有市场潜力的经济社会生态效益较大的产业，以提高占据特定市场的比率，成为推动山区经济社会环境可持续发展的主导产业。

新经济条件下，特色产业适应国内、国际市场的需要，正呈现出新的发展特点和发展趋势，具体表现在以下三个方面：一是发展方向国际化。我国加入 WTO 以后，为特色产业发展提供了更加广阔的空间，只有在国际市场上站稳脚跟，积极参与国际市场竞争的特色产业才有更大的发展潜力和发展前途。因而，特色产业国际化，将成为新经济条件下产业发展的一个重要方向和目标。二是技术支撑高新化。任何形式的特色产业，必须不断进行技术创新，以技术创新求得产品质量的不断上档升级，从而在激烈的市场竞争中立于不败之地。凡是特色产业搞得好的地区和企业，无不重视高新技术的研究、创新与应用，并且使二者走上了良性循环发展轨道。三是经营模式多样化。特色产业的经营模式正呈现出多样化趋势，如产销协作模式，龙头企业带动模式，专业化基地模式，合作经济组织模式，股份有限公司模式，等等。

（二）西峡经验

1. 发展条件

西峡县位于河南省西南部，地处豫鄂陕省际边缘区，古华北板块与扬子板块缝合带；八百里伏牛山腹心地带；暖温带与北亚热带、湿润地区与半湿润地区的交接地带，长江流域与黄河流域的分水岭。气候温和、四季分明、降水适中的北亚热带北缘气候特征，造就了西峡生态良好的自然环境，更赋予了西峡"生物物种基因库"、"天然植物标本园"、"中草药宝库"等多项河南省级桂冠。总面积3454平方公里，是河南省第二区域大县。西峡县下辖17个乡镇、298个行政村，总人口43万。西峡是河南省第一林业大县，森林覆盖率76.8%，拥有国家级、省级自然保护区5处，自然保护区面积占全县国土面积的22.2%。

西峡境内河流众多，年均水资源总量12.9亿立方米，人均水资源量是河南省的6倍。水能资源可开发量10.4万千瓦，居河南省县（市）级区域第二位，被国务院确定为首批电气化试点县。已建成的大石门水利水电枢纽工程，总库容8910万立方米，装机容量9600千瓦，年开发电量可达3680万千瓦时。西峡地处丹江上游、南水北调中线工程的水源涵养区，随着国家南水北调中线工程的启动实施，水源保护区的战略地位显得更为重要。

独特的地理条件，赋予了西峡丰富的矿产资源。已探明具有开采价值的矿藏38种，其中金红石为亚洲特大矿床，石黑为亚洲四大矿库之一，红柱石、镁橄榄石储量居西峡县各类矿产储量首位。

西峡是"世界第九大奇迹"恐龙蛋化石群的所在地。"伏牛第一峰"犄角尖、龙潭沟、五道幢、石门湖、鹳河漂流、蝙蝠洞、寺山森林公园等十大地质地貌奇观，构成了西峡多姿多彩的生态旅游格局。西峡作为伏牛山世界地质公园的核心区域，2006年9月已顺利通过了联合国教科文组织专家的验收，获得了伏牛山世界地质公园的殊荣。

西峡逐步成为豫鄂陕省际边缘区的交通枢纽，宁西铁路、宁西高速公路、国道312、国道311、国道209线，省道331、省道335线纵横穿越县境，形成了以铁路、高速公路为骨架，国道、省道为依托的快捷交通网络。

西峡山清水秀，物华天宝，历史文化一枝独秀。从仰韶遗址到西周故城，从凭吊三闾大夫的屈原岗到被台湾同胞奉若神明的哪吒庙，从武则天的观花园到李自成的演兵场，从日本帝国主义战败投降的马鞍桥到宛西民团司令别廷芳的别公堰遗址……古迹遍布境内，传说令人神往。

2. 特色产业发展

改革开放以来，西峡县围绕建设"经济强县、生态大县、旅游名县"的奋斗目标，坚持以科学发展观和生态经济理念统揽工作全局，发挥资源、生态、交通、区位比较优势，牢固树立科学发展、开放带动、以人为本的理念，推进工业化、城镇化、农业现代化进程，加速推动县域经济由内源型向外向型、传统型向循环型、粗放型向集约型的三个转变，努力实现县域经济跨越发展、率先发展、协调发展，初步走上了一条生产发展、生活富裕、生态良好的文明发展道路。第一，经济实力增强。经济总量由 1995 年的 11.17 亿元扩大到 2005 年的 42.08 亿元，按可比口径计算，年均增长 13.7%；人均 GDP 由 1995 年的 2623 元增长到 2004 年的 9771 元，首次突破 1000 美元；2005 年，全县地方财政预算收入完成 1.33 亿元，同比增长 52.7%，高于南阳市县级财政平均增幅 10 个百分点；综合经济实力由 1995 年的全省第 79 位上升到 2005 年的第 32 位，十年上升了 47 个位次。第二，工业强劲。全县工业经济以中药制药、汽车配件铸造、冶金辅料生产、钢铁产业、农产品加工为支柱产业，工业对全县经济增长的贡献达到 76.5%；工业总产值由 1995 年的 14.4 亿元增长到 2005 年的 71.2 亿元，是 1995 年的 4.9 倍。2005 年，全县规模以上工业企业达到 41 家；其中，产值超亿元企业 6 家；河南省 20 家"明星民营企业"中西峡占 2 家；南阳市前 15 家盈利大户中西峡占 4 家。工业结构日趋合理，第二产业比重由 1995 年的 42.3% 上升到 2005 年的 52.9%，规模以上轻重工业产值比重由 1998 年的 61.6：34.8 演变为 2005 年的 47.2：52.7。第二产业呈民营化、集群化发展，民营经济对全县经济增长的贡献达到 60.8%，拉动经济增长 10.5 个百分点。第三，农业增效。稳定粮食生产，注重多种经营，优化农业结构。2005 年农业总产值 17.8 亿元，同比增长 11.5%。逐步形成了以"果、药、菌"为主导的区域化种植基地。农民人均纯收入、城乡居民人均存款余额分别由 1995 年的 983 元、831.9 元提高到 2005 年的 2646 元、2856.2 元。

第四，第三产业凸现。第三产业形成了以旅游业为新的增长点，以服务业为群体的发展局势，对 GDP 的贡献率达到 17.1% 。

（1）农业特色产业突出

按照把西峡建设成为"农产品出口基地、原料供应基地和贸易集散基地"的发展定位，全县强力培育了特色优势比较明显的"果、药、菌"三大产业。一是以猕猴桃为主导的林果产业。猕猴桃人工栽培面积 9 万亩，总产量突破 3 万吨，面积和产量位居全国第二，是"中国名优特经济林之乡——猕猴桃之乡"。发展美国黑李、杏李、杏梅林果新品种 5 万多亩。西峡是全国唯一的"科技兴林示范县"。二是以香菇为主导的食用菌产业。食用菌年产量稳定在 1.7 万吨左右，约占全国总产量的 1/10，跻身于全国十大商品香菇基地县和标准化示范基地县。三是以山茱萸、天麻为主导的中药材产业。西峡山茱萸面积 22 万亩，产量 1600 余吨，是全国总产量的 2/3，获得国家"原产地域保护产品"认证，是"中国名优特经济林——山茱萸之乡"。天麻人工栽培年均 500 万穴，是全国最大的天麻基地。三大农业特色产业对农民人均纯收入的贡献份额达到 60% 。

（2）工业特色产业迅猛扩张

坚持工业、农业一起抓，县乡工业一起抓，各种所有制工业一起抓，大力发展民营工业，实现了工业总量和质量的同步提升。一是中药制药特色产业集群。以国家级农业产业化龙头企业宛药集团公司为主，企业达到 7 家，产值达 8.8 亿元，主导产品"仲景牌"六味地黄丸市场占有率达到 20% 。宛药公司成为国内唯一拥有"月月舒"和"仲景"两大"中国驰名商标"企业。二是炼钢及冶金辅料特色产业集群。炼钢产业可实现年产值 30 亿元；从事冶金辅助材料产业的企业 59 家，年产值 35 亿元，产品全国市场占有率达到 95% 。三是汽车配件铸造特色产业集群。年产值 6 亿元，生产的汽车水泵、进排气管等汽车配件占全国总量的 50% 、30% 。四是农产品加工特色产业集群。形成了华邦公司、养生殿酒业公司、猕猴桃总公司等一批农产品加工企业。全县现有猕猴桃、香菇加工、冷藏企业 70 多家，年产值近 5 亿元。

（3）特色旅游产业快速攀升

近年来，西峡县按照"政府引导、企业主导、市场运作、社会配合"的"西峡模式"，引入民间资本，强力推进旅游开发，"山、水、龙、园"四大旅游系列日趋完善。开发建设了老界岭、龙潭沟、五道幢、鹳河漂流、石门湖、耍孩关、蝙蝠洞、荷花洞、老君洞、恐龙蛋、寺山国家森林公园等 10 多个景区,高标准完善了宛药百草园工业旅游项目和丹水英湾、袁店猕猴桃观光旅游项目。在全国打响了西峡恐龙文化游和老界岭山水生态游两大品牌。恐龙蛋化石地质公园被国务院批准为国家级自然保护区,被联合国教科文组织确定为世界地质公园。西峡已经成为省际边缘区具有影响力的旅游热区,跨入河南省 14 个旅游开发重点县,被授予"河南省旅游资源开发先进单位",被确定为河南省唯一的旅游体制改革试点县[1]。

3. 西峡经验

西峡特色产业可持续发展的成功之处在于:第一,充分开发利用本地特色资源(生物资源、矿产资源等)等比较优势,大力发展特色农业、特色工业、特色旅游等特色产业,使其资源比较优势迅速转化为经济优势,经济社会环境协调可持续发展。第二,充分发挥边缘区位优势,利用 312 国道拓宽改造工程和秦岭隧道贯通以及宁西铁路、宁西高速公路等通道建设增殖边缘效应,使本地区成为人流、物流、资金流、信息流、生态流等生产要素的汇聚地,成为经济社会可持续发展的助推器。第三,大胆创新经营机制,组织发展果、药、菌等特色农产品生产基地,并通过农产品的深加工和产业分工的深化、产业链条的拉长来提高农产品附加值和产业竞争优势。第四,通过政府引导、企业主导、市场运作、部门支持等政策措施,推动各类特色产业快速发展。

四　产业集群与襄樊模式

(一) 产业集群

产业集群,是指相关产业形成地理上的集中性,包括上下游产业的制造商,互补性产品的制造商,专业化基础设施的供应商,以及相关机构(政府、大学、科研机构、行业协会等)。

---

[1]　西峡县人民政府:《中国西峡》,http://www.xixia.gov.cn, 2007 - 06 - 18。

（二）襄樊模式

交通便利。襄樊位于湖北省西北部，下辖枣阳市、宜城市、老河口市、南漳县、保康县、谷城县6县（市）和襄城、樊城、襄阳3区。襄樊县域交通较为便利。316国道、207国道、312国道贯穿各县（市），汉（武汉）十（十堰市）高速公路经过枣阳市、襄樊市区、谷城县、老河口市；焦枝、汉丹、襄渝铁路分别通过枣阳、宜城、老河口、谷城；汉水流经老河口、谷城、宜城。襄樊机场、老河口机场可通达国内10多个大中城市，襄樊铁路货运编组站为全国13个特大编组站之一，另外还设有襄樊海关等，襄樊县域物流通道较为便捷。县域差异显著。由于地理条件、原有经济基础的影响，襄樊3个平原县级市（枣阳、宜城、老河口）与3个山区县（南漳、保康、谷城）之间差别显著。2000年襄樊平原县域经济总量（172.96亿元）、人均GDP（8006元）、产业构成（27.08：43.01：29.91）均好于山区县域经济总量（51.47亿元）、人均GDP（3587元）、产业构成（37.06：36.98：25.96）。粮、棉、油等农产品生产加工是平原县域的优势，生产链条较长，产品附加值较高。土特产品生产，林、牧、渔业发展是山区县域的特色，但产品深加工较少、产品链条较短。县域城镇化差异明显。由于山区、平原自然经济社会条件的差异，襄樊县域城镇化水平差异明显。枣阳、宜城、老河口、南漳、保康、谷城的城镇化水平分别为32.84%、40.16%、60.74%、22.9%、19.43%和30.99%。平原县域城镇化水平远高于山区县域。因此，襄樊模式包括山区县域发展模式与平原县域发展模式两种类型。尤其是汽车产业集群已成为襄樊市平原县域和山区县域贯彻实施集群发展理念的典范。

1. 山区模式

山区县占襄樊县域总数的半壁江山。然而，2000年襄樊山区县域GDP只占县域GDP的22.93%。襄樊山区县域拥有丰富的森林资源、水资源和磷矿等矿产资源，拥有与平原有着明显不同的气候资源等。资源是襄樊山区县域产业发展取向和产业生长点选择的最重要的出发点。但由于种种原因，资源优势与潜在的商品优势、市场优势得不到有效整合。加之交通相对落后，城市辐射带动有限，劳动力文化素质较差等，致使襄樊山区县域自成封闭系统，自给自足，市场需求难以刺激促进高新技术产业和特色乡镇企业发展。

山区县域地方财政收入不足，又制约着山区经济发展。

今后，襄樊山区县域经济发展应在国家和大区域宏观经济发展战略的框架下，结合县域本身的区位特点、资源条件、现有经济和工业发展基础，正确选择主导产业，选择工业生产点和工业生产组合链，大力发展地方特色的名优特产品生产，积极开拓县域外市场，整合现有工业，形成规模经济，提高效益水平。具体包括：退耕还林，保持自然生态环境，发展旅游业。利用山区与平原的季节差异，发展反季节蔬菜。动员深山区居民向外迁移，大力发展中心镇。利用山区资源发展林果业、养殖业、中草药种植等，逐步形成独具特色的山区系列土特产品加工业等。

2. 平原模式

2000 年襄樊平原县域 GDP 占县域 GDP 的 77.07%。襄樊平原县域经济发展较为迅速，但仍然存在资源蕴藏量较少、深加工度不够、创新意识不强等问题。因此，襄樊平原县域经济发展必须依托丰富农产品资源（我国重要的粮棉生产基地），围绕"农"、"新"、"移"三字做文章。

（1）围绕"农"字，调整农业结构，延伸生产链条，形成农产品加工产业集群。襄樊平原县域应根据市场需求，扩大优质粮食种植面积，扩大无公害农产品基地面积，扩大经济作物种植面积，积极发展养殖业；积极发展农副产品深加工业，拓展农副产品加工链条，包括纵向产业链（由粗加工发展到精深加工）和横向产业链（发展为加工配套的包装、销售、运输和其他服务业），把产业做大、做强，逐步形成具有襄樊地域特色的农副产品深加工产业集群，形成龙头企业，最终带动千家万户致富。

（2）围绕"新"字，调整工业结构，走新型工业化之路，培育汽车产业集群。襄樊处于湖北"汽车工业走廊"中部，襄樊汽车产业开发区是全国唯一以"汽车"二字冠名的开发区。襄樊国家高新技术产业开发区是湖北省地级市中唯一一国家级开发区。襄樊平原县域应围绕这些优势，积极发展汽车配件产业和相关服务业，积极响应国家高新技术产业开发区的需要，为其实验和发展提供相关服务。"创新"型县域经济对无法改变的禀赋性因素要求不高，对区位、自然资源等因素的依赖性相对较低，发展新型工业经济所要求的各种因素大都可以开发、培养和引进。例如，老河口市围绕"东风"品牌，培育打造汽车产业集群。目前拥有"东风"、"神剑"、"楚光"、"瑞江"、"神宇"5 个整车生产品牌，逐步开发重型车、农用车等 20 多个系列,近千个产品,初步形成了汽车产业集群,老河口市汽车行业已拥有企业 31 家,总资产 9.26 亿元。

(3) 围绕"移"字,实现农村剩余劳动力的有序转移。劳动力既是消费者,也是一种资源。及时转移农村剩余劳动力,使其由消费者及时转化为资源,将推动县域经济发展;否则,将阻碍县域经济发展。实践证明,大力发展劳务经济,加快农村人口转移是解决"三农"问题的关键,也是实现农业现代化的必由之路。转移途径:有组织地向海外输出,向经济发达的沿海地区和大中城市输出;就地转移,向二、三产业转移。为此,地方政府应做好如下工作:劳动力职业技能培训;有组织地输出;加强对外出务工人员及其家属的服务,协调解决好他们的实际问题。

第11章
南水北调中线工程水源区经济社会
可持续发展路径

水源区经济社会环境协调可持续发展不仅有利于创新"脱贫致富"模式,成为中下游地区的生态屏障;同时还可以有效保证水源区的水质,对受水区经济社会环境可持续发展具有重要的促进作用,对其他跨流域调水地区可持续发展提供经验借鉴。如何实现水源区经济社会可持续发展?其发展路径主要有:

一 思维转变路径

过去,水源区习惯于用一种封闭的思维方式去思考产业发展,往往是就产业论产业,缺乏与社会沟通。为此,水源区产业发展首先要跳出产业"锁定"模式,用积极的、开放的思维方式来审视产业发展,根据水源区自身优势和市场演变趋势,从更广阔的领域内选择产业发展模式与培育替代产业,树立起产业发展要主动适应社会主义市场经济发展的思想。社会主义市场经济体制建立并逐步走向规范,不仅在资源配置方式上,而且在产权关系和经济结构等方面都相应地发生了深刻变革。这就要求水源区的经济社会发展必须及时转变思维路径,科学应对产业的市场适应能力,谋划经济社会可持续发展。

二 体制改革路径

伴随着水源区产业发展模式的确定,还必须深化改革,进一步完善市场经济运行机制。从我国乃至世界产业结构大调整的宏观环境出发，为确保水源区产业发展模式的顺利实施，需要在产业发展过程中做到四个结合。即，将产业发展同市场优化配置资源相结合，同国企改革和国有资产重组相结合，同科技进步和转变经济增长方式相结合，同国有资产管理体制、投融资体制和社会保障制度等各项配套改革相结合。继而谋求产业发展的实质性突破，产业发展过程中必须依靠市场机制，使价格信号成为产业发展的重要杠杆，产品质量成为产业发展的生命所在。

经济运行体制改革将激活产业发展策略。合理的经济运行体制包括：①合理的所有制结构；②有活力的企业；③合理的企业组织制度；④竞争有序的市场体系和优胜劣汰机制；⑤合理的投融资体制。通过经济体制改革，将进一步调动各类企业发展的积极性，推动水源区经济社会可持续发展。

三　政策调控路径

宏观调控政策是实施水源区经济社会环境可持续发展的必备条件，加大国家财政转移支付力度、加大产业政策调控力度、加大受水区对水源区的支持力度、加大水源区内部整合力度，推进水源区产业调整与发展。国家和地区将从全局角度考虑，充分利用财政转移支付、产业政策和地区政策在水源区鼓励或限制某一产业发展，继而直接影响水源区产业发展模式选择，推进水源区内部整合，使其成为一个有机整体，加速水源区与受水区之间的整合，使其互促互进，良性互动，最终推动水源区经济社会环境可持续发展。

四　技术创新路径

水源区产业发展要有所侧重，要"有所为，有所不为"。国家和地方政府要在税收、信贷、经费投入、人才培养和引进等方面制定相关扶持政策，大力提高水源区主导产业企业的技术创新能力，大力提高产品科技含量和附加值，推动水源区经济朝着优质、高效方向可持续发展。

提高企业技术创新能力应明晰产权，激励创新，构建合理的公司治理模式。要特别重视企业家的作用。企业家具有创新精神，是推动技术创新的重要力量，他们能够将科学和发明由潜在的生产力变成现实的生产力，使企业进入良性发展周期。此外，还要进一步完善市场中介服务，加强高新技术产业园区建设，鼓励大学兴建科技园区，将技术创新与技术改造、技术引进结合起来等，最终促进水源区产业可持续发展。

五　投资优化路径

水源区原有经济社会发展水平较低，是一种低水平小规模高耗能强污染的增量型产业结构，是一种自我服务的封闭型产业结构，是一种相对刚性的产业结构。这种产业结构不可避免地导致经济效益低下，综合经济实力下降，投资主体过于单一，资源优势得不到充分发挥，结构性环境污染严重，污染治理与城市建设欠账过多等后果。因此，必须进行调整和优化，及时吸引外来投资，包括国外投资和国内投资是建立有竞争力的主导产业的有效途径，外来投资进入不仅引来资金，随之而来的还有先进的技术、管理和观念，对水源区产业发展至关重要。同样，软环境的优劣越来越成为吸引投资的决定性因素，具体包括廉洁高效的政府、良好的商业氛围、高素质的民众和文明的社会环境等。对水源区而言，提高政府服务质量将是改善投资软环境、优化投资路径的有效措施。从而使水源区能够依照市场规律有计划地进行比较优势资源开发，将投资重点逐步转移到深加工和外向型产业方面，生产重心转到提高产品的技术含量上来，逐步实现水源区产业结构优化升级。

六　财政扶持路径

以政府财政为杠杆和市场化运作为基础推动水源区经济社会可持续发展，培育水源区新的经济增长点。日本九州模式是以财政支持资源型地区经济社会可持续发展的典范。九州最初是以煤炭产业为主的地区。20 世纪 60 年代初，日本决定放弃对煤炭行业代价高昂的保护政策，在该地区兴办一批现代工业开发区，吸引大批区域外企业迁入，并按新的产业政策兴办一批新企业。对开发区内企业安置煤炭工人及其子女就业给予补助，并视用人比例的高低给予优惠差别政策；对失业煤炭工人承担培训费用，帮助介绍其再就业。这些财政扶持政策的实施，使九州地区发展成为日本新的重要的高新技术产业区。

七　发展基金路径

落后地区产业可持续发展需要巨额资金，尤其是高新产业初期的启动资金更为重要，应全方位、多层次、多渠道筹措转型基金。把国家财政转移支付、调水受益区的经济补偿等作为水源区经济社会可持续发展基金的主要来源。制定适当的财政援助政策和产业扶持政策，在财政信贷、产业布局、重大工程项目建设等方面给予优惠，扶持和帮助水源区进行城乡治理，保护生态环境。提高政府转移支付比例，在地方财政收入上缴中央财政的部分中，按一定比例返还水源区，作为水源区经济社会可持续发展费用。建立技术改造等专项基金，引导各金融组织参与投资、提供贷款和资助，为企业发展提供资金。考虑发行并建立产业发展基金，向受水区用户征收"水资源消费附加费"，设立专款专用制度等。

八　人力资源开发路径

根据水源区经济社会环境可持续发展需要，应该高起点、高标准地开办培训学校等。随着水源区经济社会环境的可持续发展，水源区经济结构、产业结构、技术结构也将不断完善和提高。然而，水源区目前的经济社会发展水平仍很低，在近期内不可能建成如同发达地区那样完整的教育培训体系，只能采取重点发展方针，高标准、高起点地建设骨干学校，高标准、严要求地培训师资，高质量、多规格地培养人才。一流的企业应该有一流的教育。水源区在教育发展中，一定要注重发挥优势企业的办学优势，挖掘受益的发达地区的人才支持潜力。

九　空间布局调整路径

增长极理论认为，在经济社会发展水平较低的水源区要实现平衡发展是不可能的，经济增长通常是从一个或数个"增长中心"逐渐向其他部门或地区传导。因此，我们在进行水源区产业空间重组时，必须选择交通便利、生态环境容量大、自然条件与经济社会基础较好的重点镇或中心城市优先发展。即，从交通区位、科技含量、发展潜力、经济效益、社会效益、环境效益等方面对企业进行全面评价，看其能否满足经济全球化的要求，产品是否符合产业发展趋势，是否符合增长极和增长轴线地区生态环境容量要求。对符合产业导向要求的企业，通过相关政策法规的制定、交通道路的规划建设等宏观措施引导其向城镇工业园区集中，形成产业集群，产生集群效应，使产业空间布局逐步趋向合理，推进水源区经济社会环境可持续发展。对不符合产业导向要求的企业要坚决实施关停淘汰。

十 生态环境保护路径

保护生态环境是水源区经济社会健康持续发展的关键。水源区以山地为主，居高临下，各生态因素呈垂直分布，生态系统非常脆弱。水源区生态环境一旦受到破坏，不仅影响到水源区自身生产条件和生存环境，而且还将严重危及下游地区和调水受益地区的发展。水源区是下游平原地区和调水受益区的生态屏障。我们无法设想，在水源区生态环境遭受严重破坏的情况下会出现下游地区和调水受益地区的经济社会环境的可持续发展。在做好水源区经济社会可持续发展的同时，要下大力气搞好水源区生态建设，使水源区生态建设与经济社会可持续发展有机地结合起来，形成互促互进有机联系的统一体。

综上所述，水源区经济社会环境可持续发展具有思维转变、体制改革、政策调控、技术创新、投资优化、财政扶持、产业发展基金设立、人力资源开发、生态环境保护等诸多路径，其中思维转变是前提，科技创新是关键，政策、体制、财政投资是保障，人力资源开发是根本，空间布局调整、生态环境保护是基础。只有同时处理好思维、体制、政策、技术、投资、财政扶持、发展基金、人力资源、空间布局、生态环境等各方面的关系，才能使其互促互进，良性互动，使水源区的比较优势及时转化为经济优势，最终推动南水北调中线工程水源区经济社会环境健康可持续发展。

第 12 章
结论与讨论

一 主要结论

（1）近些年来，国内外专家学者从区域发展、产业结构、地域空间结构、区域生态环境等方面对区域可持续发展进行了全面、深入、系统的研究。对南水北调中线工程水源区的研究主要侧重于生态环境的保护与治理等方面。"南水北调中线工程"实施对水源区来说既是机遇，也是挑战，水源区生态补偿机制构建与经济社会可持续发展模式培育等方面的研究将引起更多的专家学者关注。

（2）区域经济增长机制包括"增长极"机制、循环积累因果机制、乘数加速机制、产业集聚机制、生态补偿机制以及边缘效应机制等。随着新经济的发展、知识经济的到来，资源环境在经济社会发展过程中的作用越来越重要，生态补偿机制、边缘效应机制在区域经济发展，尤其在水源区经济社会发展中将起着越来越重要的作用。

区域空间结构演变过程包括"增长极"阶段、"点—轴"阶段、"廊道组团网络化"阶段、城乡互动阶段、城乡一体化阶段。在新经济条件下，我国经济社会可持续发展极为迫切，党中央、国务院及时提出了以"五个统筹"为主要内容的科学发展观，为实施区域协调发展战略、推进大中小城市协调发展、构建主体功能区指明了方向。在经济社会发展水平较为落后的水源区，"增长极"、"点—轴"、"廊道组团网络化"、城乡互动、城乡一体化等经济社会发展的各个阶段将同时并存。

（3）水源区发展历史说明，战乱频繁、政策不当、政府不重视边缘区发展，生态环境遭到严重破坏，"边缘效应"将处于屏蔽状态，水源区经济社会发展将停滞不前。及时构建水源区生态补偿机制，深入研究水源区经济社会环境可持续发展模式，有利于生态脆弱的落后的水源区（省际边缘区）经济社会环境的持续协调发展，并使其逐步进入互利共生和协同进化发展状态；有利于将被动式救济扶贫转向自主开发式脱贫致富；有利于西部大开发和中部崛起战略的顺利实施；有利于水源区与受水区经济社会协调发展；有利于淡化行政区经济，形成统一开放的市场；有利于整合区域优势，提高区域综合实力和区域综合竞争能力。

（4）水源区产业发展过程中，仍然存在着：第三产业比重低，产业结构整体协调性较差；第一产业在波动中前进，农产品质量与效益无法保证；第二产业结构水平低，名优品牌产品少；生产性服务业所占比重小，不能适应国民经济发展需要等诸多问题。构建农业循环经济模式、生态农业模式、现代农业模式、特色工业模式、绿色工业模式、生态工业模式以及产业集群模式将成为水源区经济社会环境可持续发展的关键。必须尽快消除边缘屏蔽因素，统一产业规划；抢抓机遇，及时进行产业整合；加强政策引导，尽快形成产业集群；培育增长核心，带动水源区健康可持续发展。

（5）水源区城镇化水平较低，城镇体系尚不完善，城镇建设廊道效应显著，城镇质量有待提高。根据城镇形成机理和城镇空间重组趋势，水源区城镇化有序推进必须合理规划城镇体系，及时整合襄樊、南阳、十堰、汉中、安康、商洛六个地级市的优势，筛选重点小城镇进行重点建设，加强生态城镇建设，培育绿色支柱产业，积极推行新型工业化；同时进行生态移民，异地实现城镇化。在自然生态环境条件较好的南襄盆地构建南襄城市群，在自然生态环境条件较差的秦巴山区筛选重点小城镇进行重点建设。根据水源区生态环境承载能力，分区指导，合理推进水源区城镇化，才能使水源区城镇化与社会经济环境之间互利共生、协同进化，最终实现城乡一体化。

农村经济社会发展在水源区发展过程中占据重要的地位，新农村规划建设将成为水源区经济社会环境可持续发展的重要内容。然而，水源区农村地区却存在着村镇体系规划滞后，发展动力不足，教育质量低下，医疗条件较差，生态环境缺少治理，脏乱差现象普遍，建设无序化倾向显现等诸多问题。根据农村发展面临的经济全球化、全球城市化、中部崛起、西部大开发等国际国内背景，及时选择中心村进行重点建设，对现有村庄分类整治，以特色种植业型、旅游服务型、工业型、资源型、商贸服务型等各种功能的乡村类型为导向，进行各具特色的新农村建设。

（6）水源区资源丰富，随着人们生活水平的逐步提高，其旅游资源优势逐步转化为经济优势，成为水源区经济社会可持续发展的助推器。水源区旅游资源开发具有边缘区位、内在关联、空间临近、产品互补等优势，同时还面临着南水北调中线工程建设、社会主义新农村建设等机遇。水源区必须在旅游资源开发定位、联动协作机制构建、旅游廊道建设、"整体形象"打造、旅游产品宣传促销、旅游产品质量提高、旅游专业人员培训、旅游小商品开发、与周边地区进行有效对接等方面做好工作。通过旅游资源开发带动水源区经济社会可持续发展，创新扶贫开发模式，创新生态旅游与环境保护实践模式。

（7）水源区在经济社会可持续发展方面进行了有益的探索，涌现出以循环经济为主要内容的商洛现象，以旅游开发为主导的金丝峡模式，以特色产业培育为主体的西峡经验，以产业集群构建为特色的襄樊模式，等等。这些经济社会可持续发展模式的形成，不仅有利于解决水源区的持续发展问题以及南水北调中线工程的顺利实施问题，同时，也为其他跨流域调水水源区经济社会可持续发展提供有益借鉴。

（8）水源区必须通过思维转变、体制改革、政策调控、技术创新、投资优化、财政扶持、发展基金、人力资源开发、空间布局调整、生态环境保护等路径的综合作用，及时构建生态补偿长效机制，及时培育可持续发展模式，才能顺利推进水源区经济社会环境健康协调可持续发展。

二　创新点

（1）从生态学的"边缘效应"入手，对边缘区概念进行重新界定和类型划分。指出边缘区是人流、物流、资金流、技术流、信息流、生态流汇聚之地。"边缘效应"机制在水源区经济社会可持续发展中的作用将越来越重要。对水源区生态环境现状、补偿机制构建、产业发展、城镇化有序推进、新农村建设、旅游资源开发、可持续发展模式培育、可持续发展路径选择等方面进行了系统研究。

（2）深入分析水源区生态环境现状，以生态学等相关理论为依据，构建了水源区生态环境补偿机制模型。所构建的水源区生态环境补偿机制即外部机制主要是通过国家宏观调控（政策倾斜、立法约束等）构建水源区与受水区（经济发达地区）之间的利益补偿机制，内部机制主要通过水源区的资源整合、产业整合、生态整合与空间整合，使其成为一个有机整体。外部机制与内部机制有效结合将构成水源区长效生态补偿机制。

（3）不断培育水源区农业循环经济模式、生态农业模式、现代农业模式、特色工业模式、绿色工业模式、生态工业模式、低碳经济模式以及产业集群模式。通过消除边缘屏蔽因素，拓展有益边缘区，及时进行产业整合，引导特色产业集群形成，培育增长核心，促进水源区产业可持续发展。

（4）从宏观角度分析了水源区城镇空间组合的"廊道效应"机制，提出城镇空间发展"廊道组团网络化"模式。认为"廊道组团网络化模式"是水源区城镇化的演进趋势。根据水源区生态环境承载能力，分区指导，在南襄盆地构建南襄城市群，在秦巴山地选择重点小城镇进行重点建设。

（5）农村经济社会发展在水源区发展过程中占据重要地位。本研究以西峡县为例，深入分析了水源区农村经济社会发展中存在的问题，利用定性定量相结合的方法选择确定中心村，提出村庄建设原则、建设标准、公共设施配套标准、村庄整治策略和新农村建设分类发展指引等。

（6）总结提炼水源区经济社会可持续发展模式，主要有：以循环经济为核心的商洛现象，以旅游开发为主导的金丝峡模式，以特色产业发展为主体的西峡经验，以产业集群为中心的襄樊模式等。指出水源区经济社会可持续发展的路径选择。

三 有待进一步探讨的问题

水源区生态补偿机制构建与经济社会可持续发展是一个涉及自然、社会、经济、环境、政治、文化、人口、空间等诸多方面相互交织作用的极为复杂的系统工程，对其进行全面、系统的研究还需要诸多学科的共同努力。

加之研究条件限制等原因，本课题还存在一些有待进一步探讨的问题。

（1）由于统计制度等原因，对南水北调中线工程水源区各县（市）、各乡（镇）的资料收集不全，在实证分析过程中主要以一些典型地区为例进行重点剖析，其他只是从区域总体上进行概括性分析。

（2）生态补偿机制构建、经济社会可持续发展是20世纪中期以后，尤其是20世纪80年代以来已成为世界各国政府和专家学者关注的热点问题。研究中所提出的生态补偿机制、产业发展模式、经济社会可持续发展模式只是其中的一部分，生态补偿、经济社会可持续发展还有诸多问题需要进一步研究。

参考文献

于洪俊、宁越敏：《城市地理学概论》，安徽人民出版社，1983。

陆大道：《中国工业布局的理论与实践》，科学出版社，1990。

陆大道：《区域发展及其空间结构》，科学出版社，1998。

厉以宁：《区域发展新思路》，经济日报出版社，2000。

夏禹龙、冯之浚：《梯度理论和区域经济》，《研究与建议》1982年第8期。

刘再兴、孙健：《地区经济发展的不平衡与梯度转移理论——固定资产建设布局的多样化战略》，《工业布局参考资料》（上），1986。

张秀生、卫鹏鹏：《区域经济理论》，武汉大学出版社，2005。

宋德勇、张文斌：《新经济地理学模型与中国区域经济发展》，《重庆大学学报》2007年第3期。

周起业、刘再兴、祝诚等：《区域经济学》，中国人民大学出版社，1989。

Perrot-Maitre D and P Davis, Case Studies of Markets and Innovative Financial Mechanisms for Water Services from Forests, *Forest Trends* (2001).

Ian Powell, Andy White and Natasha Landell-Mills, *Developing Markets For the Ecosystem Services of Forests* (2002).

Landell-Mills, N. Porras I T, Silver Bullet or Fools' Gold? A Global Review of Markets for Forest Environmental Services and Their Impacts on the Poor, *International Institute for Environment and Development* (*IIED*) (2001).

董锁成等：《"三江源"地区主要生态环境问题与对策》，《自然资源学报》2002 年第 17（6）期。

吴晓青、郑尚群、段长群等：《区际生态补偿机制是区域间协调发展的关键》，《长江流域资源与环境》2003 年第 12（1）期。

鲁春霞、谢高地、成升魁：《河流生态系统的休闲娱乐功能及其价值评估》，《资源科学》2001 年第 23（5）期。

樊万选：《南水北调中线水源区天然林恢复与保护的生态经济问题研究》，《绿色中国》2005 年第 20 期。

封光寅、胡家庆、陈学谦等：《南水北调中线水源区水质状况及防治对策》，《中国水利》2005 年第 8 期。

蔡述明、殷鸿福、杜耘等：《南水北调中线工程与汉江中下游地区可持续发展》，《长江流域资源与环境》2005 年第 4 期。

蔡邦成、温林泉、陆根法：《生态补偿机制建立的理论思考》，《生态经济》2005 年第 1 期。

邢忠：《边缘效应与城市生态规划》，《城市规划》2001 年第 6 期。

郭荣朝：《省际边缘区城镇化研究》，中国社会科学出版社，2006。

李娟文、王启仿：《区域经济发展阶段理论与我国区域经济发展阶段现状分析》，《经济地理》2000 年第 20（4）期。

陆大道：《中国工业布局的理论与实践》，科学出版社，1990。

韩增林、尤飞、张小军：《高速公路经济带形成演化机制与布局规划方法探讨》，《地理研究》2001 年第 20（4）期。

于涛方：《城市竞争与竞争力》，南京大学博士学位论文，2003。

甄峰：《信息技术作用影响下的区域空间重构及发展模式研究》，南京大学博士学位论文，2001。

刘荣增：《城镇密集区发展演化机制与整合研究》，南京大学博士学位论文，2002，第 28～36 页。

吉钠娜：《乡镇企业环境污染现状及其治理》，《科技进步与对策》2003 年第 9 期。

庞少静：《中西部地区乡镇企业环境污染与控制对策》，《农业环境与发展》2003 年第 4 期。

郭荣朝：《乡镇企业可持续发展研究》，《生产力研究》2007 年第 13 期。

叶裕民：《中国城市化之路》，商务印书馆，2001。

郭荣朝：《南水北调中线工程源头区（南阳盆地）土地资源持续开发利用研究》，《水土保持学报》2003 年第 17（6）期。

商洛地区行政公署：《商洛地区土地利用总体规划（1997～2010）》，1997。

安康市规划局：《安康市总体规划（草案）（2000～2020）》，2002。

神农架林区人民政府办公室、神农架林区统计局编委会：《前进中的神农架（1970～1999）》，2001。

鄂豫川陕毗邻地市经济技术协作区协调委员会联络处：《鄂豫川陕毗邻地市经济技术协作区概况》，1990。

河南省退休科技工作者协会南阳地区分会地理志办公室编《河南省南阳地区地理志》，1991。

《襄樊市境历代建制表》，http：//www. xf. gov. cn/xfgk/ldjz/ldjzb. htm.

《十堰大事记》，http：//www. shiyan. gov. cn/sygeneral/dsj/dsj01. htm.

《商洛历史演变》，http：//www. shangluo. gov. cn/lishi. htm.

江凌：《明清时期南阳盆地城（集）镇职能组合结构探析》，《地域研究与开发》2004 年第 23（3）期。

庞少静：《中西部地区乡镇企业环境污染与控制对策》，《农业环境与发展》2003 年第 4 期。

郭荣朝、张艳、孙小舟：《鄂豫陕毗邻生态脆弱区城镇空间结构研究》，《地理与地理信息科学》2005 年第 21（4）期。

赵光耀、赵兴华、王答相：《陕西省丹江口水库生态保护与重建存在的问题与对策》，《中国水土保持》2003 年第 7 期。

E. P. Odum：《生态学基础》，孙儒泳等译，人民教育出版社，1981。

孔繁德：《生态保护概论》，中国环境科学出版社，2001。

蔡晓明：《生态系统生态学》，科学出版社，2000。

贾春宁：《城市生态系统的可持续发展研究及其在天津市的应用》，天津大学博士学位论文，2004。

何兴元、金莹杉、朱文泉：《城市森林生态学的基本理论与研究方法》，《应用生态学报》2002 年第 12（12）期。

郭清和：《广州市城市森林服务功能及价值研究》，中南林学院博士学位论文，2005。

田国行：《城市绿地景观规划的理论与方法》，中国农业大学博士学位论文，2004。

毕凌岚：《生态城市物质空间系统结构模式研究》，重庆大学博士学位论文，2004。

李博：《生态学》，高等教育出版社，2000。

杨士弘等：《城市生态环境学》（第二版），科学出版社，2003。

张学真：《城市化对水文生态系统的影响及对策研究》，长安大学博士学位论文，2005。

张永民：《生态系统变化：工商业面临的机遇和挑战》，《地球科学进展》2009年第24（4）期。

DPCSD, Indicators of Sustainable Development: Frame Work and Methodologies, *N. Y. United Nations*, 1996.

郭荣朝：《生态脆弱区乡镇企业空间重组研究》，《江西师范大学学报》（自然科学版）2004年第28（5）期。

崔功豪主编《区域分析与规划》，高等教育出版社，1999。

李小建主编《经济地理学》，高等教育出版社，1999。

周起业、刘再兴、祝诚等：《区域经济学》，中国人民大学出版社，1989。

郭荣朝：《社会主义新农村建设过程中存在的问题及对策》，《科学·经济·社会》2006年第4期。

郭荣朝：《产业集群与乡镇企业可持续发展——以襄樊为例》，《商讯商业研究文荟》2006年第2期。

于法稳：《新形势下我国农业现代化策略探讨》，《甘肃社会科学》2005年第4期。

叶学齐、刘盛佳、唐文雅等：《湖北省地理》，湖北教育出版社，1987。

神农架林区统计局：《2008年神农架林区国民经济和社会发展统计公报》，http：//www. snj. gov. cn/templet/snj/ShowArticle. jsp？id＝11846.

神农架林区农业局：《神农架林区生态农业示范区"十一五"发展规划》，http：//www. snj. gov. cn/templet/snj/ShowArticle. jsp？id＝9596.

王国库：《紫阳工业发展模式与技术路线的选择》，《安康经济》2009

年第 9 期。

于成学、武春友、王文璋：《基于循环经济的中国鲁北生态工业模式选择》，《中国软科学》2007 年第 6 期。

尹继佐：《世界城市与创新城市》，上海社会科学院出版社，2003。

夏维力、李博：《群效应——从产业集群到城市群》，西北工业大学出版社，2007。

朱英明、于念文：《沪宁杭城市密集区城市流研究》，《城市规划汇刊》2002 年第 1 期。

陈德宁、沈玉芳：《广东城市化的动力特征与发展方向探讨》，《经济地理》2004 年第 24（1）期。

陆大道、姚士谋、刘慧等：《2006 中国区域发展报告——城镇化进程及空间扩张》，商务印书馆，2007。

麦克哈格：《设计结合自然》，芮经纬译，中国建筑工业出版社，1992；转引自刘捷《城市形态的整合》，东南大学出版社，2004。

周起业、刘再兴、祝诚等：《区域经济学》，中国人民大学出版社，1989。

吕拉昌、许学强：《非均衡发展战略中的区域整合》，《经济地理》1999 年第 19（4）期。

郭荣朝：《乡镇企业可持续发展研究》，《生产力研究》2007 年第 1 期。

郭荣朝、苗长虹：《基于特色产业簇群的城市群空间结构优化研究》，《人文地理》2010 年第 25（5）期。

陆大道：《区域发展及其空间结构》，科学出版社，1998。

国家统计局城市社会经济调查总队：《中国城市统计年鉴 2001》，中国统计出版社，2001。

国家统计局城市社会经济调查总队：《中国城市统计年鉴 2004》，中国统计出版社，2004。

甘泉、蔡斌、黄勇：《融入发展：襄樊汽车工业的必由之路》，《经济风云》2004 年第 1 期。

田明、张小林、汤茂林：《县城在乡村城市化中的优势分析》，《人文地理》2000 年第 15（5）期。

赵连阁、朱道华：《农村工业分散化空间结构的成因与聚集条件》，《中国农村经济》2000 年第 6 期。

顾朝林、陈璐、丁睿等：《全球化与重建国家城市体系设想》，《地理科学》2005 年第 25（6）期。

苗长虹：《城市群作为国家战略：效率与公平的双赢》，《人文地理》2005 年第 20（5）期。

陶希东：《跨省区域治理：中国跨省都市圈经济整合的新思路》，《地理科学》2005 年第 25（5）期。

邓光奇：《西部地区乡镇企业的培育与发展》，《黑龙江民族丛刊》2004 年第 1 期。

吴良镛：《吴良镛城市研究论文集（1986~1995 年）》，中国建筑工业出版社，1996。

梁亚民：《西部小城镇发展模式探析》，《兰州大学学报》（社会科学版）2004 年第 32（4）期。

Wackernagel M, Onistol, National Capital Accounting with the Ecological Foot Print Concept, *Ecological Economics* 29（1999）.

Werner H, Tappeiner G, Some Marks on the "System of Integrated Environmental and Economic Accounting" of the United Nations, *Ecological Economics* 29（1999）.

芭芭拉、思多林斯主编《论全球化的区域效应》，王镭、沈进建译，重庆出版社，2002。

GUO Rong-chao, MIAO Chang-hong, LI Xue-xin, etc., Eco-spatial Structure of Urban Agglomeration, *Chinese Geographical Science* 1（2007）.

西峡县人民政府、河南省城市规划设计研究院：《西峡县域城镇体系规划》（草稿），2009。

郭荣朝：《香水河景区开发利用研究》，《中国地理》2000 年第 7 期。

邹统钎：《旅游开发与规划》，旅游教育出版社，1993。

保继刚、楚义芳、彭华：《旅游地理学》，高等教育出版社，1993。

郭荣朝：《金丝峡景区旅游资源可持续开发利用探析》，《国土与自然资源研究》2010 年第 2 期。

王文臣：《从国际比较看中国发展循环经济的机制构建与路径选择》，《生产力研究》2005 年第 8 期。

李选良：《发挥生态资源优势打造旅游强县》，http://www.snyan.com/shangnan/1485/.

张米尔、孔令伟：《资源型城市产业转型的模式选择》，《西安交通大学学报》2003 年第 23（1）期，第 29 ~ 31 页。

郭荣朝、宋双华、刘合拴：《城市群功能结构升级路径探析》，《科学·经济·社会》2009 年第 27（2）期，第 35 ~ 37 页。

张茂胜、张茂忠：《西部资源型工矿城市可持续发展对策研究》，《中国人口、资源与环境》2002 年第 12（1）期，第 56 ~ 59 页。

郭荣朝、郭方、李华丽等：《山区资源型经济转型路径探析》，《科学·经济·社会》2010 年第 28（1）期，第 42 ~ 44 页。

后　记

　　《区域发展前沿理论与水源区经济社会可持续发展》一书，是国家社会科学基金项目"南水北调中线工程水源区生态补偿机制构建与经济社会可持续发展模式研究"（项目批准号为07BJL055）的最终成果，该课题从论证选题经过了讨论提纲、实地调研、查阅资料、访谈咨询、反复修改，到今天终于付梓出版了。此时此刻，我心中既有完成一件事情的欣慰，更有做事没有尽意的遗憾。

　　在本书相关的课题研究和本书撰写出版过程中得到了中国地理学会原副理事长、城市地理专业委员会主任清华大学顾朝林教授，教育部人文社科重点研究基地河南大学黄河文明与可持续发展研究中心执行主任苗长虹教授，南京大学甄峰教授，河南省哲学社会科学规划办公室牛素玲副主任，河南财经政法大学校长李小建教授，河南财经政法大学副校长郭爱民教授，河南省教育厅人文社科重点研究基地河南财经政法大学河南经济发展研究中心主任、研究生处处长郭军教授，河南财经政法大学资源与环境学院党委周红琦书记，西北师范大学王录仓教授，浙江师范大学陈修颖教授，江苏师范大学欧向军教授，社会科学文献出版社恽薇主任、社会科学文献出版社张扬编辑等多位领导、老师、友人的指导和关心，在此深表谢意。本书出版还要感谢课题组的张永民副研究员、宋双华女士、鲁礼新副教授、刘长运教授、蒋国富教授、刘艳亮博士等成员，他们参加了课题的设计论证、方案讨论、实地调研和相关研究论文的撰写工作，在本书的撰写过程中参考吸纳了他们的研究成果。本课题在研究和写作过程中，还参考和引用了有关专家学者的许多研究成果，从中吸取了不少有价值的东西，在此谨致诚挚谢意。

　　本书撰写过程中，在研究水平、对材料的把握等方面都有一定的不足，书中难免会存在许多有待改善之处，敬请各位专家、学者、读者批评指正。

郭荣朝

图书在版编目(CIP)数据

区域发展前沿理论与水源区经济社会可持续发展/郭荣朝著.
—北京：社会科学文献出版社，2012.12
ISBN 978 - 7 - 5097 - 4093 - 4

Ⅰ.①区⋯　Ⅱ.①郭⋯　Ⅲ.①区域发展 - 研究　Ⅳ.①F061.5

中国版本图书馆 CIP 数据核字（2012）第 304162 号

区域发展前沿理论与水源区经济社会可持续发展

著　　者／郭荣朝

出 版 人／谢寿光
出 版 者／社会科学文献出版社
地　　址／北京市西城区北三环中路甲 29 号院 3 号楼华龙大厦
邮政编码／100029

责任部门／财经与管理图书事业部（010）59367226　　责任编辑／张　扬
电子信箱／caijingbu@ ssap. cn　　　　　　　　　　责任校对／秦　晶
项目统筹／恽　薇　　　　　　　　　　　　　　　　责任印制／岳　阳
经　　销／社会科学文献出版社市场营销中心（010）59367081　59367089
读者服务／读者服务中心（010）59367028

印　　装／北京季蜂印刷有限公司
开　　本／787mm×1092mm　1/16　　　　　　　印　　张／14.25
版　　次／2012 年 12 月第 1 版　　　　　　　　字　　数／241 千字
印　　次／2012 年 12 月第 1 次印刷
书　　号／ISBN 978 - 7 - 5097 - 4093 - 4
定　　价／45.00 元